Berlin

Zeit für das Beste!

W0083190

HIGHLIGHTS | GEHEIMTIPPS | WOHLFÜHLADRESSEN

»Es gibt einen Grund,
warum man Berlin anderen Städten vorziehen kann:
Weil es sich ständig verändert.«

Bert Brecht, 1928

BRUCKMANN

Berlin

Zeit für das Beste!

Ortrun Egelkraut
Johann Scheibner

BRUCKMANN

INHALT

Das barocke Zeughaus beherbergt das Deutsche Historische Museum.

Seite 2/3: Blick vom Kulturforum zum
Potsdamer Platz

Haus Schwarzenberg – alternative Kulturstätte am Hackeschen Markt

MEHR WISSEN

Ein Hauch von New York am Potsdamer Platz

MEHR ERLEBEN

TIERGARTEN / CHARLOTTENBURG

Links: Ausflugsschiffe auf dem Landwehrkanal
Gegenüber: Das Zentrum im Kiez: die Bergmannstraße in Kreuzberg

SÜDWESTEN

STADTRAND/AUSFLÜGE

REISEINFOS

Friedrich der Große reitet Unter den Linden. Ein Denkmal von Daniel Rauch, 1851.

❶ Brandenburger Tor (S. 32)
Jeder Staatsgast tut es, also schreitet auch jeder Tourist durch das Brandenburger Tor und damit von Ost nach West (oder umgekehrt) – und ist mittendrin in der Hauptstadt und ihrer Geschichte. Achten Sie auf der Westseite auf die doppelte Pflasterreihe im Boden: Hier verlief die Berliner Mauer, die schwer befestigte Grenze zwischen Ost- und West-Berlin. Und wenn Sie wissen wollen, woher der Pariser Platz seinen Namen hat und was sonst noch geschah in drei Jahrhunderten, dann besuchen Sie die multimediale Ausstellung »The Gate«.

❷ Reichstag (S. 40)
Die gläserne Kuppel auf dem Reichstag ist das politische Wahrzeichen Berlins und eine architektonische Sensation. Nicht vergessen: schon vor der Reise im Internet anmelden und ein Zeitfenster buchen. Dann können Sie ganz entspannt an vielen Wartenden vorbei das ehrwürdige, »Dem Deutschen Volke« gewidmete Haus durch die Sicherheitsschleusen betreten und nach dem Aufstieg in die Kuppel die spektakuläre Aussicht genießen – rundum über das Regierungsviertel und hinunter in den Plenarsaal.

❸ Museum für Naturkunde (S. 48)
Ein Besuch bei echten »Dinos«: Ihre Kinder werden es Ihnen danken! Und auch Erwachsene staunen über Tristan, das einzige Originalskelett eines Tyrannosaurus rex in Europa. Sechs weitere Saurierskelette ziehen im großen Lichthof des Museums die Blicke auf sich.

❹ Gendarmenmarkt (S. 58)
Harmonisch und architektonisch der schönste Platz Berlins, zwischen Französischem und Deutschem Dom. Einfach auf der Freitreppe hinauf zum Konzerthaus innehalten, sich auf die Stufen setzen und die Atmosphäre genießen oder in einem der vielen umliegenden Cafés eine Pause einlegen.

❺ Schlossplatz (S. 78)
Im Umkreis bündelt sich die Berliner Geschichte vom Mittelalter über Preußens Glanz und Gloria bis zu den Zerstörungen im Zweiten Weltkrieg und die Gegenwart. Von 40 Jahren DDR ist nicht

Oben: Brandenburger Tor
Links: Gendarmenmarkt mit Deutschem Dom und Konzerthaus

viel sichtbar geblieben. Da, wo der Palast der Republik stand, ist der Schlossbau neu entstanden, um hinter der historisch rekonstruierten Fassade ab 2019 das zukunftweisende Humboldt-Forum aufzunehmen. Bereits jetzt kann man von der Terrasse der Humboldt-Box – mit nettem Café – die opulenten Details der Fassade in Augenschein nehmen.

6 Museumsinsel (S. 84)

Archäologie aus Jahrtausenden und Kunstschätze aller Stilrichtungen und aller Epochen: Wandern Sie durch 6000 Jahre Menschheitsgeschichte in fünf architektonisch spannenden Häusern, die im Abstand von 100 Jahren entstanden sind. Die Bauwerke und ihre grandiosen Sammlungen sind seit 1999 UNESCO-Welterbe und ein Muss für jeden Berlin-Besucher. Vermutlich schaffen Sie nicht alle fünf Museen an einem Tag, deshalb hier ein paar Highlights: Nofretete im Neuen Museum, die Gemälde der Ro-

mantiker in der Alten Nationalgalerie, die zarte Tänzerin von Antonio Canova im Bode-Museum, die »Berliner Göttin« aus Griechenland im Alten Museum, das Ischtartor im Pergamonmuseum. Auf den Pergamonaltar müssen Sie leider für einige Jahre verzichten.

7 Rund um die Hackeschen Höfe (S. 98)

Auch dort, wo sich Berlin besonders trendy gibt, ist die Geschichte nicht weit: Rund um die Hackeschen Höfe finden sich tolle Modegeschäfte, innovatives Design, schicke Bars, jede Menge Cafés und Restaurants, viel Kultur und Erinnerungen an das zerstörte jüdische Leben, das wieder aufblüht. Zur Entspannung sollten Sie sich Kaffee und Kuchen (!) in Barcomi's Deli in den Sophie-Gips-Höfen gönnen.

8 Bernauer Straße – Gedenkstätte (S. 124)

Wo stand eigentlich die Mauer, und wie war das Leben in der geteilten Stadt? Die Gedenkstätte Berliner Mauer ist der zentrale Erinnerungsort zur deutschen Teilung mit einem umfassenden Dokumentationszentrum und vielfältigen Außenanlagen, die den Alltag und dramatische Momente bewegend vor Augen führen.

9 Kurfürstendamm und City West (S. 184)

Lust auf Shopping? Dann sind Sie am Kudamm und in der City West richtig. Der Bummel-Boulevard lockt mit exklusiven Boutiquen, der Mall Bikini Berlin,

Einkaufserlebnis der neuen Art: Bikini Berlin in der City West

Die spektakuläre gläserne Kuppel des Reichstags

dem KaDeWe, dazu edle Restaurants, elegante Wohnhäusern, Kinos, Theater und Museen, die Hochhaustürme Zoo-Fenster mit dem Hotel Waldorf Astoria und Upper West mit dem Motel One Flagship Hotel. Restaurant und Bar ganz oben sind hier für jedermann zugänglich.

⑩ Schloss Charlottenburg (S. 200)
Zu einem lebendigen Streifzug durch mehr als 300 Jahre königlich-preußische Geschichte lädt das Schloss Charlottenburg ein. Das prächtige Gebäude, die eindrucksvoll ausgestatteten Räume und die einzigartigen Kunstschätze im Schloss, dazu der barocke Schlossgarten und verschiedene Parkbauten bilden ein wahrhaft königliches Ensemble. Weitere Museen liegen ganz in der Nähe.

⑪ Potsdam und Sanssouci (S. 236)
Friedrich der Große wollte »ohne Sorgen« leben und schuf sich sein kleines Schloss Sanssouci auf einem Weinberg über Potsdam. Für Gäste ließ er am westlichen Ende des Parks Sanssouci das prunkvolle Neue Palais errichten. Ein späterer Nachfolger, Italienliebhaber König Friedrich Wilhelm IV., erfüllte sich mit weiteren Bauten seinen Traum von Arkadien. Den Ausflug zurück in das 18. und 19. Jahrhundert sollten Sie mit einer »Schlösserrundfahrt« per Schiff krönen: Vom Wasser aus erleben Sie die ganze Schönheit der Potsdam-Berliner Kulturlandschaft.

Neues Palais im Park Sanssouci, Potsdam

WILLKOMMEN IN
Berlin

Berlin boomt, Berlin ist »in«. Monat für Monat verkündet die Berlin Tourismus & Kongress GmbH »visit Berlin« steigende Besucherzahlen. 2016 kamen rund zwölf Millionen Menschen. Sie kommen aus aller Welt, rund 55 Prozent davon aus Deutschland. Sie wollen hautnah erleben, wie die deutsche Hauptstadt tickt, wo die Trends entstehen, was die Szene bewegt, wo Geschichte geschrieben wurde, wo die Regierung arbeitet.

Die einen kommen als Easyjetter im Billigflieger, stürzen sich bis zum nächsten Mittag in das legendäre Nachtleben in Clubs und Bars, sparen sich womöglich die Übernachtung oder fallen in ein preisgünstiges Bett in einem der zahlreichen Hostels. Andere lassen sich im 5-Sterne-Hotel und in den Gourmet-Restaurants der Stadt verwöhnen und geben beim luxuriösen Shopping Unsummen aus. Und die »ganz normalen« Städtereisenden erkunden die klassischen Sehenswürdigkeiten, besuchen Museen, Galerien, Konzerte und Theater, begeben sich auf die Suche nach Zeugnissen aus unterschiedlichen Kapiteln der Geschichte,

Das 1968 wiederaufgebaute Kronprinzenpalais und die Staatsoper Unter den Linden

streifen durch die kleinen Läden und großen Shopping Malls und genießen die
kulturell reiche und zugleich ungezwun-
gene Lebensart der Metropole.

Wieder andere reisen gezielt zu herausragenden Events im Sport, zu einem
Ausstellungshighlight oder einem Kongress an, und nahezu alle Berlintouristen
sind überrascht von der Fülle an Natur-
erlebnissen und Freizeitaktivitäten mitten in der Großstadt. Berlin hat für jeden etwas zu bieten, auch für Familien
mit Kindern.

Im deutschen Städtetourismus ist Berlin
die Nummer Eins, in Europa auf Platz
drei hinter London und Paris. Berlin muss
man einfach gesehen haben! Und wer
schon einmal in Berlin war, sollte erst
recht wiederkommen, denn keine Stadt
in Europa verändert so schnell ihr Gesicht. Bei jedem Besuch kann man Neues
entdecken. So wie auch Berliner immer
wieder staunend vor einem Neubau, einem neu angelegten Park oder einer neu-
en Baustelle stehen: Das sah hier doch
vor ein paar Wochen ganz anders aus!

Bauboom hält an

Die Stadt des Wandels bleibt in Bewegung. Investoren sehen sehr großes Po-
tenzial, der Wohnungsbau im »gehobenen Segment« läuft gut, die Knappheit

im erschwinglichen Bereich wird gern
ignoriert. Architekten entwerfen weiter
Visionen, Stadtplaner grübeln über Mach-
barkeitsstudien. Träume werden langsam
Wirklichkeit und manchmal auch zum
Albtraum, wenn Kosten und Zeitplanung
den Rahmen sprengen, wie zuletzt beim
Flughafen BER. Der modernste Airport in
Europa wird erst nach jahrelanger Ver-
spätung an den Start gehen.

Andere große Projekte heißen U-Bahn-
Bau Unter den Linden, Stadtquartier am
Hauptbahnhof, Hochhäuser am Alexanderplatz und in der City West, Sanierung
der Staatsoper, neues Eingangsgebäude
auf der Museumsinsel und der Wiederaufbau des Stadtschlosses in der Mitte
Berlins für das Humboldtforum. Am
Rohbau zeigt sich nach und nach die
historische Fassade. Auch daraus weiß
Berlin ein Event zu machen. Am Schlossplatz hat die Humboldt-Box bereits ihre
doppelte Funktion übernommen: Aus-

Mauerkunst in Anlehnung an Picasso

»Schaustelle« Humboldt-Forum: Die Humboldt-Box erlaubt den Blick in die Zukunft.

stellungen verweisen auf das Kommende und von oben zeigt der Blick auf die Baustelle, wie es vorangeht.

Die »Schaustelle« an der Baustelle ist eine Berliner Erfindung. Sie hatte Premiere, als 1993 am Potsdamer Platz der Grundstein für Berlins »Neue Mitte« gelegt wurde. Von einer roten Infobox aus konnten Berliner und Berlinbesucher jahrelang beobachten, wie auf der Mauerbrache ein neuer Stadtteil emporwuchs: Potsdamer Platz, Sony Center, Beisheim Center. Erst jetzt wird die vorletzte Baulücke auf dem östlich angrenzenden Leipziger Platz geschlossen, durch ein riesiges Einkaufszentrum. Die damals größte Baustelle Europas ist längst ein populäres Zentrum auf der prominenten Schnittstelle zwischen Ost und West.

Die geteilte Stadt ist wieder eins

Wo war der Osten, wo der Westen? Die Unterschiede sind kaum noch auszumachen. Und wo stand die Mauer? Ein Geflecht aus Gedenkstätten, Dokumentationszentren, Markierungen, einzelnen Relikten und Informationstafeln erinnert im Stadtgebiet an den Mauerverlauf, an die politischen Zusammenhänge und an viele Geschichten von getrennten Familien und tragischen Fluchten. Die zentrale Gedenkstätte befindet sich an der Bernauer Straße.

Seit Mauerfall und Wiedervereinigung hat sich Berlin neu erfunden. 1991 entschied der Bundestag in Bonn mit geringer Mehrheit: Berlin wird Hauptstadt.

Damit begann der Bauboom. Wer heute vom Potsdamer Platz nach Norden bis zum Hauptbahnhof spaziert, bis zum Reichstag dem ehemaligen Mauerstreifen folgend, kommt mit Ausnahme von Brandenburger Tor und Reichstag an keinem historischen Gebäude vorbei. Alles ist neu im neuen Regierungsviertel.

Der altehrwürdige Reichstag bekam eine spektakuläre gläserne Kuppel als neues Wahrzeichen. Das Kanzleramt wurde 2001 bezogen. Unverzichtbar schien den Regierungsbeamten eine U-Bahn vom Hauptbahnhof zum Brandenburger Tor mit Zwischenhalt am Bundestag. Es wurde die kürzeste und teuerste U-Bahnlinie Berlins. Die geplante Verlängerung bis zum Alexanderplatz ist jetzt gerade in Arbeit.

Königliches Detail am Schloss Charlottenburg

Kurfürsten, Könige, Kaiser

Ein Dokument von 1237 gilt als Berlins »Geburtsurkunde«. In den folgenden sechs Jahrhunderten stand Berlin immer im Fokus der deutschen Politik und Geschichte, und alle Epochen haben Spuren hinterlassen, die noch heute beim Stadtrundgang wahrgenommen werden können. Gebäude und Stadtlandschaften, Museen, Sammlungen und Gedenkstätten erinnern an Menschen, Ereignisse und Taten, positive wie negative.

500 Jahre lang, von 1415 bis 1918 prägten die Hohenzollern die Stadt und die Region. Sie machten aus der armen Kurmark Brandenburg das Königreich Preußen und endeten schließlich mit dem Deutschen Kaiserreich. Der zwölfte Kurfürst von Brandenburg war es, der sich 1701 selbst zum »König in Preußen« krönte und als Friedrich I. Berlin zur Residenzstadt ausbaute. Es folgte Friedrich Wilhelm I., der »Soldatenkönig«, der das Militär aufbaute, selbst aber nie Krieg führte. Dies tat sein Sohn und Nachfolger, Friedrich II. (1712–1786), der Preußen groß machte und selbst »der Große« wurde. Sein gebautes Vermächtnis ist vor allem in Potsdam-Sanssouci zu bewundern. Friedrich Wilhelm II. ließ für sich und seine Geliebte, Gräfin Lichtenau, das Schloss auf der romantisch-paradiesischen Pfaueninsel erschaffen und seine Räume im Schloss Charlottenburg frühklassizistisch gestalten.

Dramatisch war die Situation für Berlin, als Napoleon 1806 Preußen vernichtend

Die größte Residenz der Hohenzollern in Berlin: Schloss Charlottenburg

geschlagen hatte und die Hauptstadt einnahm. König Friedrich Wilhelm III. und seine Frau Königin Luise gingen ins Exil. Erst die Befreiungskriege 1815 gaben den Preußen die Freiheit zurück und brachten erste Reformen. Friedrich Wilhelm IV., der Romantiker auf dem Thron, ließ Museen bauen und die Stadt vom Baumeister Karl Friedrich Schinkel prägen, sperrte sich aber gegen weitere Reformen. Der nächste König, Wilhelm I., wurde 1871 zum Kaiser des neugegründeten Deutschen Reiches ernannt. Die Industrialisierung begann. Sein Nachfolger Friedrich III. regierte nur 99 Tage, Wilhelm II. von 1888–1918. Da war der Erste Weltkrieg verloren, der Kaiser musste abdanken, als die Republik ausgerufen wurde.

Die Weimarer Republik erlebte Weltwirtschaftskrise und politische Unruhen, aber auch die Goldenen Zwanzigerjahre in allen Bereichen der Kunst. Berlin war Weltstadt – bis die Nationalsozialisten 1933 die Macht übernahmen. Verfolgung, Vertreibung, Ermordung der Juden in ganz Europa wurden in Berlin beschlossen und zum Teil durchgeführt. Der Zweite Weltkrieg wurde in Berlin geplant. Am Ende lag auch Berlin in Trümmern.

Die vier Siegermächte teilten Berlin in den amerikanischen, englischen, französischen und den sowjetischen Sektor. Die Spannungen zwischen dem sowjetischen Block und den drei Westmächten führten 1948 zur Berlin-Blockade, einem ersten Höhepunkt im Kalten Krieg, und

1961 zum Bau der Berliner Mauer. Bei allem Leid und Schrecken in der Folge dieses brutalen Einschnitts: Man richtete sich in der geteilten Stadt auf beiden Seiten ein, endgültig, wie es schien – bis 1989 die Mauer fiel und mit der deutschen Wiedervereinigung eine neue Epoche anbrach, die nirgendwo in Deutschland so intensiv erlebt wurde und wird wie in Berlin.

Kulturreichtum

Berlin ist Spitze, ganz besonders, was die Kultur angeht. 180 Museen und Sammlungen, über 400 Galerien, acht Sinfonieorchester, drei Opernhäuser – das gibt es in keiner anderen Stadt der Welt –, die größte Showbühne Europas, eine Musicalbühne, ein Staatsballett, rund 50 Theater mit festem Haus und bestimmt 150 Theatergruppen der Off- und Off-Off-Szene einschließlich Kabarett und Co-

Bewundernde Blicke in der Alten Nationalgalerie

medy: Mehr als 1500 Veranstaltungen stehen täglich im Kulturkalender. Doch das sind nur die Zahlen. Auch bei der Qualität liegt Berlin international an der Spitze. Die Berliner Philharmoniker unter Sir Simon Rattle und die Staatskapelle Berlin unter Daniel Barenboim, der ebenso die Staatsoper musikalisch leitet, sind die prominentesten Beispiele.

Weltberühmt sind der Pergamonaltar und Nofretete und überhaupt die Museumsinsel, UNESCO Welterbe seit 1999. Weniger bekannt und weniger besucht ist die Gemäldegalerie am Kulturforum, die mit ihren Meisterwerken der europäischen Renaissance und des Barock in der gleichen Liga spielt wie die Uffizien in Florenz und der Prado in Madrid. Bereits seit 1990 auf der Welterbeliste stehen die »Schlösser und Parks von Potsdam und Berlin«, eine einzigartige Kulturlandschaft, die 500 Jahre Kunst und Geschichte spiegelt. Staatliche Stiftungen bewahren in den Museen wie in den Schlössern das kulturelle Erbe des 1947 aufgelösten Staates Preußen.

Die Teilung Berlins führte dazu, dass der »Schatz der Hohenzollern« zum Teil im Osten, zum Teil im Westen blieb. Bei der Wiedervereinigung gab es viele Einrichtungen doppelt, aber überall waren Lücken. Die Zusammenführung getrennter Sammlungen und die Neuordnung der Staatlichen Museen zu Berlin auf der Museumsinsel, am Kulturforum, in Dahlem und nahe dem Schloss Charlottenburg waren Herausforderung und Meisterleistung zugleich. Abgeschlossen wird

Museumsinsel mit Bode-Museum und Pergamonmuseum – und dazwischen fährt die Bahn.

dieses gigantische Unternehmen wohl erst mit Einrichtung des Humboldtforums auf dem Schlossplatz. Und das dauert noch voraussichtlich bis 2019.

Vieles ist längst fertig. Neue Museumsbauten, Anbauten, Umbauten und Erweiterungen, die architektonisch deutliche Akzente im Stadtbild setzen, sind unter anderen das Jüdische Museum von Daniel Libeskind, die Ausstellungshalle des Deutschen Historischen Museums von I. M. Pei und das Neue Museum mit der kühnen Handschrift des britischen Architekten David Chipperfield. Und längst sind die Präsentationen traditioneller Häuser »entstaubt« und frisch arrangiert: Museumsbesuche machen richtig Spaß – auch Kindern.

Museumslandschaft

»Berlin hat mehr Museen als Regentage«, lautete ein früherer Werbeslogan für die Stadt. Vor allem hat Berlin mehr Museen, als man bei einem Kurztrip besuchen kann. Also heißt es auswählen oder schon mal die nächste Reise nach Berlin planen.

Neben den großen Sammlungen mit internationaler Bedeutung gibt es eine Fülle ganz unterschiedlicher Museen zu originellen Themen und ungewöhnlichen Sammelgebieten. Sie hüten kostbare Kunstschätze, beleuchten einzelne Aspekte der Geschichte, führen durch alle Bereiche des Lebens, entführen in den Alltag vergangener Zeiten und vermitteln anschaulich Technik und Naturwissenschaft. Für jeden ist etwas dabei.

Einen hervorragenden Einstieg in die Museumslandschaft bietet die Lange Nacht der Museen. Einmal im Jahr, Ende August, haben rund 100 Häuser bis 2 Uhr morgens geöffnet. Mit einem Ticket kann man sie alle besuchen – theoretisch. Praktisch wird man sehr schnell in drei bis fünf Lieblingsmuseen hängenbleiben. Die Lange Nacht der Museen wurde in Berlin erfunden und zum Exportschlager. Berliner Einrichtungen laden auch zur Langen Nacht der Wissenschaft, zur Langen Büchernacht oder zur Langen Nacht der Industrie ein.

Theaterlandschaft

Berliner Ensemble (BE), Deutsches Theater und Volksbühne: Die großen Sprechtheater, in enger Nachbarschaft zueinander im Bezirk Mitte gelegen, blicken jeweils auf eine rund 100-jährige große Theatergeschichte zurück, im 20. Jahrhundert geprägt u. a. von Max Reinhardt, Erwin Piscator, Bert Brecht und Helene Weigel. Aktuell werden an allen drei Häusern Klassiker, Theater der Moderne und von Stücke von Zeitgenossen gespielt mit großen Unterschieden durch die Konzepte der Intendanten und die Handschriften der Regisseure.

2017/18 endet an der Volksbühne nach 25 Jahren die Ära Frank Castorf. Dem radikal-anarchischen Theatermacher folgt der Belgier Chris Dercon, bisher erfolgreicher Museumsmann und Kurator. Gleichzeitig übergibt Altmeister Claus Peymann die Intendanz des BE an Oliver Reese. Das Deutsche Theater leitet Ulrich Khuon seit 2009.

Den Erfolg der Schaubühne am Lehniner Platz in der City West, den Peter Stein in den 1970/80er-Jahren begründet hatte, schreibt Thomas Ostermeier mit seinem wiederholt international ausgezeichneten Ensemble weiter fort. Große Aufmerksamkeit zieht das Gorki-Theater auf sich, seit Shermin Langhoff und Jens Hillje 2013 die Intendanz übernommen haben und mit ihren Inszenierungen die kulturelle Vielfalt der Stadt widerspiegeln.

Zu den Erfolgreichen der großen Freien Szene zählen das HAU mit seinen drei Spielstätten in Kreuzberg und die Sophiensäle in Mitte. Beide sind Produktionsstätten und Spielorte für experimentelle Formen der Bühnenkunst.

Entertainment

Vom Kabarett bis zu Varieté, vom Musical bis zur Revue, von Comedy bis zur Show und alle möglichen musikalisch-satirisch-literarisch-kabarettistischen

Im Theater des Westens sang schon Caruso.

Barockmusik in der Orangerie von Schloss Charlottenburg

ten-Varieté in der Potsdamer Straße und für das »Chamäleon« in den Hackeschen Höfen.

Auch Theatergruppen an bescheideneren Auftrittsorten zeigen sich von ihren besten Seiten. Das »BKA« – kurz für Berliner Kabarett-Anstalt – am Mehringdamm in Kreuzberg ist als freches Kabarett-Theater eine beständige Größe ebenso wie das Mehringhoftheater schräg gegenüber. Das »Prime Time Theater« im Weddinger Kiez liefert etwa alle vier Wochen berlinisch-schnoddrig eine Live-Fortsetzung der Endlos-Soap »Gutes Wedding, schlechtes Wedding«. Schrill, schräg und schillernd sind die Programme des Theaters O-TonArt in einem Schöneberger Hinterhof. Im Heimathafen Neukölln legen wechselnde Kiezgrößen an und solche, die es werden wollen. Fast nebenan logiert im fünften Stock die Neuköllner Oper, das vierte, nicht ganz so üppig wie die anderen subventionierte Opernhaus Berlins. Die musikalischen Ausgrabungen und die Musical-Eigenproduktionen der Neuköllner Oper können sich immer sehen und hören lassen.

Was zu Ihrer Reisezeit gerade los ist, verraten z. B. Stadtmagazine wie »Tip« oder »Zitty«. Es empfiehlt sich, Karten möglichst frühzeitig zu reservieren, doch sind oft auch noch an der Abendkasse Restkarten zu haben.

»Kleinkunst«-Formate dazwischen: Das Angebot für einen vergnüglichen Theaterabend ist geradezu riesig. Klassisches Boulevardtheater mit Stars von Film und Fernsehen ist Spezialität der Theater am Kurfürstendamm. Ebenfalls mit Starbesetzung unterhaltsamer Stücke punktet das Renaissance-Theater in Charlottenburg.

Musikalisch, originell, fantasievoll und unterhaltsam scheinen die Kriterien zu sein für die Programme in der »Bar jeder Vernunft« neben dem Haus der Berliner Festspiele und im »Tipi« am Kanzleramt. Beide Zelttheater sorgen zusätzlich mit Gastronomie und der besonderen Atmosphäre für einen gelungenen Ausgehabend. Ähnliches gilt für das Wintergar-

Drehort Berlin

Seit die Bilder laufen lernten, werden in Berlin und im Studio Babelsberg Filme gedreht, von Stummfilmklassikern wie »Sinfonie einer Großstadt« (1927) und »Menschen am Sonntag« (1930) über Wim Wenders' »Der Himmel über Berlin« (1987) bis zum Oscar-gekrönten Film »Das Leben der Anderen« (2006). Rund einhundert Filme und Videos werden in Berlin im Jahr gedreht. Tausende von Produktionen erzählen Geschichten aus Berlin und über Menschen in der Stadt und dokumentieren die sich wandelnden Stadtlandschaften. Und neben den neuen »Tatort«-Kommissaren, den Schauspielern Meret Becker und Mark Waschke, übernimmt natürlich Berlin die dritte Hauptrolle.

Natur und Umwelt

Berlin ist eine grüne Metropole – und blau, denn auch das viele Wasser trägt zum Wohlbefinden in der Millionenstadt bei. Havel und Spree mit ihren Seen, Ne-

Sommer im Park: Mit dem Boot zum Ausflugslokal

benflüssen und Kanälen durchziehen die Stadt, die zwischen den Häuserschluchten immer wieder der Natur Raum gibt. 2500 öffentliche Grün- und Erholungsanlagen nennt die Statistik und rund 435 000 Straßenbäume. Die Wälder, die Berlin umgeben und 18 Prozent der Stadtfläche bedecken, sind da noch gar nicht mitgezählt. Berlins Stadtlandschaft hat mit Wasser, Wald und Wiesen, Stränden, Parks und Gärten einen enormen Erholungs- und Freizeitwert.

Bei jedem Stadtspaziergang stößt man auf Grünflächen und Ruhezonen, die sich für eine Pause anbieten, so am Lustgarten in Mitte oder im Spreebogenpark nahe dem Hauptbahnhof. Friedhöfe sind stille Oasen in der Großstadt, und die Grabstätten berühmter Dichter, Denker, Künstler und Erfinder erzählen zugleich ein Stück Kulturgeschichte. Volksparks werden besonders bei schönem Wetter vom »Volk« okkupiert. Hier gibt es Spielplätze für Kinder, Sportplätze für alle, Wiesen zum Lagern und Picknicken und an ausgewiesenen Stellen auch Grillplätze. Gepflegte Gartenkunstwerke wie im Schlossgarten Charlottenburg laden dagegen zum genussvollen Flanieren zwischen Blumenrabatten und Ziersträuchern ein. Anderswo stößt man auf liebevoll gestaltete Kleingärten. Und dann gibt es noch die naturbelassenen Biotope. Die konnten sich jahrzehntelang im Mauerstreifen oder auf aufgegebenen Bahnanlagen prächtig entwickeln und tragen zur Artenvielfalt bei. Naturschützer sprechen von 2000 Pflanzenarten.

Technik hinter Schönheit versteckt – Maschinenhaus im Park Babelsberg; im Hintergrund die Glienicker Brücke

Biopolis Berlin

So viel Grün in der Stadt, da fühlen sich auch Tiere wohl. Hoch oben über dem Alexanderplatz brüten Wanderfalken, Tausende von Fledermäusen nehmen in Wasserwerken und in den Gewölben der Zitadelle Quartier. Füchse stolzieren am Bahndamm entlang. Wildschweinrotten im Vorgarten machen sich allerdings nicht gerade Freunde. Marder und Waschbären, die sich an Kabeln zu schaffen machen, auch nicht. Zuletzt haben Naturschützer 107 Vogelarten gezählt. Insgesamt zehn Millionen Vögel finden ihr Auskommen in der Großstadt. Sie erfreuen mit ihrem Gesang oder verärgern mit Taubendreck. Besonders auffällig und manchmal sogar aggressiv sind Nebelkrähen.

Großstadtimker

Ein neuer Trend macht sich breit: Bienenzucht und Honigproduktion, zumindest für den Eigengebrauch. Mehr als

500 Imker gibt es in Berlin. Bienenstöcke finden sich auf dem Berliner Dom, dem Abgeordnetenhaus und auf vielen Hausdächern. Die Straßenbäume im Umkreis liefern reichlich Nahrung und anders als bei Monokulturen auf dem Land über einen langen Zeitraum: Ahorn, Kastanien, Robinien, Linden blühen nacheinander. Auf dem Dach des Hotels Westin Grand Unter den Linden sorgt ein Imker für den hauseigenen Linden-Honig, und der Chefkoch hat im großen idyllischen Garten des Hotels einen eigenen Kräutergarten mit wilden und exotischen Gewürzkräutern angelegt. Frische Ököküche ist damit garantiert – und selbst komponierte Relishes kann der Gast ebenso wie Honig als Souvenir erwerben.

Tempelhofer Feld

Berlins größter und beliebtester Park, Sport- und Spielplatz ist der ehemalige Flughafen Tempelhof. Mit 303 Hektar größer als der Central Park in New York, lässt das Tempelhofer Feld so ziemlich alles zu, was an sportlichen Aktivitäten möglich ist: Ballspiele aller Art, Drachensteigen, Laufen, Joggen, Radfahren, Skaten, Rollsurfen … Irgendein Fortbewegungsmittel sollte man nutzen, denn das reine Spazierengehen wird lang auf den langen, schattenlosen einstigen Lande- und Rollbahnen.

Einige Bereiche auf dem weiten Feld sind Naturschutzgebiet, andere Liegewiesen und Grillplätze, wieder andere dienen als Hundeauslaufgebiet: Rund 110 000 Hunde sind in Berlin registriert.

Am östlichen Rand haben Bewohner der angrenzenden Neuköllner Straßen Gemeinschaftsgärten angelegt, neudeutsch Urban Gardening. Und über allem breitet sich der Himmel über Berlin aus: Nirgendwo ist er so grenzenlos weit.

Einen ganz anderen, fast romantischen Charakter hat das Schöneberger Südgelände. Hier wurde ein ehemaliges Bahngelände sich selbst überlassen: Die Natur erobert sich den Raum zurück.

Sportliche Aktivitäten

Hallenbäder, Freibäder, Badeseen, Ruderboot- und Surfbrettverleih, Fahrradstationen fast an jeder Straßenecke, Kletterparcours und Hochseilgärten, Tennis- und Golfplätze: Wer auch beim Städtetrip aktiv sein will, findet in Berlin Tausend Möglichkeiten. Und hinterher lässt es sich in Wellnesstempeln richtig gut entspannen!

Laufsteg Berlin: Wie es euch gefällt!

Mode und Shopping

Zweimal im Jahr, im Januar und im Juli, zieht die Fashion Week mit Fachmessen von Streetwear bis Couture, begleitet von Shows, Modeschauen und großen Events die internationale Modewelt an. Berliner Labels sind dabei stark vertreten und haben einen guten Ruf.

Neu und groß im Kommen ist Ökomode made in Berlin. Rund 800 Designer haben sich in Berlin niedergelassen, von Stars der Szene wie Michael Michalsky bis zu Newcomern, die alljährlich die zehn Modeschulen der Hauptstadt abschließen. Die meisten Boutiquen bieten außer der aktuellen Kollektion auch fantasievolle Accessoires an. Sie finden sich in Mitte rund um die Hackeschen Höfe, z.B. in der Mulackstraße, in Prenzlauer Berg in der Kastanienallee, oft Castingallee genannt, sowie in Friedrichshain in der Wühlischstraße und in Kreuzberg in der Bergmannstraße.

Aus dem Problemkatalog

Ein Ort für Kreative – Modemacher, Musiker, bildende Künstler– ist auch »Kreuzkölln«, der Neuköllner Kiez, der südöstlich an Kreuzberg anschließt – und ein Beispiel für die schnell fortschreitende »Gentrifizierung«, die Verdrängung der sozial Schwachen. Oft gelten die Künstler als Vorreiter. Sie erobern eine vergessene Gegend, mieten preiswerte Ateliers, eröffnen Läden, Galerien, Bars und machen einen Kiez lebenswert und »angesagt«, was die Investoren anlockt, eine Modernisierungswelle auslöst und höhere Mieten zur Folge hat. Dann zieht die kreative Karawane weiter; noch hat Berlin viele Nischen, wenn auch immer weiter draußen.

Andere bleiben auf der Strecke. Stichworte aus dem Berliner Problemkatalog sind Arbeitslosigkeit, Armut, bildungsferne Schichten, Kriminalität, Migrationshintergrund und die Frage nach der Integration. Dass Integration funktionieren kann, zeigt sich alljährlich beim Karneval der Kulturen, an dem Menschen fast aller in Berlin ansässiger Nationen gemeinsam feiern.

»The place to be!«

Berlin, so vermittelt eine Imagekampagne der Stadt, ist der Ort, an dem man sein möchte oder sein muss, wenn man die Trends mitbestimmen oder sie leben will, egal auf welchem Gebiet. Berlin hat von allem etwas: Die Stadt ist bunt, laut und dreckig, jung und kreativ, dynamisch und behäbig, weltoffen und kleinkariert, kosmopolitisch und provinziell. Nur eines ist Berlin nicht: langweilig.

Und die Berliner selbst? Die bleiben ihrer althergebrachten Charakterisierung treu: Sie sind rau, aber herzlich und zeigen Herz mit Schnauze. Sie finden immer einen Grund zu klagen und sich aufzuregen. Wenn ein Berliner mal mit sich und der Welt rundum zufrieden ist, dann bringt er dies auch klar zum Ausdruck: »Da kann man nicht meckern!«

Willkommen in Berlin!

Die Hackeschen Höfe

Steckbrief Berlin

Geografische Lage: Berlin liegt im Nordosten Deutschlands inmitten des Landes Brandenburg. Bis zur polnischen Grenze im Osten sind es etwa 70 km. Die Spree durchfließt das Stadtgebiet in Ost-West-Richtung – Nebenflüsse sind Panke, Dahme, Wuhle und Erpe – und mündet im Nordwesten in die Havel, die auf ihrem Weg nach Süden eine Seenlandschaft bildet. Die höchsten natürlichen Erhebungen sind der Große Müggelberg (114,7 m) im Südosten Bezirk Treptow-Köpenick und die Ahrensfelder Berge (114,5 m) im Landschaftspark Wuhletal im Bezirk Marzahn-Hellersdorf. Höchster Berg ist der Teufelsberg (120,1 m) im Westteil der Stadt, der nach dem Zweiten Weltkrieg aus Trümmerschutt aufgeschüttet wurde.

Fläche: Bei einer Fläche von 892 km^2 beträgt die größte Ausdehnung des Stadtgebiets in Ost-West-Richtung rund 45 km, in Nord-Süd-Richtung etwa 38 km. Der Mauerweg um die einstige Halbstadt West-Berlin herum ist rund 160 km lang. 43,1 km lang war der innerstädtische Abschnitt der Berliner Mauer.

Flagge:

Wappentier ist der Berliner Bär.

Bevölkerung: Berlin hat 3,5 Millionen Einwohner (2015), knapp 500 000 Menschen davon sind nicht-deutscher Herkunft. Sie kommen aus rund 180 Staaten, wobei die türkische Gemeinde, die weltweit größte außerhalb der Türkei, rund 100 000 Personen umfasst.

Politik und Verwaltung: Berlin ist die Hauptstadt der Bundesrepublik Deutschland, Sitz der Regierung und zugleich als Stadtstaat eines der 16 Bundesländer. Es wird vom Berliner Senat regiert, an dessen Spitze der Regierende Bürgermeister steht. Die Stadt besteht aus zwölf Bezirken mit jeweils eigener Verwaltung, die gleichzeitig mit dem Senat gewählt wird. Pankow ist der bevölkerungsreichste Bezirk mit 390 000 Einwohnern, Spandau der kleinste mit 235 000 Einwohnern.

Wirtschaft und Tourismus: Der Dienstleistungssektor, mit dem Tourismus an erster Stelle, ist die stärkste Wirtschaftskraft Berlins. Dadurch werden rund 10 Milliarden Euro an Einnahmen erzielt. Mit 30 Universitäten und Hochschulen und einer einzigartigen international anerkannten Forschungslandschaft spielt Wissenschaft eine wichtige Rolle. Wachstumsbranchen sind Kreativ- und Kulturwirtschaft, Biotechnologie, Medizintechnik, pharmazeutische Industrie, Medien/Informations- und Kommunikationstechnologie. Daneben leisten die Elektroindustrie und die Sparten Nahrungsmittel, Chemie, Maschinen- und Fahrzeugbau einen wichtigen Beitrag.

Religion: 60 Prozent der Bevölkerung gehören keiner Religionsgemeinschaft an. 23 Prozent sind evangelische Christen, 9 Prozent Katholiken und 8 Prozent Mitglied der islamischen Gemeinde.

Geschichte im Überblick

600–800 Bei Spandau und Köpenick lassen sich erste slawische Siedler nieder.

1237 Die Siedlung Cölln wird erstmals urkundlich erwähnt; das erste Dokument zu Berlin stammt von 1244.

1307 Berlin und Cölln schließen sich zu einer Union zusammen.

1415 Ein Nürnberger Burggraf wird erst Markgraf, dann Kurfürst von Brandenburg und begründet als Kurfürst Friedrich I. die über 500-jährige Herrschaft der Hohenzollern.

1443–1451 Kurfürst Friedrich II. beginnt den ersten Schlossbau an der Spree.

1486 Berlin wird zur kurfürstlichen Residenz erhoben.

1648–1668 Nach dem Dreißigjährigen Krieg holt Kurfürst Friedrich Wilhelm wegen ihres Glaubens in Frankreich verfolgte Hugenotten nach Brandenburg. Die Einwohnerzahl steigt von 6000 auf 20 000.

1701 Kurfürst Friedrich III. krönt sich zum »König in Preußen« und baut als Friedrich I. Berlin zur repräsentativen Residenzstadt aus.

1740–1786 Unter Friedrich dem Großen wird Berlin zum geistigen Zentrum der Aufklärung.

1806–1808 Napoleon zieht siegreich durch das Brandenburger Tor und hält die Stadt zwei Jahre lang besetzt.

1813–1815 Die Befreiungskriege gegen Napoleon gehen einher mit politischen Reformen in Preußen.

1840–1861 Unter Friedrich Wilhelm IV. erlebt die Stadt kulturell und städtebaulich einen Aufschwung; die soziale Ungleichheit führt zur Märzrevolution 1848, die blutig niedergeschlagen wird.

1871 Berlin wird Hauptstadt des Deutschen Reiches; König Wilhelm I. zum Kaiser Wilhelm I. proklamiert.

1888 Dem 99-Tage-Kaiser Friedrich III. folgt Wilhelm II. auf dem Kaiserthron. Die fortschreitende Industrialisierung führt zu wirtschaftlichem Wachstum und zunehmender Bevölkerung.

1918 Nach dem verlorenen Ersten Weltkrieg und der Novemberrevolution dankt Kaiser Wilhelm II. ab.

1920 Groß-Berlin entsteht aus acht Stadtgemeinden, 59 Landgemeinden und 27 Gutsbezirken.

1933 Die NSDAP übernimmt die Macht; Adolf Hitler wird Reichskanzler.

1936 Die Olympischen Spiele werden zur Propagandaschau des Hitler-Regimes.

1945 Die Hauptstadt des Nazi-Regimes wird nach der Kapitulation von den Alliierten in vier Sektoren aufgeteilt.

1948 Berlin-Blockade; West-Berlin wird über die Luftbrücke versorgt.

1949 Ost-Berlin wird Hauptstadt der DDR, West-Berlin selbstständige politische Einheit unter der Kontrolle der alliierten Westmächte.

1953 Der Arbeiteraufstand in Ost-Berlin am 17. Juni wird niedergeschlagen.

1961 Bau der Berliner Mauer; in 28 Jahren fordert sie 136 Todesopfer.

1989 Am 9. November fällt die Berliner Mauer im Zuge der Friedlichen Revolution der Bürgerbewegung in der DDR.

1990 Der Währungseinheit im Juli folgt am 3. Oktober die Wiedervereinigung.

1991 Berlin wird zur Bundeshauptstadt gewählt.

1994 Die Alliierten verlassen Berlin und beenden damit die Nachkriegszeit.

1999 Die Bundesregierung zieht nach Berlin; im neu gestalteten Reichstagsgebäude findet die erste Sitzung des Deutschen Bundestags statt.

2001 Eröffnung des neuen Bundeskanzleramts. Die Bezirksreform macht aus 23 Berliner Bezirken zwölf.

2001-2004 Museumsneubauten und Neueinrichtungen, u.a. Jüdisches Museum, Ausstellungshalle am Deutschen Historischen Museum, Museum für Fotografie mit Helmut Newton Stiftung, Flick Collection am Hamburger Bahnhof, Berlinische Galerie.

2005 Das Holocaust-Mahnmal eröffnet als Denkmal für die ermordeten Juden in Europa.

2008 Der Flughafen Tempelhof wird geschlossen. Der Palast der Republik ist abgerissen. Die UNESCO nimmt sechs Siedlungen des sozialen Wohnungsbaus aus den 1920er-Jahren in die UNESCO-Welterbeliste auf.

2009 Die Stadt feiert 20 Jahre Mauerfall. Das Neue Museum eröffnet wieder auf der Museumsinsel.

2010 20 Jahre Wiedervereinigung. Das Wissenschaftsjahr erinnert an 350 Jahre Staatsbibliothek, 300 Jahre Charité, 200 Jahre Humboldt-Universität zu Berlin, 100 Jahre Max-Planck-Gesellschaft.

2012 Stadtjubiläum »775 Jahre Berlin«

2013 Auf dem Schlossplatz wird der Grundstein für das Humboldtforum gelegt.

2014 25 Jahre Mauerfall: Eine Lichtgrenze aus Ballons entschwebt in den Himmel über Berlin.

2015 Richtfest für das Humboldtforum. 25 Jahre Wiedervereinigung.

2016 Berlin wird Rot-Rot-Grün. Im Senat regiert eine Koalition aus SPD, Linke und Grüne.

2017 Bundesgartenschau auf dem erweiterten Gelände der »Gärten der Welt«.

MITTE UND REGIERUNGS-VIERTEL

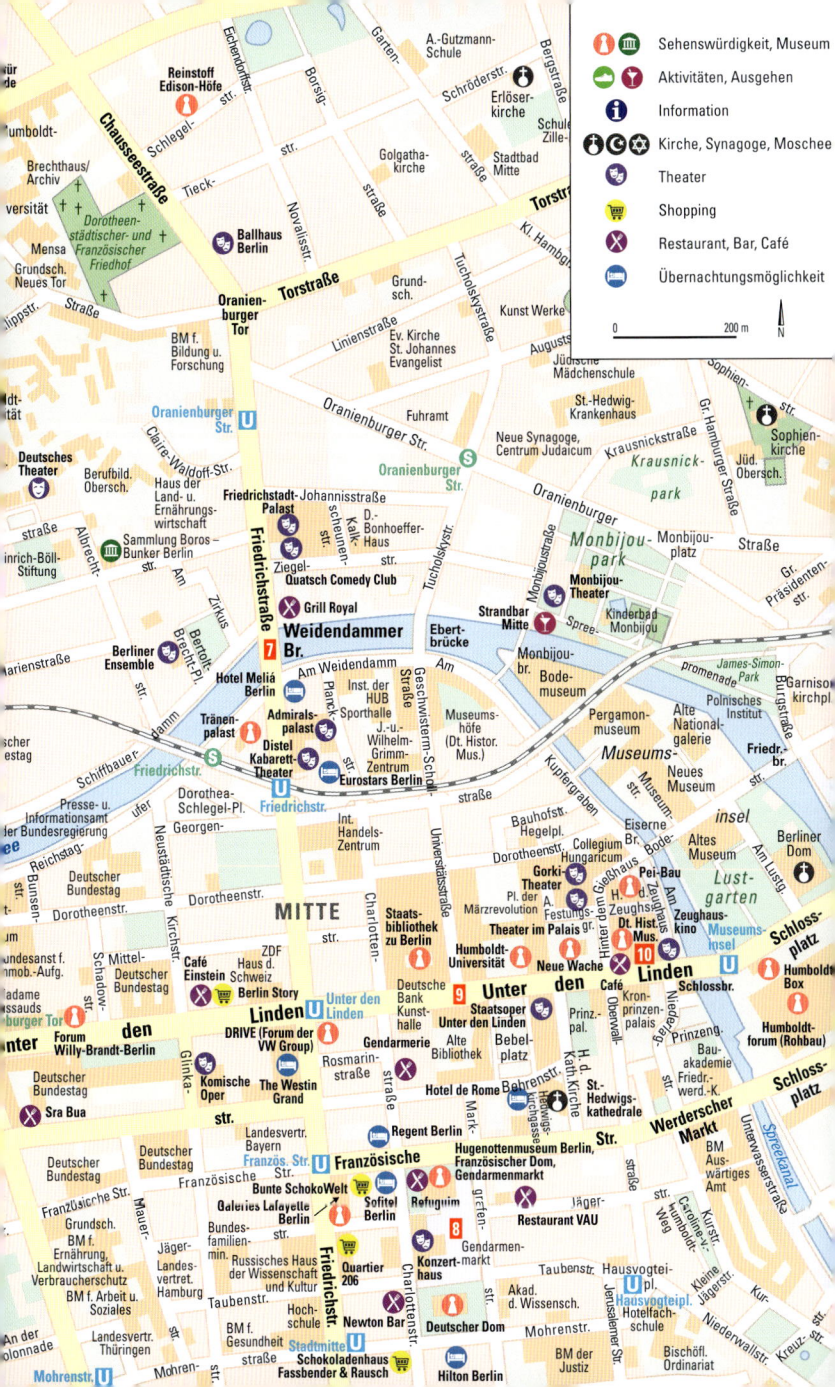

1 Brandenburger Tor
Das elegante Entree in die Mitte der Stadt

Die Bilder gingen um die Welt: Tanz auf der Mauer in der Nacht, als die Berliner Mauer fiel, seit dem Fußball-Sommermärchen 2006 Fanmeile bei allen Welt- und Europameisterschaften, jedes Jahr die größte Silvester-Open-Air-Party mit Riesenfeuerwerk über der Quadriga, und jede Menge Staatsgäste, die sich beim Gang durch das symbolträchtige Tor ablichten lassen: Ganz klar, dass es auf der Sightseeing-Liste aller Touristen ganz oben steht: das Brandenburger Tor.

Das Brandenburger Tor in der Mitte Berlins und auf der ehemaligen Grenze zwischen Ost und West war das Symbol der deutschen Teilung, wurde zum Symbol der deutschen Einheit und ist das berühmteste Wahrzeichen der Hauptstadt. 28 Jahre lang lag das Tor von der Mauer umschlossen mitten im Sperrgebiet, unerreichbar von Ost wie West. Umso größer war die Freude, als am 22. Dezember 1989 ein Kran das erste Mauersegment neben dem Tor

GUT ZU WISSEN

RUMMEL IN DER GUTEN STUBE

Der Pariser Platz gilt als die vornehmste Adresse Berlins, exklusiv Botschaften und repräsentativen Institutionen vorbehalten. Das Volk aber hat die Mitte des Platzes erobert. Hier tummeln sich Touristen aus aller Welt zur fröhlichen Foto-Session am Brandenburger Tor. Hier zeigen Berliner ihren Gästen die »gute Stube«. Hier gibt es das eine oder andere Event – und leider auch den einen oder anderen trickreichen Taschendieb. Also aufgepasst!

Seite 28/29: Paul-Löbe-Haus und Marie-Elisabeth-Lüders-Haus bilden am Spreebogen zusammen mit dem Bundeskanzleramt das »Band des Bundes«.
Unten: Wohin lenkt die Siegesgöttin ihr Viergespann? Gen Osten!

in die Luft hob – und der Durchgang wieder möglich wurde.

Seither ist das 26 Meter hohe und 50 Meter breite klassizistische Bauwerk mit seinen markanten Säulen und der von der Siegesgöttin gesteuerten Quadriga eine allseits beliebte Kulisse für Sport-, Show- und andere Großveranstaltungen. Der Schauplatz verkauft sich gut und lockt Touristen aus aller Welt in die Stadt. Autofahrer ärgern sich allerdings über die häufigen Straßensperrungen im Umkreis und Flaneure finden mitunter ihr Lieblingsmotiv verstellt durch Buden und Bühnen, denn am Tor wollen sich alle präsentieren; es steht für Freiheit, Freude, Feiern.

Geschichte und Gegenwart

Erbaut wurde das Brandenburger Tor 1789 bis 1791 von Carl Gotthard Langhans d. Ä. auf Wunsch des preußischen Königs Friedrich Wilhelm II. Die Propyläen, der monumentale Zugang zur Akropolis von Athen, dienten als Vorbild. Der Berliner Torbau trat an die Stelle eines früheren Stadt- und Zolltors und bildete zugleich den grandiosen Abschluss der Straße Unter den Linden, die ihren Ausgang am Berliner Schloss nahm. 1793 wurde die Quadriga, die nach dem Entwurf von Johann Gottfried Schadow entstand, montiert. 1806 zog Napoleon mit seinen Truppen durch das Tor, besetzte Berlin und nahm auf dem Rückweg die vierspännige Pferdeskulptur mit der Siegesgöttin als Kriegsbeute mit nach Paris. 1814 kehrte sie im Triumphzug zurück. Bei Bombenangriffen im Zweiten Weltkrieg schwer zerstört, wurde die Bronzeskulptur 1956 im Westteil Berlins nachgegossen und im Osten wieder auf das Tor gehievt. Die jüngsten Restaurierungen des Sandsteinbauwerks waren 2002 beendet. 300 Jahre Berliner Geschichte rund um das Brandenburger Tor lässt

Einfach gut!

MIT DEM SMART-PHONE AUF SPURENSUCHE

Wo stand eigentlich genau die Mauer? Gedenkstätten und Informationstafeln am authentischen Ort erinnern an das alltägliche Leben mit der Berliner Mauer und an dramatische Situationen, die sich dort zugetragen haben. Einen Überblick gibt die »Mauerinformation« im Zwischengeschoss der U- und S-Bahn Brandenburger Tor (Westeingang). Auf einer Luftbildkarte ist der Mauerverlauf nachgezeichnet, und wichtige Orte sind markiert. Über einen kostenlosen Internetzugang gelangt man zu offiziellen Webseiten zum Thema Berliner Mauer. Smartphone- und Tabletnutzer können mit der App »Mauerschau« verschiedenen Touren entlang des einstigen Mauerverlaufs folgen und Geschichten von Zeitzeugen hören. Die Technik erlaubt es, an einzelnen Stationen (Brandenburger Tor, Checkpoint Charlie u. a.) das Bild von heute mit Fotos- und Videoaufnahmen von einst zu überblenden, um so einen authentischen Eindruck vom Leben mit der Mauer zu erhalten. Zwei Touren kann man kostenlos herunterladen, weitere sind kostenpflichtig

Info: www.mauerschau.berlin

Beim Festival of Lights erstrahlt das Brandenburger Tor in wechselndem Licht.

EINBLICKE

Geheimtipp

Enge Gestaltungsvorschriften für die Fassaden am Pariser Platz haben die Kreativität der Architekten gezügelt. Doch im Innern konnten sie ihre Fantasie frei entfalten. Zwar haben neugierige Touristen in den streng bewachten Botschaften und Bankvertretungen keinen Zutritt. Es gibt aber Gelegenheiten, Blicke ins Innere zu werfen. Das Max-Liebermann-Haus zeigt öfter Ausstellungen oder lädt zu Veranstaltungen ein. Die Security der DZ-Bank erlaubt sogar das Betreten des ersten Foyers: Von hier aus kann man durch eine Glasfassade einen Blick auf Frank O. Gehrys spektakuläres Atrium und die gläserne Dachkonstruktion werfen. Mitten durch die glasbetonte Akademie der Künste führt eine Passage (zurzeit wegen Bauarbeiten geschlossen) zur Behrensstraße und zum Holocaust-Mahnmal.

die Multimedia-Hightech-Show »The Gate Berlin« Revue passieren.

Besucher müssen, wie es sich für hohe Berlin-Gäste gehört, durch das Brandenburger Tor mit seinen sechs mächtigen Doppelsäulenpfeilern und dem hoch angebrachten Reliefschmuck schreiten. Auf der Westseite, am Platz des 18. März (zur Erinnerung an die Revolution von 1848), öffnet sich der Tiergarten (s. S. 194) und beginnt die breite Straße des 17. Juni (zum Gedenken an den Arbeiteraufstand 1953 in der DDR). Sie führt schnurgerade auf die Siegessäule zu und weiter nach Westen bis zum Ernst-Reuter-Platz in Charlottenburg.

Da, wo die Mauer stand

Im Halbkreis unmittelbar um den Platz des 18. März fällt die doppelte Pflastersteinreihe im Boden auf: Sie zieht sich durch die halbe Stadt und markiert den ehemaligen innerstädtischen Mauerverlauf. Wer mit der U-Bahn der Linie 55

Brandenburger Tor

vom Hauptbahnhof am Pariser Platz ankommt, kann gleich am Bahnsteig auf großformatigen Fotos die wichtigsten Stationen in der Geschichte des Brandenburger Tors Revue passieren lassen. Im Zwischengeschoss gibt es – nicht leicht erkennbar in einem Kiosk – weitere Informationen zum ehemaligen Mauerverlauf. Auch mit Smartphone oder Tablet kann man sich auf »Mauerschau« begeben (s. Tipp auf Seite 33).

Der Pariser Platz ...

Der Pariser Platz auf der Ostseite des Brandenburger Tors bildet das vornehme Entree in die Stadt. Das wohlproportionierte Säulentor vervollständigen die beiden Flügelbauten. Im südlichen befindet sich eine Touristeninformation, im nördlichen ein Raum der Stille. Die meisten Besucher bevorzugen allerdings den Trubel auf dem autofreien Platz bei der Suche nach dem besten Standort für das Erinnerungsfoto vom Brandenburger Tor. Der liegt in der Mitte des Platzes und: Am reizvollsten erstrahlen Tor und Quadriga alljährlich im Oktober, wenn sie beim Festival of Lights besonders attraktiv in farbenfrohes Licht getaucht werden.

... und seine Bauten

Einst war der Platz bebaut mit noblen Residenzen verdienter Persönlichkeiten. Auch Botschaften hatten hier ihren angestammten Sitz. Die heutigen Gebäude ringsum entstanden alle erst nach 1990. Die neuen Gebäude sollten sich äußerlich streng historisierend an den originalen Vorbildern orientieren. Das tun sie bei genauem Hinsehen nur bedingt.

Die einzelnen Gebäude, vom Tor ausgehend im Uhrzeigersinn: Der Maler Max Liebermann (1847–1935), der von 1920–1933 Akademie-Präsident war, wohnte unmittelbar neben dem Brandenbur-

Oben: Das Adlon, Berlins erste Adresse, 1907 erbaut, im Zweiten Weltkrieg stark beschädigt und 1984 abgerissen. Nach der Wende wurde es wiederaufgebaut.
Unten: Großer Auftritt: Tangopaar vor der Kulisse des Brandenburger Tors.

ger Tor, von Westen kommend, »gleich wenn man reinkommt links«. Heute residiert im Max-Liebermann-Haus die Stiftung Brandenburger Tor. Am Pariser Platz 6 hat das Allianz-Stiftungsforum seinen Sitz, welches in loser Folge zu Veranstaltungen einlädt – Gelegenheit, das edle Atrium zu bewundern. Den Rest der Nordseite des Platzes nimmt die Französische Botschaft ein. Sie öffnet ihre eindrucksvollen Innenräume und -höfe nur selten für Publikum; der Haupteingang liegt in der Wilhelmstraße.

Die gegenüberliegende Seite beginnt mit dem Hotel Adlon, dessen Adresse »Unter den Linden« lautet. Bei etwa gleicher Höhe wie sein 1907 eröffneter Vorläufer hat im Innern des Luxushotels eine Etage mehr Platz gefunden. Man muss nicht Hotelgast sein, um einen Tee in der noblen Lobby oder einen Drink an der Bar zu nehmen.

Die Akademie der Künste fällt durch ihre lichte Glasfassade aus dem historischen Rahmen. Architekt Günter Behnisch konnte seinen mutigen Entwurf erst nach einem langwierigen »Fassadenstreit« durchsetzen. Wechselnde Ausstellungen, diverse Veranstaltungen, ein Buchladen und ein kleines Café locken ins Innere.

Neben Frank Gehrys DZ-Bank, die es inzwischen wie das Brandenburger Tor zu Bollywood-Ehren mit Indiens Superstar Shah Rukh Khan gebracht hat, fügt sich die US-Amerikanische Botschaft fast unauffällig in den Block ein. Der von vielen bemängelte »Festungscharakter« erschließt sich erst außerhalb des Brandenburger Tors an der Ebert- und der Behrenstraße. Als Pendant zum Max-Liebermann-Haus schließt das Haus Sommer – beide Gebäude von Josef P. Kleihues in der Nachfolge des preußischen Baumeisters Friedrich August Stüler entworfen – den Pariser Platz ab.

Oben: Fällt aus dem steinernen Rahmen: Die Fassade der Akademie der Künste am Pariser Platz.
Mitte: Gedenktafel zum Mauerverlauf
Unten: Spektakuläre Architektur: Frank O. Gehrys Atrium der DZ-Bank

Infos und Adressen

SEHENSWÜRDIGKEITEN

Akademie der Künste. Täglich 10–20 Uhr und zu Veranstaltungen; Pariser Platz 4, 10117 Berlin-Mitte, Tel. 030/200 57 10 00, www.adk.de

Max-Liebermann-Haus. Geöffnet zu Ausstellungen und Veranstaltungen. Pariser Platz 7, 10117 Berlin-Mitte, Tel. 030/22 63 30 30, www.stiftung.brandenburgertor.de

Brandenburger Tor Museum. Multimediale Zeit- und Erlebnisreise durch 300 Jahre Berliner Geschichte am Brandenburger Tor. Tägl. 10–20 Uhr, Pariser Platz 4a, 10117 Berlin, Tel. 030/236 07 84 36, www.thegate-berlin.de

ESSEN UND TRINKEN

Café LebensArt. Beliebtes Café. Das Gebäude beherbergt heute Büros von Abgeordneten des Deutschen Bundestags; früher befand sich hier das Volksbildungsministerium der DDR. Mo–Do und So 9–20.30, Fr / Sa bis 22 Uhr. Unter den Linden 69 a+b, 10117 Berlin-Mitte, Tel. 030/44 72 19 30, www.cafe-lebensart.de

ÜBERNACHTEN

Hotel Adlon. Legendäres Haus mit viel Geschichte und modernstem Komfort. Gourmet-Restaurant Lorenz Adlon Esszimmer, Brasserie-Restaurant

Exklusiv: Präsidentensuite im Adlon

Quarré mit Außenterrasse, schicke Bar in der neu gestylten Lobby, Wellness mit Pool. Im Sommer Champagner-Bar am Pariser Platz. Unter den Linden 77, 10117 Berlin-Mitte, Tel. 030/226 10, www.kempinski.com, www.hotel-adlon.de

INFORMATION

Berlin Tourist Info. Täglich 9.30–18/19 Uhr. Brandenburger Tor, Südflügel, www.visitberlin.de

Raum der Stille. Wer dem Trubel draußen für einen Moment entrinnen will, kann sich in diesen Raum zurückziehen; allerdings stört das ständige Tür-Auf-Tür-Zu. Brandenburger Tor, Nordflügel, täglich 11–18 Uhr

Gemütliches Abendessen vor dem Adlon

2 Holocaust-Mahnmal
Denkmal für die ermordeten Juden Europas und Ort der Information

An prominentem Ort zwischen Brandenburger Tor und Potsdamer Platz breitet sich das großflächige Stelenfeld aus, das der New Yorker Architekt Peter Eisenman geschaffen hat: Das Denkmal für die ermordeten Juden Europas ist die zentrale Holocaust-Gedenkstätte Deutschlands, ein Ort der Erinnerung an die Millionen Opfer. Der unterirdische »Ort der Information« liefert Hintergrundinformationen dazu.

Stelenfeld

2711 graue Betonstelen auf 19 000 Quadratmetern bilden eine scheinbar bewegte Fläche, die aus jedem Blickwinkel und bei jedem Licht anders wirkt. Die Betonblöcke sind alle gleich breit und dick, aber unterschiedlich hoch. Die niedrigsten ragen nur 20 Zentimeter aus dem Boden auf, die größten sind 4,70 Meter hoch. Sie stehen in einem gleichförmigen Raster auf leicht welligem Boden, der für die »bewegten Bilder« sorgt. Die begehbare Skulptur ist nach allen Seiten offen, die Wege dazwischen sind schmal. Man kann frei durchgehen, an jeder Ecke die Richtung wechseln, sieht fast immer einen »Ausgang«, und doch kommt man sich vor wie in einem Labyrinth, entwickelt Gefühle von Beklemmung, Verlorensein, Ausweglosigkeit. Das Denkmal gibt keine symbolische Deutung vor. Es soll anregen zur individuellen Auseinandersetzung mit dem Thema Holocaust und dem Ausmaß der Vernichtung. Für mehr Informationen muss man hinuntersteigen in den »Ort der Information«.

Mitte: Bewegt und bewegend: Stelenfeld des Holocaust-Mahnmals
Unten: Unterricht open-air: Viele Schulklassen besuchen das Holocaust-Mahnmal.

Ort der Information

Die Ausstellung im Untergeschoss beginnt mit einem Überblick auf die nationalsozialistische Terrorpolitik von 1933 bis 1945. Die folgenden vier Themenräume und verschiedene Medienstationen liefern Fakten, Zahlen, Hintergrundwissen, erinnern an die Opfer und führen das Ausmaß der Judenvernichtung in Europa vor Augen. Sechs großformatige Porträts stehen für sechs Millionen ermordete Menschen: Kinder, Frauen, Männer, Junge und Alte. Wenig weiß man von ihnen, denn nur wenige Briefe, Tagebücher, Notizen sind erhalten geblieben. Zitate daraus sind im Raum der Dimensionen nachzulesen.

Im Raum der Familien werden am Beispiel von 15 jüdischen Familienschicksalen unterschiedliche soziale, nationale, kulturelle und religiöse Lebenswelten dargestellt. Im fast leeren Raum der Namen werden Kurzbiografien ermordeter Juden verlesen, die den Opfern ein Stück ihrer Identität zurückgeben. 10 000 dieser Gedenktexte wurden inzwischen durch aufwendige Recherche erstellt, Material für mehr als 100 Stunden. Im Raum der Orte läuft auf Großbildschirmen in Endlosschleife historisches Film- und Fotomaterial zu den insgesamt 220 Orten, an denen Juden und andere Opfer des NS-Terrors verfolgt und ermordet wurden.

Die Denkmaldebatte

Die Anregung zu einem »unübersehbaren Denkmal für die ermordeten Juden Europas« gab es schon vor dem Fall der Mauer. Doch bis über Ort, Architektur und Darstellung entschieden war, vergingen insgesamt 17 Jahre. An einer Datenbank im Ort der Information sind die Chronik der Ereignisse, die Vorgeschichte des Denkmalprojekts und die Debatten während der Planungs- und Bauzeit bis zur Eröffnung 2005 abrufbar.

Infos und Adressen

GEDENKSTÄTTE

Denkmal für die ermordeten Juden Europas. Das Stelenfeld ist Tag und Nacht frei zugänglich.

Ort der Information. Dauerausstellung und Sonderausstellungen: Di–So, April–Sept. 10–20, Okt.–März 10–19 Uhr (letzter Einlass 45 Minuten vor Schließung). Kostenlose öffentliche Führungen: So 15 Uhr (ca. 75 Minuten), Treffpunkt: Fahrstuhl Cora-Berliner-/Ecke Hannah-Arendt-Straße. Veranstaltungen: Lesungen, Vorträge, Diskussionen. Cora-Berliner-Straße 1, 10117 Berlin-Mitte, www.holocaust-denkmal.de

WEITERE GEDENKSTÄTTEN

Denkmal für die im Nationalsozialismus verfolgten Homosexuellen. Im Tiergarten an der Ebertstraße, gegenüber dem Holocaust-Mahnmal

Denkmal für die ermordeten Sinti und Roma. Im Tiergarten, zwischen Reichstag und Brandenburger Tor. www.stiftung-denkmal.de

ESSEN UND TRINKEN

In einer Ladenzeile an der Cora-Berliner-Straße werden Souvenirs, Snacks und Getränke verkauft und haben sich einfache Restaurants und Cafés mit Terrasse einquartiert.

Zwei **Adlon**-Edel-Restaurants haben den Eingang in der Behrenstraße: **»le petit Felix«** (Mo–Sa ab 18 Uhr, Tel. 030/20 62 86 10) setzt auf südfranzösisch-mediterrane Küche, das **Sra Bua by Tim Raue** zelebriert die Geschmacksvielfalt Asiens, Di–Sa ab 18 Uhr, Tel. 030/22 61 15 90

3 Reichstag und Regierungsviertel
Das Volk steigt den Parlamentariern aufs Dach

»Dem Deutschen Volke« prangt am Giebel des Reichstags im Regierungsviertel am östlichen Rand des Tiergartens. Die weithin sichtbare gläserne Kuppel, die Sir Norman Foster 1999 dem über hundert Jahre alten Gebäude aufsetzte, wurde schnell zum Wahrzeichen der jungen Hauptstadt. Das Bauwerk hat eine große Anziehungskraft auf »das Volk«. Aber rein kommt nur, wer sich vorher angemeldet hat – oder Wartezeiten in Kauf nimmt.

Jeder Besucher wird registriert, dabei muss man sich frühzeitig auf ein Zeitfenster festlegen. Kurzentschlossene können sich in der Serviceaußenstelle vor Ort anmelden, müssen aber mit Wartezeiten rechnen. Wenn dann die Sicherheitsschleusen durchlaufen sind, öffnen sich die Türen in das geschichtsträchtige Gebäude.

Drinnen tagen, debattieren und streiten die Parlamentarier des Deutschen Bundestags. Wenn sich Besucherwunsch und Sitzungen koordinieren lassen, kann man für etwa eine Stunde einer Debatte zuhören. Gut zwei Drittel der rund drei Millionen Besucher jährlich haben aber vor allem einen Wunsch: die spektakuläre Kuppel zu besichtigen und von oben den Ausblick über Berlin zu genießen.

Mit dem Fahrstuhl geht es zur Dachterrasse am Fuß der eiförmigen Kuppel auf rundem Grundriss. Bereits von hier blickt man über die Dächer der umliegenden Bauten und hinunter in die Innen-

In der gläsernen Kuppel des Reichstags – Licht, Luft und interessante Blicke in den Plenarsaal liefert der verspiegelte Trichter.

höfe des Parlamentsgebäudes. Auf der Ostseite liegt das Dachgartenrestaurant von Feinkost Käfer aus München.

Im Inneren der Kuppel windet sich spiralförmig eine Rampe hinauf zu einer großen Aussichtsplattform hinter Glas. Aus 40 Metern Höhe hat man freie Sicht in alle Richtungen, weit über das Regierungsviertel hinaus. Ebenso faszinierend wie der Ausblick ist das verspiegelte trichterförmige Kegelelement in der Kuppelmitte, das auf raffinierte Weise computergesteuert den Plenarsaal unterhalb belichtet, belüftet, entlüftet und vor allem Einblicke nach unten erlaubt.

Zur Geschichte des Gebäudes

Der Reichstag wurde 1884–94 nach Plänen von Paul Wallot als Parlamentsgebäude des Deutschen Reiches erbaut. Nach dem Ende der Hohenzollern-Monarchie rief der Abgeordnete Philipp Scheidemann am 9. November 1918 im Reichstag die Republik aus. 1933 nutzten die Nationalsozialisten den »Reichstagsbrand« als Vorwand zur Aufhebung wichtiger Grundrechte. Damit begann die Verfolgung politisch Andersdenkender. 1945 hissten

Einfach gut !

ABSCHALTEN IM REGIERUNGSVIERTEL

Die Hauptstadt macht im Sommer Pause – am liebsten in Beach Bars oder im Biergarten. Capital Beach heißt die populäre Location an der Spree mit Blick auf den Hauptbahnhof und die vorbeiziehenden Schiffe. Beim exotischen Cocktail im Liegestuhl oder Strandkorb und mit Musik, die zum Tanzen animiert, kommen Urlaubsgefühle auf. Wer es bodenständiger mag: Auf der rechten Spreeseite, das Kanzleramt voll im Blick, liegt der Zollpackhof, ein idyllischer Biergarten unter Kastanienbäumen mit Spielplatz für die Kleinen, mit rustikalen Bänken und rustikalen Speisen.

Capital Beach. Täglich ab 10 Uhr, Do–So animieren DJs zum Tanz. Ludwig-Erhard-Ufer, 10557 Berlin

Zollpackhof Restaurant – Biergarten. Tägl. 10–24 Uhr. Elisabeth-Abegg-Straße 1, 10557 Berlin, Tel. 030/33 09 97 20, www.zollpackhof.de

Soldaten der Roten Armee auf dem Dach die sowjetische Fahne als Zeichen des Sieges über den Nationalsozialismus.

In der geteilten Stadt hatte das schwer zerstörte Parlamentsgebäude seine politische Funktion verloren. Am 3. Oktober 1990, Punkt Null Uhr, wird vor dem Reichstag zu den Klängen der Nationalhymne die Bundesflagge gehisst und mit einem Feuerwerk die Einheit gefeiert.

Außergewöhnlich präsentierte sich der Reichstag, als ihn 1995 die Künstler Christo und Jeanne Claude mit silbrig flimmernden Stoffbahnen verhüllten. Das dauerte nur zwei Wochen, lockte aber über fünf Millionen Menschen an. Das Volk hatte das Gebäude »angenommen«. 1999 war der Umbau durch den britischen Architekten Sir Norman Foster als Parlamentssitz beendet. Der Deutsche Bundestag nahm seine Arbeit auf.

Regierungsviertel

Als »Band des Bundes« ziehen sich die wichtigsten Regierungsbauten von West nach Ost, überspan-

Bei Nacht sind alle Regierungsbauten bunt:
Oben: das monumentale Bundeskanzleramt,
Unten: das Marie-Elisabeth-Lüders-Haus an der Spree

Reichstag und Regierungsviertel

nen nördlich des Reichstagsgebäudes die Spree und den Spreebogen und bilden den Brückenschlag zwischen West und Ost im ehemals geteilten Berlin. Die Architekten Axel Schultes und Charlotte Frank gewannen 1992 den städtebaulichen Wettbewerb zum Regierungsviertel und 1994 den Wettbewerb für das Bundeskanzleramt. 2001 bezog Bundeskanzler Gerhard Schröder das Gebäude. Der 36 Meter hohe Komplex besteht aus dem neungeschossigen Hauptgebäude, das von zwei fünfgeschossigen Flügeln für die Verwaltung gerahmt wird. Ein geschwungener Steg führt im Westen über die Spree in den Kanzlergarten mit Hubschrauberlandeplatz. Auf der Ostseite liegt der Haupteingang im Ehrenhof. Die Eisenskulptur »Berlin« des spanischen Künstlers Eduardo Chillida nimmt Bezug zum Gedanken der Vereinigung.

Auf der gegenüberliegenden Straßenseite beherbergt das Paul-Löbe-Haus Ausschussräume und Büros für Parlamentsabgeordnete, das Marie-Elisabeth-Lüders-Haus am anderen Spreeufer die Parlamentsbibliothek mit Archiv. Mit einem Ausstellungsraum für zeitgenössische Kunst und einem Mauer-Mahnmal ist letzteres öffentlich zugänglich – und hat die schönste Treppe, um am Ufer der Spree eine Pause mit Blick auf den Reichstag einzulegen.

Weiße Kreuze erinnern an die Mauertoten.

Infos und Adressen

SEHENSWÜRDIGKEITEN

Bundeskanzleramt. Am Tag der offenen Tür im August gilt die »Einladung zum Staatsbesuch«. Willy-Brandt-Straße 1, 10557 Berlin-Tiergarten, www.bundeskanzlerin.de

Mauer-Mahnmal im Marie-Elisabeth-Lüders-Haus. Di–So 11–17 Uhr, Eintritt frei. Zugang über die Spree-Uferpromenade. 10117 Berlin-Mitte, www.kunst-im-bundestag.de, www.mauer-mahnmal.de

Reichstagsgebäude. Besichtigung tägl. 8–24 Uhr, letzter Einlass 22 Uhr. Anmeldung: https://visite.bundestag.de; schriftlich: Deutscher Bundestag, Platz der Republik 1, 11011 Berlin-Tiergarten, Fax 030/22 73 64 36; vor Ort im Besucherpavillon oft lange Wartezeiten, www.bundestag.de

ESSEN, TRINKEN, KULTUR

Dachgartenrestaurant. Im Reichstagsgebäude. Moderne deutsche Küche mit bester Aussicht. Täglich 9–16.30 und 18.30–24 Uhr. Anmeldung: Tel. 030/22 62 99 33, www.feinkost-kaefer.de/berlin

Haus der Kulturen der Welt. In der ehemaligen Kongresshalle mit der geschwungenen Dachkonstruktion präsentieren sich internationale zeitgenössische Künste. John-Forster-Dulles-Allee 10, 10557 Berlin-Tiergarten, Tel. 030/39 78 71 75, www.hkw.de

TIPI am Kanzleramt. Kleine feine Shows aus dem breiten Entertainment-Spektrum. Große Querallee, 10557 Berlin-Tiergarten, www.tipi-am-kanzleramt.de

4 Hauptbahnhof
Europas größter Kreuzungs-bahnhof

Willkommen bei Freunden: Seit der Fuß-ball WM 2006 empfängt der neue Haupt-bahnhof Berlinbesucher, die mit der Bahn anreisen oder vom Flughafen Schönefeld mit dem Airport-Express in die Innenstadt fahren. Er liegt mitten im Nirgendwo, kla-gen die einen, im Herzen der Stadt, direkt am Regierungsviertel, jubeln die anderen. In jedem Fall gehört das Bahnhofsgebäude zu den Berliner Sehenswürdigkeiten und ist ein beliebtes Fotomotiv.

Das Bauwerk

Ein Kreuzungsbauwerk für den größten Kreuzungs-bahnhof Europas: 321 Meter lang spannt sich das gläserne Dach über die in Ost-West-Richtung ver-laufende Stadtbahnstrecke. Dazwischen schiebt sich die 160 Meter lange und 42 Meter breite, mehr-stöckige Bahnhofshalle, deren 46 Meter hohe Flü-gelbauten das gewölbte Dach der Gleisanlagen überbrücken: ein grandioses Gebilde aus Glas und Stahl.

Das Innenleben

Der Kreuzungsbahnhof hat zwei Bahnsteiganlagen. Die vier Bahnsteige der Nord-Süd-Verbindung befinden sich in 15 Metern Tiefe, auf Ebene -2. Hier gibt es auch einen Zugang zur U-Bahnlinie 55 zum Brandenburger Tor. Zwei weitere Fern-bahnsteige für die Züge der Ost-West-Richtung einschließlich Airport-Express und der Bahnsteig für die S-Bahn-Linien liegen auf der obersten Ebene unter dem elegant gewölbten Glasdach, das

Mitte: In bester Wasserlage: der neue Hauptbahnhof
Unten: Treppauf, treppab: Rolltreppen und Fahrstühle führen durch alle Etagen.

Infos und Adressen

aus Kostengründen allerdings kürzer gehalten wurde, als vom Architekten vorgesehen. Dazwischen ist das lichtdurchflutete Gebäude – die beiden Flügelbauten verfügen über Büroflächen –, ein großes Einkaufs- und Dienstleistungszentrum. Auf drei Etagen (-1, 0, +1), bieten rund 80 Geschäfte und Gastronomiebetriebe sowie Serviceeinrichtungen nahezu alles, was der Reisende braucht.

Die Lage

Die Grenze zwischen Ost- und West-Berlin verlief unmittelbar östlich des alten Lehrter Stadtbahnhofs. Der Humboldthafen, das Bindeglied zwischen Spree und dem Berlin-Spandauer Schifffahrtskanal, der bei Spandau in die Havel mündet, lag auf Ost-Berliner Gebiet. Als 1995, sechs Jahre nach dem Mauerfall, die aufwendigen Bauarbeiten für den teils unterirdischen Bahnhof und die Tunnelbauten begannen, war ringsum noch Niemandsland. Europaplatz heißt der nördliche Vorplatz, eine kleine Ausbuchtung an der Invalidenstraße.

Erholung im Geschichtspark

Nordwestlich des Bahnhofs verbirgt sich hinter einer hohen Mauer der »Geschichtspark ehemaliges Zellengefängnis Moabit« – eine Oase der Ruhe mit bedrückender Geschichte. Mehr als 100 Jahre, von 1849 bis 1955, waren hier bis zu 500 Häftlinge isoliert in Einzelzellen untergebracht. Auch eine Hinrichtungsstätte gab es auf dem Gelände. Heute zeichnen gartenarchitektonische Elemente wie Bodenreliefs, Hecken, Bäume und Rasenpartien Grundrisse des großen Komplexes nach und verdeutlichen Lage und Enge einzelner Zellen. Informationstafeln an den Eingängen (Lehrter Straße 5B, Invalidenstraße) geben Auskunft über die Geschichte des Ortes und einzelne Schicksale.

5 Hamburger Bahnhof – Museum für Gegenwart
Pilgerziel für Kunstliebhaber

Andy Warhol, Joseph Beuys, Cy Twombly, Robert Rauschenberg, Anselm Kiefer, Roy Lichtenstein, Sigmar Polke, Gerhard Richter, A. R. Penck, Bruce Nauman, Nam June Paik, Neo Rauch: Nur einige Namen aus den reichen Sammlungen verweisen darauf, dass der »Hamburger Bahnhof – Museum für Gegenwart« international zu den größten und wichtigsten Museen für zeitgenössische Kunst zählt.

Das Museum für Gegenwart ist eine Dependance der Nationalgalerie mit den Schwerpunkten Malerei, Objektkunst, Video, Film, Fotografie und Rauminstallationen. Dieses Spektrum wird mit spektakulären Werken aus drei privaten Sammlungen erweitert. Berühmtestes Werk der Sammlung Marx ist Andy Warhols »Mao«-Porträt. Mit der Sammlung Marzona kamen wichtige Werke der Konzeptkunst, der Land- und Minimal-Art und der Arte Povera hinzu. Eigens für die langfristige Leihgabe »Friedrich Christian Flick Collection im Hamburger Bahnhof« wurden hinter dem Haupthaus liegende Gebäude zu den heutigen »Rieckhallen« umgestaltet. Hier werden über 1500 erstklassige Werke zeitgenössischer europäischer und nordamerikanischer Kunst in wechselnden thematischen und monographischen Ausstellungen präsentiert. Dem Kunstsammler Friedrich Christian Flick ist auch eine Schenkung zu verdanken, die Hauptwerke von Marcel Broodthaers, John Cage, Martin Kippenberger und Bruce Nauman umfasst.

Der Westflügel des Hauptgebäudes ist Joseph Beuys gewidmet. Hier sind die bedeutenden

Unten: Kunst leuchtet: Die Lichtinstallation von Dan Flavin taucht die Fassade des Hamburger Bahnhofs in grünes und blaues Licht.

Hamburger Bahnhof

Werkgruppe seiner skulpturalen Arbeiten und Filmdokumente zu sehen. Die große Mittelhalle ist, wenn nicht gerade für Sonderausstellungen genutzt, idealer Ort für die monumentalen Bleiarbeiten von Anselm Kiefer. Im Ostflügel wurden unter anderem Werke des Künstlers Dan Flavin aus der Sammlung Marx und den anderen Sammlungen des Museums zusammengeführt. Flavin schuf auch die eindrucksvolle Lichtinstallation für die Fassade des Museums.

Das Gebäude

Der Hamburger Bahnhof erzählt auch ein Stück Berliner (Eisenbahn-)Geschichte. 1845 bis 1847 erbaut, war er einer der ersten von zahlreichen Kopfbahnhöfen in Berlin, die ihr Ziel im Namen führten. Doch wurde der Hamburger Bahnhof für das schnell wachsende Verkehrsaufkommen bald zu klein und vom nahegelegenen Lehrter Bahnhof (heute Hauptbahnhof) übertrumpft. 1884 wurde der Betrieb eingestellt. 1909 zog das Museum für Verkehr und Bauen ein. 1984 vom West-Berliner Senat übernommen und saniert, wurde es für Ausstellungen genutzt. Seine Zukunft als Museum für Gegenwart war gerade beschlossen, als die Mauer fiel. Den Wettbewerb für den Umbau zum Museum für Gegenwart gewann 1989 der Architekt Josef Paul Kleihues, der dem Bahnhofsgebäude mit seiner neoklassizistischen, von zwei Türmen flankierten Fassade, den großzügigen Ostflügel mit Tonnengewölbe, die Kleihues-Halle, anfügte.

Die Dauerpräsentation sowie hochkarätige Sonderausstellungen machen den einstigen Bahnhof zum beliebten Reiseziel für Kunstliebhaber aus aller Welt. In wechselnden Ausstellungen sind zudem in der »Neuen Galerie« Meisterwerke aus den Beständen der Neuen Nationalgalerie für die Dauer der Sanierung des Gebäudes (s. S. 142) zu sehen.

(s. S. 142)

Infos und Adressen

SEHENSWÜRDIGKEITEN

Hamburger Bahnhof – Museum für Gegenwart. Info-Tel. 030/266 42 42 42. Di, Mi, Fr 10–18, Do 10–20, Sa, So 11–18 Uhr. Kostenlose öffentliche Führungen (mit Eintrittskarte): Sa, So 12 (engl.) und 14 Uhr. Veranstaltungen: www.smb.museum. Invalidenstraße 50–51, 10557 Berlin-Moabit, Tel. 030/39 78 34 11, hbf@smb.spk-ber lin.de

ESSEN UND TRINKEN

Sarah Wiener im Hamburger Bahnhof. Das Café und Restaurant der Fernsehköchin serviert österreichische und mediterrane Gerichte und köstliche Torten. Drinnen herrscht Kaffeehausatmosphäre, draußen sitzt man wunderbar am Spree-Spandauer-Schifffahrtskanal. Invalidenstraße 50/51, 10557 Berlin, Tel. 030/70 71 36 50

Pause nach dem Museumsbesuch bei Sarah Wiener

6 Museum für Naturkunde
Wo die Saurier laufen lernen

»Tristan« ist der Superstar. Mit nahezu vollständigem Schädel und 170 (von rund 300) Knochen hat eines der am besten erhaltenen Saurierskelette der Welt einen eigenen Ausstellungsraum im Museum für Naturkunde erhalten.

Das schmälert nicht den Blick für »Oskar«, der mit 13,27 Metern als das höchste zusammengesetzte Saurierskelett der Welt gilt. Zusammen mit fünf Verwandten von unterschiedlichem Wuchs erweckt dieser Brachiosaurus brancai im spektakulären Lichthof des Museums die »Saurierwelt« wieder zum Leben, virtuell jedenfalls. Im Sauriersaal, Highlight des Museums, sind die »Juraskope« ständig belagert: Beim Blick durch dieses »Fernrohr« baut das angepeilte Skelett innere Organe und Muskeln auf, dann zieht sich die Haut drüber und schon beginnt der Dinosaurier zu laufen, begleitet von visualisierten Artgenossen. So könnte es ausgesehen haben, vor 150 Millionen Jahren in Ostafrika. Jüngst wurden die Saurierfossilien nach aktuellen wissenschaftlichen Erkenntnissen erneut zusammengesetzt, mit gerade unter dem Körper stehenden Gliedmaßen und hoch aufgerichtetem Hals.

Einen prominenten Platz im Sauriersaal, zwischen den Türen zum folgenden Raum, nimmt der Urvogel Archaeopteryx ein, der als Übergangsform zwischen Dinosauriern und Vögeln gilt. Am Berliner Exemplar, vor rund 150 Jahren in Kalksteinablagerungen in Bayern entdeckt und wie die Saurierfossilien etwa 150 Millionen Jahre alt, sind Flugfedern, Knochenschwanz und Vorderkrallen besonders gut erhalten. Präsentiert wird das kostbare Original wie in einer Schatzkammer.

Mitte: Der kleinste unter den Großen: Der Sauriersaal ist Hauptattraktion im Naturkundemuseum.
Unten: Lebendig wirkende Tierpräparate

Museum für Naturkunde

Bedeutende Sammlungen

Seit mehr als 200 Jahren wird gesammelt, was unter anderem Forscher wie Humboldt von ihren Expeditionen mitbrachten. Im Jahr 1889 wurde das Museum für Naturkunde eröffnet. Heute umfassen die Sammlungen mehr als 30 Millionen Objekte aus Zoologie, Paläontologie, Geologie und Mineralogie.

Mineralien und Fossilien werden in historischen Sälen mit altmodischem Charme gezeigt. In anderen Abteilungen wurde nach 120 Jahren kräftig entstaubt. Die neu konzipierten Dauerausstellungen punkten mit einer frischen multimedialen Präsentation. Ob es um das »System Erde« geht, in dem sich Lebewesen immer wieder neu anpassen müssen, etwa nach Vulkanausbrüchen und Erdbeben, oder »Kosmos und Sonnensystem« vom Urknall bis heute erklärt werden – immer machen Hörstationen, Filmsequenzen, Animationen und Installationen die komplexen Themen anschaulich. Im Bereich »Evolution in Aktion« erfahren Besucher unter anderem, wie neue Arten entstehen. Zu den »Highlights der Präparationskunst« gehören unter anderm die Präparate von Publikumslieblingen des Berliner Zoos wie Gorilla Bobby und Eisbär Knut.

Im 2010 wiederaufgebauten Ostflügel, der noch Kriegsruine war, sind die zoologischen Nass-Sammlungen des Museums untergebracht. Fische, Spinnen, Krebse, Amphibien und Säugetiere lagern in 276 000 Gläsern mit über 80 000 Litern Alkohol. Ein Teil dieser Tierpräparate ist beim Museumsrundgang hinter raumhohen Glaswänden sichtbar. In riesigen Regalen stehen Tausende unterschiedlich große Deckelgläser mit gelblich leuchtender Flüssigkeit. Sie dienen der aktuellen Erforschung von Biodiversität und Evolution und sind zugleich eine eindrucksvolle Installation.

Infos und Adressen

SEHENSWÜRDIGKEITEN

Museum für Naturkunde. Leibniz-Institut für Evolutions- und Biodiversitätsforschung an der Humboldt-Universität zu Berlin. Di–Fr 9.30–18, Sa, So 10–18 Uhr. Invalidenstraße 43, 10115 Berlin-Mitte, Tel. 030/20 93 85 91, www.naturkundemuseum.berlin

Museumsshop. Bücher, Spielzeug, Experimentierkästen und vieles mehr zu naturwissenschaftlichen Themen.

Ganz in der Nähe
Berliner Medizinhistorisches Museum der Charité. Die Dauerausstellung »Dem Leben auf der Spur« bietet einen Streifzug durch 300 Jahre Medizingeschichte. Sonderausstellungen zu medizinischen Themen. Di, Do, Fr, So 10–17, Mi, Sa 10–19 Uhr. Charitéplatz 1, auf dem Campus Virchowweg 17, 10117 Berlin-Mitte, Tel. 030/450 53 61 56, www.bmm.charite.de

ESSEN UND TRINKEN

Reinstoff. Avantgardistische Küche, mit zwei Sternen ausgezeichnet. Di–Sa ab 19 Uhr, Schlegelstr. 26 c, in den Edison Höfen, 10115 Berlin-Mitte, Tel. 030/30 88 12 14, www.reinstoff.eu

ÜBERNACHTEN

Adina Apartment Hotel Berlin Hauptbahnhof. Platz vor dem Neuen Tor 6, 10115 Berlin-Mitte, Tel. 030/200 03 20, www.adina.eu

AUSGEHEN

Ballhaus Berlin. Von Swing über Tango bis zu Kabarett und Burlesque-Shows. Chausseestraße 102, Berlin-Mitte, Tel. 030/282 75 75, www.ballhaus-berlin.de

7 Friedrichstraße
Luxus-Shopping und Theatervergnügen

Genau genommen ist die Friedrichstraße der Kudamm des Ostens. Hier wechseln ganz unterschiedliche Läden mit Hotels, Restaurants, Bars und Cafés, liegen Theater und andere Vergnügungstempel dicht beieinander. Das war schon so in den 1920er-Jahren, und diese Mischung zieht auch heute wieder einkaufsfreudige und vergnügungssüchtige Flaneure an. Gedenkorte gibt es auch dort.

Schnurgerade verläuft die Friedrichstraße 3,2 Kilometer lang von Nord nach Süd. Der nördliche Teil von der Torstraße bis zum Bahnhof Friedrichstraße ist ein kompaktes Theater- und Kneipenviertel. Vom Bahnhof aus südlich und vor allem jenseits der Kreuzung Unter den Linden wird die Friedrichstraße zur eleganten Shoppingmeile. Kurz hinter der Leipziger Straße wird mit dem ehemaligen Alliierten-Grenzübergang am Checkpoint Charlie (s. S. 148) die Vergangenheit wieder gegenwärtig.

Ausstellung im legendären Tränenpalast

Auch der Bahnhof Friedrichstraße ist Erinnerungsort der ehemals geteilten Stadt. Ein Modell des Bahnhofs mit Sperranlagen und Kontrollstellen ist viel belagertes Exponat in der Dauerausstellung »GrenzErfahrungen« im »Tränenpalast«. Der verglaste Pavillon unmittelbar vor dem Bahnhof war Abfertigungshalle für die Ausreise, wenn West-Berliner ihren Besuch in Ost-Berlin beendeten, für DDR-Rentner oder wenn DDR-Bürger mit genehmigtem Ausreiseantrag oder abgeschoben das

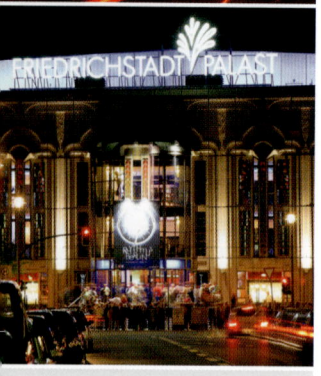

Mitte: Shopping at its best: Galeries Lafayette
Unten: In Europas größtem Revue-theater werden auch Gala-Events gefeiert.

Friedrichstraße mit dem Westin Grand Hotel

Land für immer verließen. Entsprechend tränenreich fielen die Abschiede vor der Tür aus. Die Ausstellung schildert am authentischen Ort mit originalen Grenzschildern und Kontrollkabinen, Pässen und Passierscheinen, Zeitungsartikeln und Zeitzeugenberichten, wie es war, und erzählt mit privaten Erinnerungsstücken von bewegenden Schicksalen.

Brücke über die Spree

Nördlich vom Bahnhof führt die Friedrichstraße über die Weidendammer-Brücke. Von hier aus bietet sich ein herrlicher Blick rechts auf das Bode-Museum, links zum Schiffbauerdamm mit seinen vielen Straßencafés und zum Berliner Ensemble sowie hinunter auf den Fluss mit seinem regen Schiffsverkehr. Der schmiedeeiserne Adler an den Brückengeländern inspirierte Wolf Biermann zu seiner Ballade über den »preußischen Ikarus«, einen Adler, der es nicht schafft, davonzufliegen.

Theaterviertel

Nirgendwo sonst in Berlin ist die Theaterdichte so groß wie direkt am Bahnhof Friedrichstraße und

Einfach gut !

EIN HAUCH VON PARIS IN BERLIN

Die Adresse könnte nicht besser gewählt sein: Die Ecke Friedrichstraße/ Französische Straße nimmt der gläserne Tempel ein, den Frankreichs Stararchitekt Jean Nouvel für das französische Luxuskaufhaus Galeries Lafayette erbaut hat. Noch spektakulärer als die halbrunde Fassade ist im Innern der Glaspfeil aus zwölf Kegeln und Zylindern, der das Haus von oben nach unten zu durchstoßen scheint und Tageslicht bis in das Untergeschoss filtert. Dort kann man in der Gourmetabteilung schlemmen wie Gott in Frankreich.

Das exklusive Angebot umfasst auch Mode für Männer und Kinder, außerdem Accessoires, Schmuck, Parfum und Kosmetik sowie Tischkultur.

Galeries Lafayette Berlin.
Mo–Sa 10–20 Uhr,
Friedrichstraße 76-78, 10117
Berlin-Mitte, Tel. 030/20 94 80,
www.galerieslafayette.de

nördlich davon: Hier findet jeder sein Theater. Die Distel liefert klassisches Kabarett mit politischen Stacheln. Der aufwendig sanierte Admiralspalast im Hinterhof ist Bühne für internationale Gastspiele vom Rockkonzert bis zum Musical.

Am Berliner Ensemble haben Bert Brecht und Helene Weigel Theatergeschichte geschrieben. Mit Oliver Reese steht das Theater 2017/18 vor einem Neuanfang. Nicht weit entfernt führt das Deutsche Theater unter der Intendanz von Ulrich Khuon die von Max Reinhardt begründete Tradition mit Klassikern und zeitgenössischen Autoren fort. Der Friedrichstadtpalast ist Europas größtes Revue-Theater. Die opulenten Shows faszinieren durch fantasievolle Ausstattung, mitreißende Tanznummern, nervenkitzelnde Artistik und die perfekt choreografierte »Girlreihe« mit ihren 64 superlangen Beinen.

Restaurants, Bars und Clubs für den »Drink danach« finden sich reichlich in der Friedrichstraße, ebenso in der Oranienburger Straße, die kurz vor dem nördlichen Ende der Friedrichstraße nach Südosten abzweigt. Diese Ausgehmeile reicht bis zum Hackeschen Markt.

Einkaufsmeile

In südlicher Richtung lädt die Friedrichstraße, Seitenstraßen inbegriffen, zum Bummeln und Einkaufen ein. Wer an Antiquitäten und Trödel interessiert ist, sollte in der Georgenstraße den S-Bahn-Bögen Richtung Museumsinsel bis zum Antikmarkt folgen. Bücherfreunde werden Dussmann so schnell nicht wieder verlassen. Zwischen den Linden und der Leipziger Straße finden sich zahlreiche Luxusgeschäfte, vom Autohaus bis zur Designermode sowie exklusive Restaurants wie das Bocca di Bacco.

Oben: Der sogenannte Tränenpalast – Ort der Grenzerfahrungen
Unten: Bunter Kontrast zur schönen Warenwelt: Skulptur aus Autoschrott

Infos und Adressen

SEHENSWÜRDIGKEITEN

»Tränenpalast« am Bahnhof Friedrichstraße.
Stiftung Haus der Geschichte der Bundesrepublik
Deutschland. Di–Fr 9–19, Sa, So, Feiertage
10–18 Uhr, Reichstagufer 17, 10117 Berlin-Mitte,
Tel. 030/46 77 77 90, www.hdg.de

ESSEN UND TRINKEN

Grill Royal. Damit die Promis möglichst unter
sich bleiben, sind die Preise ordentlich hoch. Edle
Ausstattung, schöne Terrasse an der Spree. Täglich ab 18 Uhr. Friedrichstraße 105b, Uferweg an
der Weidendammer Brücke, 10117 Berlin-Mitte,
Tel. 030/28 87 92 88, www.grillroyal.de

ÜBERNACHTEN

Eurostars Berlin. Hochmodernes Hotel direkt
am Bahnhof Friedrichstraße; Hallenbad mit Ausblick. Friedrichstraße 99, 10117 Berlin-Mitte,
Tel. 030/701 73 60, www.eurostarsberlin.com

Hotel Meliá Berlin. Modernes Design in idealer
Lage; wirklich schicke und gute Tapas-Bar.
Friedrichstraße 103, 10117 Berlin-Mitte, Tel. 030/
20 60 79 00, Reservierung: 01802/12 17 23,
www.meliaberlin.com

THEATER/KABARETT/SHOW

Admiralspalast. Friedrichstraße 101–102,
10117 Berlin-Mitte, Tickethotline: 01805/20 01,
www.admiralspalast.de

Im Quartier 206 ist alles vom Feinsten.

Zeit für einen Kaffee

Berliner Ensemble. Bertolt-Brecht-Platz 1,
10117 Berlin-Mitte, Tel. 030/28 40 81 55,
www.berliner-ensemble.de

Deutsches Theater Berlin. Schumannstraße 13a,
10117 Berlin-Mitte, Tel. 030/28 44 10, Theaterkasse: 030/28 44 12 25, www.deutschestheater.de

Distel Kabarett-Theater. Friedrichstraße 101,
10117 Berlin-Mitte, Theaterkasse: 030/204 47 04,
www.distel-berlin.de

Friedrichstadtpalast. Friedrichstraße 107,
10117 Berlin-Mitte, Tickethotline: 030/23 26 23 26,
www.palast.berlin

Quatsch Comedy Club im Friedrichstadtpalast.
Stars der Comedy-Szene Di, Do–So, Friedrich
straße 107, 10117 Berlin-Mitte,
Tickethotline: 030/47 99 74 13,
www.quatsch-comedy-club.de

BERLINS

Genusswelten

Gourmetrestaurant oder Streetfood? Afrikanisch oder südamerikanisch? Vegetarisch oder vegan? Deftige Hausmannskost oder gesundes Superfood? In Berlin werden alle Genussrichtungen gepflegt und immer wieder neue Trends gesetzt. Und zwischen Lifestyle und Tradition gibt es eine breite Palette kulinarischer Angebote, unter denen jeder Gast das Passende für seinen Geschmack findet.

Sterneküche

25 Sterne leuchten besonders hell am Himmel über Berlin. Sie bescheinen 18 Restaurants, die sich mit den begehrten Michelin-Sternen schmücken können, sechs davon sogar mit jeweils zwei Sternen – so viele wie in keiner anderen deutschen Stadt.

Spitzenreiter unter den Spitzenköchen ist Tim Raue, der mit seinem asiatisch inspirierten Zwei-Sterne-»Restaurant Tim Raue« als einziger deutscher Küchenchef in die Liste der »50 besten Restaurants der Welt« aufgenommen wurde. Raue hat inzwischen ein kulinarisches Imperium aufgebaut. In Berlin tragen das ebenfalls auf asiatische Aromen setzende elegante Restaurant »Sra Bua« im Hotel Adlon und die französische Brasserie »Colette« nahe dem KaDeWe seine Handschrift.

Ebenfalls mit zwei Sternen gekrönt wurden edel gediegene Hotelrestaurants, die eine sehr individuelle, französisch inspirierte Küche zelebrieren: Hendrik Otto im »Lorenz Adlon Esszimmer« im Hotel Adlon und Christian Lohse im »Fischers Fritz« im Hotel The Regent. Daneben positionieren sich mit jeweils zwei Sternen experimentierfreudige Solisten wie Sebastian Frank im »Horvath«, Daniel Achilles im »Reinstoff«. Michael Kempff im »Facil« und Marco Müller im »Rutz« mit innovativen Kombinationen und raffinierten Kreationen.

Oben: Sterne für Sebastian Frank, links im Bild, (»Horvath«) und Micha Schäfer (»Nobelhart und Schmutzig«)
Links: Grüner Spargel mit Mango, komponiert von Tim Raue

Außergewöhnlich ist das mit einem Stern ausgezeichnete »Nobelhart & Schmutzig« mit seinem Konzept »brutal lokal«. Alle Zutaten stammen aus der näheren Umgebung und gegessen wird – in zehn Gängen – was auf den Tisch kommt.

Szenerestaurants und Berliner Küche

Berlin hat eine aufregend bunte, mutige und vielseitige Restaurantszene, die sich ständig erneuert. Dabei sind ausgefallene Locations und stylisches Design ebenso wichtig wie das Kunstwerk auf dem Teller und die Aromenexplosion im Gaumen. In angesagten Hotspots geht ohne Reservierung nichts! Restaurants mit hohem Promi-Faktor sind etwa »Grill Royal«, »The Grand« oder »Crackers«, letzteres am Wochenende auch mit DJ oder Live-Musik.

Hauptsache draußen: Essen in Kreuzberg

Touristenlokale erkennt man an ihrer »für jeden etwas«-Einheitsspeisekarte: Burger, Pizza und /oder Flammkuchen, Wiener Schnitzel und für Vegetarier eine Pasta mit Gemüse. Wer Unbekanntes und Exotisches ausprobieren möchte, hat unter den Länderküchen eine große Auswahl. Und der eher deftigen Berliner Küche – Kartoffelsuppe, Kohlroulade, Eisbein mit Sauerkraut – wird mit regionalen und saisonalen Produkten aus dem brandenburgischen Umland und einer Portion Kreativität eine moderne Leichtigkeit gegenübergestellt, zum Beispiel im Restaurant »Habel« mitten im Regierungsviertel.

Vegan, Raw, Superfood

Ein bis zwei vegetarische Gerichte finden sich auf jeder Speisekarte. Auf vegane Küche spezialisierte Restaurants gibt es zunehmend mehr. Zu den erfolgreichen gehören das »Kopps« in Mitte und das »Lucky Leek« in Prenzlauer Berg. Beide präsentieren ihre »gesunde Gemüseküche« optisch überaus verlockend, sodass auch Skeptiker einen Versuch wagen sollten.

Die neuesten Food Trends heißen Raw Food, Superfood und Clean Eating. »Rawtastic« in Prenzlauer Berg ist ein veganes Restaurant, das Rohkost in bunten Mischungen anbietet. Das »Daluma« in Berlin-Mitte verarbeitet Superfood wie Chia, Quinoa, Matcha oder Goji-Beeren in Salaten und Smoothies. »The Bowl« in Friedrichshain serviert große Schüsseln mit naturbelassenem Obst und

Schokolade macht glücklich: Chocolaterie »Estrellas« in der Akazienstraße

Gemüse, zucker- und glutenfrei: clean eating.

Vom Imbiss zum Streetfood

Streetfood vereint alle aktuellen Trends und ist der Renner in Berlin. 2013 eröffnete der erste internationale Street Food Markt Deutschlands mit einem »Streetfood Thursday« in der historischen Kreuzberger Markthalle Neun. Inzwischen gibt es zahlreiche Streetfood-Märkte und Foodtrucks sind nahezu ständig in der Stadt unterwegs. Man trifft sie auf traditionellen Wochenmärkten ebenso wie vor schicken Einkaufszentren. Das Konzept ist genial: Auf der einen Seite Menschen, die mit Leidenschaft und Kreativität nach Rezepten ihrer Heimat kochen. Auf der anderen Seite können Hungrige und Neugierige Spezialitäten aus aller Welt probieren: Von Thai bis peruanisch,

von arabisch bis koreanisch gibt es kleine Portionen zu niedrigen Preisen.

Und dann ist da noch die traditionelle Berliner Imbisskultur: Bratwurst und Bulette im Brötchen oder Currywurst mit scharfer Soße und natürlich der Döner Kebab. Kultstatus haben als Nachbarn am Mehringdamm »Curry 36« und »Mustafas Gemüsekebab«. Ob mit oder ohne Hähnchenfleisch, für diesen Kebab stehen Touristen aus aller Welt gern bis zu einer Stunde geduldig in einer langen Schlange.

Und die nächsten Trends?

Die Digitalisierung hält in der Küche Einzug: Bestellung über Smartphone, Abholung aus der Box, dennoch »frisch und gesund« im »Data Kitchen« am Hackeschen Markt.

8 Gendarmenmarkt
Berlins schönster Platz

Über 100 Kugelahornbäume stehen auf dem Gendarmenmarkt, ordentlich ausgerichtet, wie es sich für preußische Gewächse gehört, nur leider keine langen Kerls, und das wäre ihnen beinahe zum Verhängnis geworden: Doch schnell hatten sich »Freunde und Förderer« zusammengefunden und mehr als 20 000 Unterschriften für den Erhalt der kleinwüchsigen Ahornbäume gesammelt. Der Bürgerwille setzte sich durch und so können die Bäume weiter im Nordteil des Platzes ihr schattenspendendes Blätterdach entfalten – groß gewachsene Menschen müssen allerdings den Kopf einziehen.

Der schönste Platz Berlins

Großzügig und elegant wirkt der schönste Platz Berlins allein schon durch die harmonische Platzgestaltung. In der Mitte erhebt sich über einer imposanten Freitreppe das Konzerthaus, ursprünglich nach Plänen von Karl Friedrich Schinkel von 1818 bis 1821 als Schauspielhaus erbaut. Dieser klassizistische Tempel für die Kunst wird gerahmt von zwei grandiosen Turmbauten, die ihre dazu gehörigen Kirchen weit überragen und wegen ihrer Kuppeln auf den hohen schlanken Türmen Dome genannt werden.

Frankreich in Berlin

Der Name Gendarmenmarkt mutet französisch an und das hat seinen historischen Grund. 1685 holte Friedrich Wilhelm, der Große Kurfürst, 20 000 in Frankreich verfolgte Hugenotten in die Region

Mitte: Klassizistisches Ensemble am Gendarmenmarkt: Ausstellungshaus Deutscher Dom und das Konzerthaus.
Unten: Schiller vor Schinkel: Konzerthaus am Gendarmenmarkt

Gendarmenmarkt

und gewährte ihnen Glaubens- und Gewerbefreiheit. Die »Réfugiés« brachten neue Berufe mit, machten den märkischen Sand fruchtbar und wurden bald unentbehrlich für die Herstellung von Luxusartikeln, die am Hofe begehrt waren. Im Jahr 1700 war jeder achte Berliner ein Franzose. Sie bereicherten die Entwicklung der Stadt und trugen auch zur Sprachauffrischung bei. Amüsement, Bulette, Chaussee: Das französische ABC ließe sich fortsetzen.

In der Friedrichstadt, benannt nach dem ersten preußischen König Friedrich I., errichteten die Hugenotten 1701–1705 die Französische Friedrichstadtkirche am damaligen Friedrichstädter Markt. Parallel dazu entstand am südlichen Rand des Platzes die Neue Kirche für die deutsche reformierte Gemeinde, in der die Gottesdienste in deutscher Sprache stattfanden.

1777 wurde der alte Markt auf Wunsch Friedrichs des Großen nach den Plänen von Georg Christian Unger einheitlich bebaut und in Gendarmenmarkt umbenannt. Namensgeber war das Regiment Gens d'Armes, das hier 1736–1773 eine Wache und Ställe hatte. Die Platzerneuerung wurde bekrönt durch die beiden gleich gestalteten Kuppeltürme über einer Säulenhalle, die beiden Kirchen angefügt wurden.

Wiederaufbau nach dem Krieg

Im Zweiten Weltkrieg wurde auch das einzigartige klassizistische Gebäudeensemble am Gendarmenmarkt zerstört. Die Ruinen wurden gesichert, aber erst 30 Jahre später ging es in der DDR an den Wiederaufbau. Der Französische Dom wurde bis 1983 rekonstruiert, der Deutsche Dom erst 1996 wieder eröffnet, nachdem zuvor ein Brand im Turm die Arbeiten verzögert hatte. Fast eine Wie-

Geheimtipp

KONZERTHAUS BERLIN

Der rote Teppich gilt den Flaneuren und weist den Weg über die breite Freitreppe ins Marmor-Vestibül des Konzerthauses. Dort ist dann der »Einblick frei« durch eine Glasfront in den Großen Saal, wo möglichweise gerade Orchesterproben zu verfolgen sind. Das Konzerthaus besitzt einen der schönsten Konzertsäle Berlins und bietet, auch in kleineren Sälen, mit thematisch konzipierten Programmen das ganze Jahr über spannende musikalische Erlebnisse. Viele Angebote wenden sich an Familien und junge Menschen. Im August sorgt das internationale Festival »young euro classic« für frische Interpretationen klassischer Werke und Uraufführungen (nicht nur) europäischer Komponisten.

Konzerthaus Berlin.
Einblick frei: täglich 11–18 Uhr (außer bei Veranstaltungen), Kostenlose Rundgänge (fast) täglich, wechselnde Termine, Führungen: Sa 13 Uhr. Gendarmenmarkt, 10117 Berlin-Mitte, Ticket-Tel. 030/203 09 21 01, www.konzerthaus.de

Schokoladen-Quadriga

LUST AUF SCHOKOLADE

Nicht verpassen

Schokoladenliebhaber schauen bei Fassbender & Rausch vorbei. Im »größten Schokoladenhaus der Welt« findet sich eine riesige Vielfalt: Edle Trüffel, Pralinen mit fantastischen Füllungen, Konfekt, Schokolade zum Trinken, Naschen und Schoko-Kunstwerke, z. B. das Brandenburger Tor. Man kann im Schokoladen-Café süße Köstlichkeiten und im Schokoladen-Restaurant auch Herzhaftes mit Schokolade genießen.
Drei Straßen nördlich lädt die Bunte Schokowelt von Ritter Sport dazu ein, eigene Schokoladen zu kreieren und auf dem Schokopfad alles über die Herstellung zu erkunden.

Schokoladenhaus Fassbender & Rausch.
Mo–Sa 10–20, So 11–20 Uhr,
Café: täglich 11–20 Uhr,
Restaurant: Mo–Fr 12–18 Uhr,
Charlottenstraße 60, 10117 Berlin-Mitte, Tel. 030/757 88 24 11,
www.fassbender-rausch.de

derholung der Geschichte: Der erste Turm stürzte noch während der Bauarbeiten (1781) ein.

Französischer und Deutscher Dom

Die Französische Friedrichstadtkirche auf der Nordseite des Platzes hat ihren Eingang zur Charlottenstraße. Hier finden Gottesdienste, Orgelandachten, Konzerte und andere Veranstaltungen statt. Der angebaute Französische Dom beherbergt das Hugenottenmuseum, das von der Ostseite an der Markgrafenstraße zu betreten ist. Vom Eingang am Gendarmenmarkt erreicht man nach 284 Stufen in 40 Metern Höhe eine Aussichtsplattform. Der prächtige Blick von oben auf den Gendarmenmarkt und die Mitte Berlins lohnt den mühsamen Aufstieg. Das Carillon im Treppenhaus besteht aus 60 Glocken, die zur vollen Stunde erklingen.

Der Deutsche Dom am Südende, im Inneren komplett modernisiert, zeigt eine Ausstellung, die der Deutsche Bundestag betreut: »Wege – Irrwege – Umwege« zeichnet auf fünf Etagen die historische Entwicklung des parlamentarischen Systems in

Gendarmenmarkt

Deutschland mit ihren prägenden Stationen nach. Es ist ein passender Ort, denn die Anfänge des deutschen Parlamentarismus markiert die Revolution von 1848. Auf den Stufen des Deutschen Doms wurden am 22. März 1848 die Märzgefallenen, wie die Toten der Barrikadenkämpfe genannt wurden, für eine öffentliche Trauerfeier aufgebahrt.

Das Konzerthaus

Seit 1776 wurde am Gendarmenmarkt Theater gespielt. Wo heute das Konzerthaus majestätischer Mittelpunkt des Platzes ist, stand zu Zeiten Friedrichs des Großen ein Französisches Komödienhaus. Der König hatte für die deutsche Sprache und die deutschen Dichter nicht viel übrig. So entwickelte sich erst nach seinem Tod 1786 am gleichen Ort ein deutschsprachiges Nationaltheater. Es wurde 1802 durch einen größeren Neubau ersetzt, der jedoch 15 Jahre später bis auf die Grundmauern abbrannte. Für den Wiederaufbau 1817–21 unter König Friedrich Wilhelm III. wurde Karl Friedrich Schinkel verpflichtet, der Stararchitekt jener Epoche. Mit dem Schauspielhaus gelang ihm ein wahres Meisterwerk. Auch Opern wurden hier (ur-)aufgeführt.

1852, elf Jahre nach Schinkels Tod, kam es zu ersten Veränderungen. Mehrmals wurde das Haus umgebaut. So musste es um die Jahrhundertwende den Repräsentationswünschen des Kaisers, in den 1930er-Jahren, als Gustaf Gründgens Intendant war, den Anforderungen einer technisch modernen Bühne genügen.

Die Kriegszerstörungen waren erst 1984 beseitigt. Die äußere Hülle entspricht weitgehend dem Schinkel-Original. Das Innenleben erfuhr dagegen eine historisierende Neuinterpretation. Architekturkritiker prägten für diesen Versuch einer Annä-

Oben: Der Französische Dom überragt die Kugelahornbäume.
Unten: Erbaut unter dem Schutz der Hohezollern: Giebel der Französischen Kirche

herung an den Baumeister die Bezeichnung »schinkelesk«. Das Schauspielhaus diente von da an dem Konzertleben. Mit seinem abwechslungsreichen Programm gehört das Konzerthaus zu den herausragenden Orten des klassischen Musiklebens in Berlin. 2017 erhielt Berlin einen weiteren großartigen Konzertsaal, den Pierre Boulez Saal in der Barenboim-Said-Akademie, hinter der Staatsoper in der Französischen Straße.

Schiller-Denkmal

Das Schiller-Denkmal von Reinhold Begas am Fuß der Freitreppe wurde 1871 aufgestellt und 1935 von den Nazis wieder abgeräumt. Nach dem Krieg befand sich die Schiller-Statue in West-Berlin, die Musen, die den Dichter umringen, in Ost-Berlin. Bereits 1988, ein Jahr vor dem Mauerfall, wurden sie auf dem Gendarmenmarkt wieder zusammengeführt.

Rings um den Gendarmenmarkt

Das klassizistische Ensemble bildet die stil- und stimmungsvolle Kulisse für die Sommerkonzertreihe Classic Open Air im Juli und den Weihnachtsmarkt am Gendarmenmarkt, der mit Kunst, Design, hochwertigem Kunsthandwerk und edlen Genüssen lockt. Glanzvoll zur Wirkung gebracht werden die Bauten auch beim Festival of Lights im Oktober. Flaneure finden rund um den Gendarmenmarkt eine Vielzahl von Ruhepunkten, vom Terrassencafé auf dem Platz bis zu exklusiven Restaurants in den flankierenden Straßen. Drei noble Hotels haben Gendarmenmarkt-Blick und eine Reihe von Geschäften erfreuen Kauflustige.

Der Gendarmenmarkt ist romantische Kulisse für viele Feste:
Oben: Classic Open Air im Juli
Mitte: Festival of Lights im Oktober
Unten: Weihnachtsmarkt im Dezember

Eine Erholungspause kann man gut auch auf einer Bank auf dem Gendarmenmarkt einlegen, z. B. unter den Kugelahorn-Bäumen.

Infos und Adressen

SEHENSWÜRDIGKEITEN

Historische Ausstellung des Deutschen Bundestags. Di–So 10–18 Uhr (Mai–Sept. bis 19 Uhr), montags an Feiertagen. Deutscher Dom, Gendarmenmarkt 1, 10117 Berlin-Mitte, Tel. 030/22 73 04 31, www.bundestag.de/deutscherdom

Hugenottenmuseum Berlin. Di–Sa 12–17, So 11–17 Uhr. Französischer Dom, Gendarmenmarkt, 10117 Berlin-Mitte, Tel. 030/229 17 60, www.hugenottenmuseum-berlin.de, www.franzoesische-kirche.de

ESSEN UND TRINKEN

Gendarmerie. Toller Raum in einer ehemaligen Bank. Gekocht wird international und regional. Berliner Gerichte, modern interpretiert. »Austernbank« im ehemaligen Tresorraum nebenan. Behrenstraße 42, 10117 Berlin-Mitte, Tel. 030/767 75 27 23, www.restaurant-gendarmerie.de

Lutter & Wegner am Gendarmenmarkt. Den Standort gab es schon vor 200 Jahren, alles andere ist neu. Regionale und österreichische Küche, täglich ab 11 Uhr. Charlottenstraße 56, 10117 Berlin-Mitte, Tel. 030/20 29 54 15, www.l-w-berlin.de

Newton Bar. Edle Bar für gepflegte Drinks. An einer Wand Helmut Newtons Monumentalfoto »Big Nudes«. Charlottenstraße 57, 10117 Berlin-Mitte, Tel. 030/20 29 54 21, www.newton-bar.de

Refugium. Ambitionierte regionale Küche im barocken Gewölbe der Französischen Friedrichstadtkirche; Open-Air-Bar unter den Kugelahornbäumen. Gendarmenmarkt 5, 10117 Berlin-Mitte, Tel. 030/229 16 61, www.restaurant-refugium.de

ÜBERNACHTEN

Drei Luxushotels bieten (nicht aus allen Zimmern) supertollen Blick auf den Gendarmenmarkt:

Hilton Berlin. Modische Eleganz; Spa und Pool; fünf Restaurants. Mohrenstraße 30, 10117 Berlin-Mitte, Tel. 030/20 23 00, www.hiltonberlinhotel.de

Regent Berlin. Klassisch-opulente Ausstattung. Zwei-Sterne-Restaurant Fischers Fritz. Charlottenstraße 49, 10117 Berlin-Mitte, Tel. 030/203 38, www.regenthotels.com/regent-berlin

Sofitel Berlin Gendarmenmarkt. Avantgardistisches Design. Regionalküche im Restaurant Aigner. Charlottenstraße 50–52, 10117 Berlin-Mitte, Tel. 030/20 37 50, 030/20 37 51 00, www.sofitel.com

Titanic Deluxe Berlin. Opulent ausgestattetes Luxushotel mit Hamam-Spa. Französische Straße 28/29, 10117 Berlin, Tel. 030/20 14 37 00, www.titanic.com.tr

Mit Blick zum Gendarmenmarkt: Hotel Hilton Berlin

9 Unter den Linden
Preußen trifft das 21. Jahrhundert

Gemütlich »die Linden lang« schlendern, dabei das besondere Flair des Prachtboulevards – und die Berliner Luft – einatmen: ein Muss für alle Berlin-Besucher. Allerdings ist dieses Vergnügen wegen des U-Bahn-Baues derzeit mit wechselnden Einschränkungen verbunden. Dennoch lohnt sich der Spaziergang vom Brandenburger Tor bis zur Schlossbrücke, um diese so geschichtsträchtigen 1,5 Kilometer zu erkunden.

Die Karriere des Boulevards begann als einfacher Reitweg vom Schloss in den Tiergarten, der den brandenburgischen Kurfürsten als Jagdrevier diente. 1647 wünschte der Große Kurfürst Friedrich Wilhelm eine Verschönerung und ließ zu beiden Seiten des Weges Linden und Haselnussbäume pflanzen. Letztere sind längst verschwunden, die ältesten Linden rund 70 Jahre alt; die jüngsten mit noch sehr dünnen Stämmen und schwachen Kronen wurden 2009 nach Fertigstellung des U-Bahnhofs Brandenburger Tor gepflanzt.

Mitte: Reiterstandbild Friedrichs des Großen mit Blick auf Humboldt-Universität und Fernsehturm
Unten: Apollo und den Musen gewidmet: Friedrichs Hofoper, heute Staatsoper Unter den Linden

Gesäumt ist der Boulevard von repräsentativer Architektur aus unterschiedlichen Epochen. Die meisten historisch erscheinenden Bauten jedoch wurden nach den Kriegszerstörungen in den 1950er- und 60er-Jahren rekonstruiert. Seit der Wiedervereinigung sind weitere Neubauten oder modernisierte Umbauten hinzugekommen. Auch DDR-Plattenbauten gibt es noch, einige mit renovierter Fassade, andere harren noch der Verschönerung. Östlich der Friedrichstraße (s. S. 50) beginnt der »preußische« Teil.

Preußische Linden

Humboldt-Universität auf der Nordseite, Staatsoper, St. Hedwigs-Kathedrale und Alte Bibliothek
auf der Südseite: Das erst später so genannte Forum Fridericianum ist die Schöpfung Friedrichs
des Großen (1712–1786). So wünschte sich der
Herrscher gleich zu Beginn seiner Regierung 1740
das Zentrum seiner Stadt: Königliche Paläste, eine
Bibliothek für die geistige Nahrung, ein Opernhaus, in das auch das Volk Zutritt hatte, und –
etwas zurückversetzt – die Kirche für die katholischen Untertanen im protestantischen Preußen –
ein jeder nach seiner Façon.

Staatsoper Unter den Linden

Das erste Gebäude an diesem Platz, das der musi-
sche König, der selbst Flöte spielte und komponierte, bei seinem Architekten Georg Wenzeslaus
von Knobelsdorff in Auftrag gab, war die Hofoper,
die heutige Staatsoper Unter den Linden. 1742,
noch vor der vollständigen Fertigstellung, wurde
das Opernhaus mit Carl Heinrich Grauns »Cleopa-
tra e Cesare« festlich eröffnet. 100 Jahre später,
1843 brannte das Gebäude bis auf die Grundmauern ab. Carl Ferdinand Langhans, Sohn des Brandenburger Tor-Erbauers, übernahm den Neubau.
100 Jahre später erfolgten ein zweiter und bald
darauf der dritte Wiederaufbau.

1941 zerstörte eine Bombe das Theater. Mitten im
Krieg wurde die Ruine wieder hergerichtet und
ein Jahr später neu eröffnet. 1945 lag auch dieser
Bau in Schutt und Asche. 1952–1955 leitete Ri-
chard Paulick die Rekonstruktion nach dem Original von Knobelsdorff. Seit 2010 wird das Gebäude
saniert und technisch modernisiert. Unerwartete
Schwierigkeiten im Untergrund führten zu Verzö-
gerung und gewaltigen Kostensteigerungen. Ab
Herbst 2017 soll die Oper wieder bespielt werden.

Oben: Stadtrundfahrt im histori-
schen Doppeldeckerbus
Mitte: Beliebte Souvenirs: Das
Ampelmännchen gibt es in allen
Größen.
Unten: Beim Festival of Lights tan-
zen Gemälde auf vielen Berliner
Fassaden.

Hauptgebäude der Humboldt-Universität
Unter den Linden

**HOTEL DE ROME –
FÜR EINEN DRINK
MIT AUSSICHT**

Ein massiver Gebäudekomplex riegelt den heutigen Bebelplatz nach Süden ab. Am Stammsitz der Dresdner Bank, der später die Staatsbank der DDR und nach 1990 die Berliner Bank folgten, residiert das luxuriöse Hotel de Rome. Clou sind die architektonischen Relikte aus der Bankenzeit von Marmorsäulen über Stuckdecken bis zu Sicherheitsgittern. Im Gewölbe der einstigen »Schatzkammer« befindet sich der Swimmingpool, in den Tresorräumen kann man in der Sauna schwitzen oder belebende Massagen erfahren. Auch wer sich eine Übernachtung im Hotel nicht leisten mag, kann vom Café auf der Dachterrasse (tägl. 12–22 Uhr) die herrliche Aussicht auf die Mitte Berlins genießen.

Hotel de Rome.
Behrenstraße 37, 10117 Berlin-Mitte,
Tel. 030/460 60 90,
www.roccofortehotels.com

Einfach gut!

Humboldt–Universität

Über dem stattlichen Palais auf der Nordseite, das Friedrich der Große 1748–1766 für seinen Bruder Prinz Heinrich erbauen ließ, steht heute die »Humboldt-Universität«. Marmordenkmäler der beiden Namensgeber flankieren das Eingangstor vor dem Ehrenhof: links Wilhelm von Humboldt, der Geistesgelehrte und Gründer der Universität, rechts sein Bruder Alexander, der Naturforscher. Das weitläufige Palais wurde der Universität bei ihrer Gründung 1809/1810 übereignet, den Namen Humboldt bekam sie 1949, nachdem das kriegszerstörte Gebäude wiederaufgebaut worden war. Das Foyer prunkt mit viel Marmor; ein Zitat von Karl Marx in goldenen Buchstaben ziert den Treppenaufgang.

Zwei große Bibliotheken

Als Letzter der Bauten um das Forum für Kunst und Wissenschaft entstand von 1775 bis 1780 die Königliche Bibliothek nach Plänen Georg Christian Ungers, der einen Entwurf für die Wiener Hofburg

Dieser Spaziergang ist »Pflichtprogramm« für Touristen

A Das **Luxushotel Adlon**, vermeintlich am Pariser Platz, hat die Adresse Unter den Linden 77.

B Um die Ecke in der Wilhelmstraße liegt die architektonisch interessante **Britische Botschaft**.

C Der Renommierbau im Stil des sozialistischen Klassizismus beherbergt die **Botschaft der Russischen Föderation**.

D Gegenüber wartet die verlassene **Polnische Botschaft** auf Abriss und Neubau. Nebenan hat sich das **Forum Willy Brandt** eingerichtet.

E Das **Edelrestaurant »Berlin – Moscow«** (Nr. 52) beschwört die kulinarische Verbindung.

F Im schmalen Neubau lädt das **Café Einstein** (Nr. 42) zu Kaffeespezialitäten und Kuchen ein. Nebenan (Nr. 40) liegt der **Buchladen Berlin Story** (mit Souvenirshop). Im Zollernhof (Nr. 36) residiert die **Hauptstadtvertretung des ZDF**. Die **Kaiserhöfe** (Nr. 26–30) haben einen Durchgang zur Mittelstraße. Das **»Haus der Schweiz«** (Nr. 24) hat der Krieg wenig beschädigt.

G Im Block auf der Südseite gibt es **Tickets für die Komische Oper**, **Meissner Porzellan** sowie Restaurants zur Stärkung. Der Eingang zum **Westin Grand Hotel** liegt in der Behrenstraße.

H Das **Drive Forum** der **Volkswagen Group** begeistert Auto-Fans.

I Die **Kunsthalle Deutsche Bank** zeigt wechselnde hochkarätige Ausstellungen.

J Der Eingang zur **Staatsbibliothek** liegt baubedingt in der Dorothenstraße.

K Das **Reiterstandbild Friedrichs des Großen** von Christian Daniel Rauch markiert das Forum Fridericianum.

L Im ehemaligen Prinz-Heinrich-Palais residiert die **Humboldt-Universität**.

M Mitten auf dem Bebelplatz, gerahmt von **Staatsoper**, **St. Hedwigs-Kathedrale**, **Hotel de Rome** und **Alter Bibliothek**, verbirgt sich unter dem Pflaster ein **Denkmal zur Bücherverbrennung**.

N Die **Neue Wache** am Kastanienwäldchen, Schinkels Frühwerk, ist **Zentrale Gedenkstätte der Bundesrepublik Deutschland für die Opfer von Krieg und Gewaltherrschaft**.

O Das barocke Zeughaus (17. Jh.) beherbergt das **Deutsche Historische Museum**.

P Die **Schlossbrücke** mit Skulpturen von Schinkel führt zum Schlossplatz.

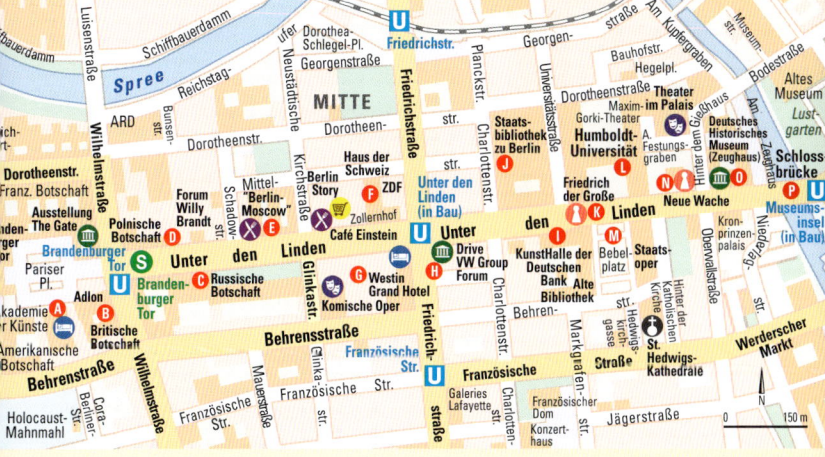

nutzte. Die ausladenden, gerundeten barocken Formen brachten dem Gebäude den Namen »Kommode« ein. Zur »Alten Bibliothek« wurde die Kommode, als der umfangreiche Buchbestand 1914 in den eigens dafür gebauten großen Neubaukomplex, die heutige Staatsbibliothek Unter den Linden, auf der gegenüberliegenden Straßenseite ausgegliedert wurde.

Die »Staatsbibliothek zu Berlin – Preußischer Kulturbesitz« ist die größte wissenschaftliche Universalbibliothek Deutschlands. Der Buchbestand umfasst mehr als elf Millionen Bände aus mehr als 350 Jahren, darunter Nachlässe, Archive und Handschriften sowie über 2,2 Millionen weitere

Oben: Die Außenfassade der St.-Hedwigs-Kathedrale wurde fast original restauriert.
Mitte: Daniel Christian Rauch schuf das Reiterstandbild Friedrichs des Großen.
Unten: Die Neue Wache ist heute Zentrale Gedenkstätte.

GUT ZU WISSEN

BAUSTELLE ALS SCHAUSTELLE

Der Bummel über den geschichtsträchtigen Boulevard Unter den Linden ist ein Muss für alle Berlin-Touristen. Aktuell dominieren jedoch Baugruben, Absperrungen, Umleitungen und manche Stolperfallen. Grund sind der Bau der U-Bahn-Linie 5 und die Großbaustelle am Schlossplatz für das Humboldt-Forum. Der Genussfaktor am Prachtboulevard ist derzeit begrenzt. Doch sorgen die Bauherren für eine kleine Entschädigung. Die Bauzäune sind bedruckt mit historischen Abbildungen und Zukunftsversprechen und bieten viel Information über das alte und das neue Berlin.

Unter den Linden

Druckwerke. Zu den herausragenden Schätzen gehören u. a. die Partituren von Beethovens berühmten Sinfonien, die ins UNESCO-Register Memory of the World aufgenommen wurden, die größte Mozart-Sammlung weltweit sowie der überwiegende Teil der Musikautographe von Johann Sebastian Bach sowie Alexander von Humboldts Amerikanische Reisetagebücher.

1933 wurde der damalige Opernplatz zum Ort für das unrühmliche Schauspiel der Bücherverbrennung durch die Nationalsozialisten. An diesen verbrecherischen Akt, mit dem das NS-Regime seine Machtübernahme demonstrativ festigte, erinnert seit 1994 ein unscheinbares, aber sehr wirkungsvolles Denkmal des Bildhauers Micha Ullmann. Unter einer gläsernen Abdeckung im Boden in der Mitte des Platzes erblickt man einen Raum mit symbolisch leeren Bücherregalen. 20 000 Bücher könnten hier Platz finden, so viele wie 1933 verbrannt wurden.

Friedrich der Große hoch zu Ross

Die Stadtplanung Friedrichs des Großen schloss auch die Aufwertung der Straße Unter den Linden als majestätische Achse zwischen Schloss und Brandenburger Tor ein. Zwischen den beiden Bibliotheken auf dem Mittelstreifen der Linden ist der Preußenkönig hoch zu Ross in Bronze gegossen auf dem wohl schönsten Denkmal für den König zu bewundern. 1840, zum 100. Jahrestag von Friedrichs Thronbesteigung, wurde der Grundstein für das Denkmal gelegt, den Auftrag gab Friedrich Wilhelm III. an Christian Daniel Rauch, den neben Johann Gottfried Schadow bedeutendsten Bildhauer des Klassizismus. Elf Jahre später, 1851, wurde das 14 Meter hohe Denkmal unter Friedrich Wilhelm IV. enthüllt.

Geheimtipp

THEATER HINTERM WALD

Hinter dem Kastanienwäldchen und der Neuen Wache verbergen sich zwei reizvolle kleine Theater, die in historischem Ambiente die aktuelle Kulturlandschaft bereichern. Das Maxim Gorki Theater, kurz Gorki, residiert im ursprünglichen Haus der Singakademie zu Berlin. Das großartige Ensemble unter Leitung der Intendantin Shermin Langhoff setzt sich anhand klassischer Dramen und eigens entwickelter Produktionen mit aktuellen Themen wie Migration und dem Zusammenleben in einer multiethnischen Gesellschaft auseinander. Im schmucken Palais am Festungsgraben nebenan behauptet sich das kleine Theater im Palais mit literarisch-musikalisch-satirischen Programmen und schöpft dabei aus den Traditionen der Berliner Kultur-, Literatur- und Stadtgeschichte.

Maxim Gorki Theater Berlin.
Am Festungsgraben 2, 10117 Berlin-Mitte, Tel. 030/20 22 11 15, www.gorki.de

Theater im Palais.
Am Festungsgraben 1, 10117 Berlin-Mitte, Tel. 030/201 06 93, www.theater-im-palais.de

Infos und Adressen

SEHENSWÜRDIGKEITEN

DRIVE. Volkswagen Group Forum. Ausstellung der VW-Marken. Tägl. 10–20 Uhr, Bistro BROTZEIT Mo–Fr 8–21, Sa, So 9.30–21 Uhr; Friedrichstraße 84, 10117 Berlin-Mitte, Tel. 030/20 92 13 00, www.drive-volkswagen-group.com

Forum Willy-Brandt-Berlin. Die Dauerausstellung würdigt Willy Brandts (1913–1992) Leben und Wirken: Regierender Bürgermeister von Berlin (1957–1966), Bundeskanzler (1969–1974), Friedensnobelpreisträger 1971. Di–So 10–18 Uhr. Unter den Linden 62–68, 10117 Berlin-Mitte, Tel. 030/787 70 70, www.willy-brandt.de

Humboldt-Universität. Führungen durch das Hauptgebäude und das Grimm-Zentrum (Bibliothek) sowie über den Campus Mitte und das Wissenschaftszentrum Adlershof (Köpenick) nach Voranmeldung (mind. einen Monat vor dem gewünschten Termin, mind. 5 Teilnehmer) per E-Mail: compass.fuehrung@hu-berlin.de. Unter den Linden 6, 10117 Berlin-Mitte, Tel. 030/20 93-703 33 (Zentrale)

Neue Wache. Schinkels Neue Wache ist »Zentrale Gedenkstätte der Bundesrepublik Deutschland«. Eine stark vergrößerte Pietà von Käthe Kollwitz gemahnt an die »Opfer von Krieg und Gewaltherrschaft«. Täglich 10–18 Uhr. Unter den Linden 4, 10117 Berlin-Mitte

St. Hedwigs-Kathedrale. Tägl. 10–17, So, Feiertage 13–17 Uhr. Hinter der Katholischen Kirche 3, 10117 Berlin-Mitte

Staatsbibliothek zu Berlin. Haus Unter den Linden. Wenn die Generalsanierung beendet ist, wird es neben dem neuen spektakulären Lesesaal auch Räume für Ausstellungen geben. Führungen finden Di und Fr um 17, sowie an jedem 1. Samstag im Monat um 10.30 Uhr statt (Treffpunkt: Eingang Dorotheenstraße 27), 10117 Berlin-Mitte, Tel. 030/266 43 38 88, www.staatsbibliothek-berlin.de

ESSEN UND TRINKEN

Café Einstein. Wiener Kaffee, Wiener Apfelstrudel, Wiener Schnitzel: Das Kaffeehaus hat Wiener

Mutter mit totem Sohn von K. Kollwitz in der Neuen Wache

Rundum renoviert: das Atrium im The Westin Grand Hotel

Charme, hochkarätige (Foto-)Ausstellungen und eine hohe Prominentendichte. Geöffnet Mo–Fr 7–22, Sa/So ab 8 Uhr. Unter den Linden 42, 10117 Berlin-Mitte, Tel. 030/204 36 32, einstein-udl.com. Das Stammhaus in der Kurfürstenstraße 58 (Berlin-Tiergarten) besitzt auch einen zauberhaften Garten und eine Bar. Geöffnet tägl. 8–24 Uhr, www.cafeeinstein.com

ÜBERNACHTEN

The Westin Grand Berlin. Das zu DDR-Zeiten pompöseste Hotel Ost-Berlins bietet nach Renovierung und Neugestaltung allen Luxus in klassisch oder zeitgemäß ausgestatteten Zimmern und Suiten; lauschiger Innenhof. Großer Spabereich mit Pool. Eine Sehenswürdigkeit ist die Freitreppe in der Lobby. Friedrichstraße 158–164/Ecke Unter den Linden, 10117 Berlin-Mitte, Tel. 030/202 70, www.westingrandberlin.com

KULTUR

Staatsoper Unter den Linden. Bis zum Wiedereinzug in das traditionelle Haus (geplant Herbst 2017): **Staatsoper im Schiller Theater.** Unter der musikalischen Leitung von Daniel Barenboim treten die internationalen Stars des Musiktheaters auf, u. a.

Rolando Villazón, Plácido Domingo, Anna Prohaska. Karten-Tel. 030/20 35 45 55, Mo–Sa 10–20, So, Feiertag 12–20 Uhr. Bismarckstraße 110, 10625 Berlin-Charlottenburg. Ticket-Box auf dem Bebelplatz, täglich 12–19 Uhr. Unter den Linden 7, 10117 Berlin-Mitte, www.staatsoper-berlin.de

Komische Oper Berlin. Steht unter der Leitung von Barrie Kosky für intelligentes, mitreißendes, unterhaltsames Musiktheater aller Spielarten. Auch Programme für Kinder. Beim Wiederaufbau des früheren Metropol-Theaters im Jahr 1947 wurde der Saal im neobarocken Stil rekonstruiert. Behrenstraße 55–57, 10117 Berlin-Mitte, Tel. 030/20 26 00. Opernkasse: Mo–Sa 11–19, So, Feiertage 13–16 Uhr. Unter den Linden 41, 10117 Berlin-Mitte, Tel. 030/47 99 74 00, www.komische-oper-berlin.de

Wiener Gemütlichkeit im Café Einstein

10 Deutsches Historisches Museum
Spaziergang durch 2000 Jahre deutsche Geschichte

Nimmt einen Spitzenplatz auf der Liste der meistbesuchten Museen in Berlin ein: Das Deutsche Historische Museum, kurz DHM, begeistert Jung und Alt. Sonderausstellungen zu historischen Themen locken in die architektonisch spektakuläre Ausstellungshalle von Ieoh Ming Pei. Die Dauerausstellung versteht sich als »Pflichtprogramm für jeden Berlinbesucher« (und alle Berliner) und zugleich als Erlebnisort.

2000 Jahre »Deutsche Geschichte in Bildern und Zeugnissen«: Die Dauerausstellung im barocken Zeughaus Unter den Linden breitet ein gewaltiges Panorama aus. Auf 8000 Quadratmetern in zwei Stockwerken zeichnet sie mit 7000 Exponaten, darunter Raritäten und einzigartige Preziosen, die historische Entwicklung Deutschlands nach.

Rundgang in Epochenschritten

Neun Epochen waren prägend. Der Rundgang beginnt im Obergeschoss im 1. Jh. v. Chr., als die Römer an Rhein und Donau vordrangen und erste Handelswege in Europa eröffneten, und endet 1994, als mit dem Abzug der Alliierten aus Deutschland die »Nachkriegszeit« für beendet erklärt wurde. Die deutsche Geschichte wird dabei immer im internationalen, vorwiegend europäischen Zusammenhang betrachtet. Die großen Linien der historischen Entwicklung und wichtige Ereignisse werden auf Stelen knapp beschrieben und mit herausragenden Objekten illustriert. In

Mitte: Der markante spiralförmige Treppenturm bildet den Eingang zur Ausstellungshalle von I. M. Pei.
Unten: Kammermusik zur Langen Nacht der Museen im Schlüterhof des Deutschen Historischen Museums

Deutsches Historisches Museum

zusätzlichen Nischen, Vitrinen, Installationen werden bestimmte Themen vertieft. Drei Fragen ziehen sich durch die Präsentation: Wer hat regiert, wer gehorcht, wer leistete Widerstand?

Einschneidende Wendemarken sind u. a. Reformation und Dreißigjähriger Krieg (1500–1650), Preußens Ringen um die Anerkennung als Großmacht in Europa (1650–1789) sowie die Französische Revolution und ihre Auswirkungen. Das deutsche Kaiserreich führt in den und endet mit dem Ersten Weltkrieg (1871–1918), war aber auch eine Epoche des wirtschaftlichen Aufschwungs. Der kurzen Weimarer Republik folgte das Tausendjährige Reich, das in den Zweiten Weltkrieg mündete, nach dem sich Deutschland unter alliierter Besatzung und ab 1949 in einem geteilten Land wiederfand.

Barocke und moderne Baukunst

Das barocke Zeughaus von 1703 ist das älteste Gebäude Unter den Linden. Für das preußische Waffenarsenal schuf Andreas Schlüter die »Masken sterbender Krieger« an Fensterportalen zum Innenhof. Im Rahmen der Umbauarbeiten erhielt der »Schlüterhof« eine filigrane gläserne Überdachung. Durch eine unterirdische Verbindung gelangt man in die neue Ausstellungshalle, ein Entwurf des US-amerikanischen Stararchitekten Ieoh Ming Pei. Auf den vier Etagen lassen sich vielfältige Präsentationen inszenieren. Zwei bis drei Wechselausstellungen laufen immer parallel.

Wie ein Leuchtturm ragt ein gläserner, schneckenförmiger Treppenturm am Südwestrand des Gebäudes auf, dem sich eine leicht geschwungene Glasfassade anschließt. Glasfront und Glasdach rahmen ein großzügiges Foyer und Treppenhaus und geben zugleich den Blick frei auf die Rückseite des barocken Zeughauses.

Infos und Adressen

SEHENSWÜRDIGKEITEN

Deutsches Historisches Museum (DHM). Zeughaus und Ausstellungshalle. Täglich 10–18 Uhr, Kinder und Jugendliche unter 18 Jahren haben freien Eintritt. Unter den Linden 2, 10117 Berlin-Mitte, Tel. 030/20 30 44 44, www.dhm.de

Zeughauskino im Deutschen Historischen Museum. Gezeigt werden Filmreihen mit thematischen, historischen oder biografischen Schwerpunkten und Raritäten aus der Kinogeschichte. Unter den Linden 2, Eingang Spreeseite, 10117 Berlin-Mitte, Information: Tel. 030/20 30 44 44, Kinokasse: Tel. 030/20 30 47 70, www.zeughauskino.de

ESSEN UND TRINKEN

Café im Deutschen Historischen Museum. Kaffee, Kuchen, Lunch; mit Terrasse an der Spree. Täglich 10–18 Uhr. Unter den Linden 2. Eingang Spreeseite, 10117 Berlin-Mitte, Tel. 030/20 64 27 44, www.koflerkompanie.de

EINKAUFEN

Kataloge, Bücher, Postkarten, Plakate, konventionelle und auch ausgefallene Souvenirs finden sich in den Museumsshops im Zeughaus (Eingangshalle) und im Pei-Bau (Untergeschoss).

SIGHTSEEING

Berliner Wassertaxi – Stadtrundfahrten. Bootsanlegestelle für einstündige Cityrundfahrten. Zeughaus, an der Schlossbrücke und ab Domaquarée, Unter den Linden 2, 10117 Berlin-Mitte, Tel. 030/65 88 02 03, www.berlinerwassertaxi.de

MITTE BIS PRENZLAUER BERG

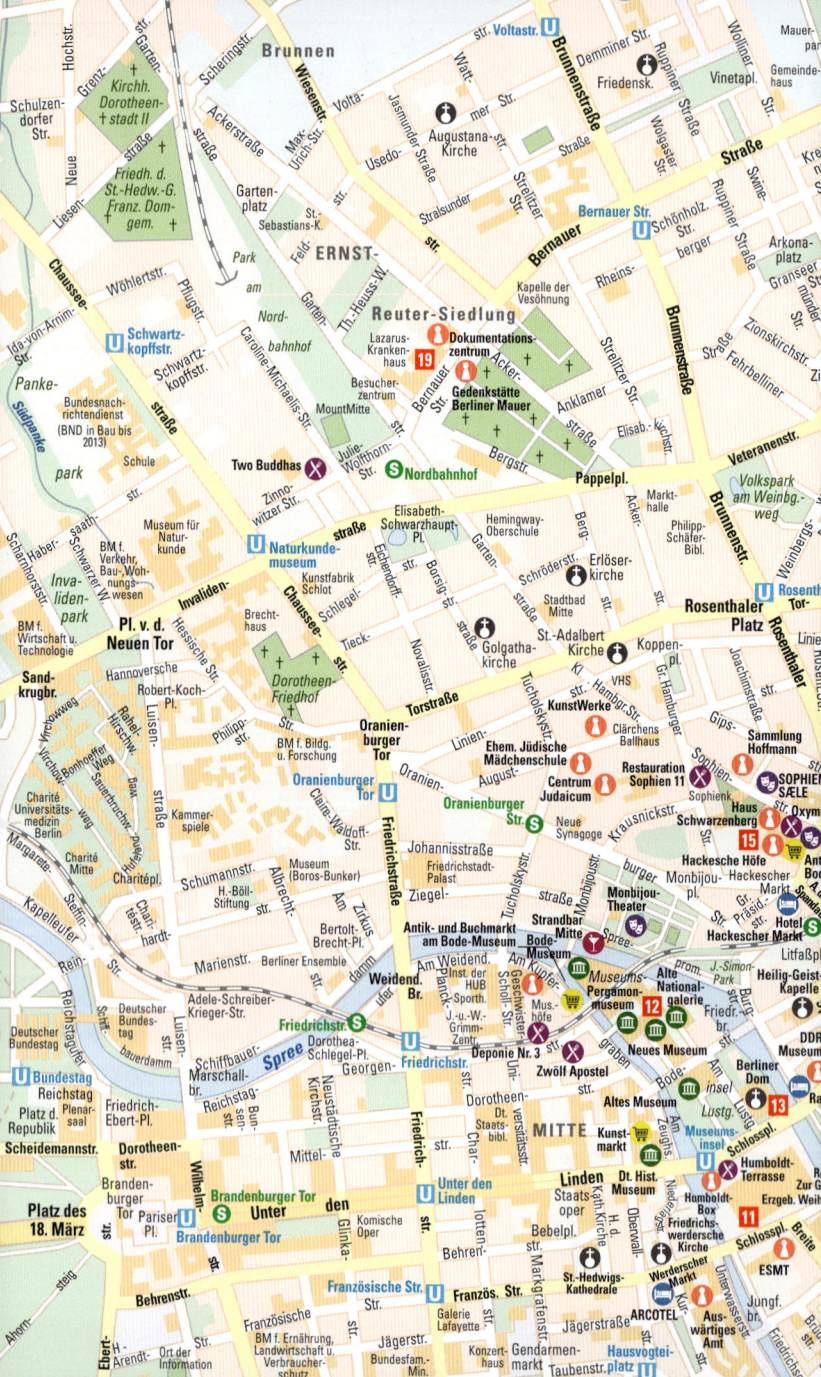

11 Rund um den Schlossplatz
Das Humboldt-Forum nimmt Gestalt an

Wie gestaltet man die historische Mitte der deutschen Hauptstadt? Darüber haben Politiker, Stadtplaner, Architekten und andere wichtige und kluge Köpfe in Etappen fast 20 Jahre diskutiert. Der Konsens: Das Berliner Stadtschloss wird wieder aufgebaut, wenn auch nicht als exakte Kopie. 2013 wurde der Grundstein gelegt, 2019 soll der Schlossbau fertig sein und als Humboldt Forum mit mehreren Museen, Ausstellungen und Raum für Veranstaltungen und Begegnungen eröffnen.

Die Humboldt-Box

Bis dahin macht die Humboldt-Box neugierig auf das, was hier zukünfig kommt. Die Box in ungewöhnlicher Würfelform wirkte am Anfang wie ein Fremdkörper auf dem leeren Platz. Inzwischen wurde sie durch das schnell wachsende Bauwerk an den Rand gedrängt, bleibt aber Besuchermagnet. Den größten Anklang findet das faszinierende Stadtmodell im Erdgeschoss, das Berlin um 1900 zeigt: Es macht Spaß, Erhaltenes und Verschwundenes zu lokalisieren. Und natürlich wollen alle Besucher auf die beiden Terrassen ganz oben vor dem Café. Aus bescheidenen 28 Metern Höhe – die Domkuppel schräg gegenüber ragt 70 Meter in den Himmel, der Kuppelumgang liegt auf immerhin 50 Metern Höhe – sind die Aussichten gleichwohl einzigartig. Der Blick schweift in Richtung Westen zum Brandenburger Tor, in Richtung Osten bis zum Alexanderplatz. Zu Füßen liegt

Seite 74/75: Blick über die Spree auf das Bode-Museum
Unten: Die Humboldt-Box liefert einen anschaulichen Eindruck des künftigen Humboldt-Formus.

Rund um den Schlossplatz

nördlich der Lustgarten, der vom Alten Museum begrenzt wird.

Vor dem Südbalkon erhebt sich inzwischen in voller Größe des ehemaligen Schlossbaus das künftige Humboldt-Forum. Konnte man in den ersten Jahren den Fortgang auf der Baustelle beobachten, so lassen sich nun die aufwendigen Details der rekonstruierten Schlossfassade eingehend bewundern.

2018 soll der Bau den Nutzern zur Einrichtung übergeben werden. Das Ethnologische Museum und das Museum für Asiatische Kunst in Dahlem verstauen ihre umfangreichen und kostbaren Sammlungen bereits in Umzugskisten. Das Stadtmuseum bereitet die Ausstellung »Welt.Stadt.Berlin« vor. Das »Museum des Ortes« wird die Geschichte des Schlosses erzählen und in des Kaisers Keller blicken lassen. Die Humboldt-Universität will im Humboldt-Labor Wissen für alle vermitteln. Im Erdgeschoss einschließlich Schlüterhof wird es Veranstaltungsflächen geben, und in der Kuppel ist ein Restaurant geplant.

Noch geben die künftigen Hauptnutzer in der Humboldt-Box auf zwei Etagen einen Vorgeschmack mit ausgewählten Objekten aus ihren »Schatzkammern« und zeigen mit Hilfe multimedialer Mittel, welche Bedeutung diese Museumsstücke heute für globale Entwicklungen und im »Dialog mit den Weltkulturen« haben können.

Spenden erwünscht

Kurz vor dem Ausgang – mit Ausstellung zur Baugeschichte und einem Museumsshop – kann man das 590 Millionen teure Bauprojekt auch unterstützen, indem man eine Parkuhr mit beliebig viel Spendengeld (auch Scheine werden akzeptiert)

Einfach gut!

KARL FRIEDRICH SCHINKEL: GENIALER BAUMEISTER DES KLASSIZISMUS

Altes Museum und Lustgarten, Schlossbrücke mit Skulpturen, Kandelabern und dem gusseisernen Geländer, Bauakademie und Friedrichswerdersche Kirche: In der Mitte Berlins hat Karl Friedrich Schinkel (1781–1841) bedeutende Werke hinterlassen. Er war ein Universalgenie, der das preußische Berlin in der Epoche des Klassizismus prägte. Die Friedrichswerdersche Kirche wurde 1824–1830 nach seinen Plänen erbaut. Ein Denkmal ihm zu Ehren wurde 1869 auf dem Schinkelplatz aufgestellt. 2011 kehrte das restaurierte Standbild auf den Platz zurück. Nur die Bauakademie, die als Attrappe für den Wiederaufbau wirbt, fehlt noch im Schinkel-Ensemble südwestlich des Schlossplatzes. Leider wurde die Friedrichswerdersche Kirche durch benachbarte Bauarbeiten stark beschädigt. Die Skulpturensammlung der Nationalgalerie mit Werken von Schadow, Rauch u. a. musste deshalb geschlossen werden.

Auch das Konzerthaus wurde von Schinkel erbaut.

79

Rund um den Schlossplatz

füttert. Der Parkzettel gilt als Spendenquittung. Initiator ist die Stiftung Berliner Schloss-Humboldtforum, die seit den 1990er-Jahren erfolgreich für das Projekt geworben hat und weiterhin wirbt.

Originales Stadtschlossportal

Ein Stück vom Stadtschloss ist ganz in der Nähe erhalten. Das Portal, von dessen Balkon Karl Liebknecht 1918 die »Freie Sozialistische Republik« ausrief, wurde 1964 in den Neubau des Staatsratsgebäudes der DDR integriert. Dort, wo Walter Ulbricht, kurzzeitig Willy Stoph und dann Erich Honecker als Vorsitzende des kollektiven Staatsoberhauptes die DDR regierten, bildet heute die private European School of Management and Technology (ESMT) junge Führungskräfte aus.

Leichen im Keller

Zunächst waren in den 1990er-Jahren Archäologen am Werk, um zu sichern, was im Berliner Boden steckte. So stieß man unter dem Schlossplatz auf barocke Fundamente und Kellergewölbe, die mit Wand- und Bodenfliesen der Kaiserzeit verkleidet waren. Eine weitere Grabungskampagne 2008 im Bereich des einstigen Dominikanerklosters am Südrand brachte Sensationelles zutage: 18 Sarkophage, darunter zwölf für Kinder und ein prächtiger Zinnsarg für einen Ritter, der als Vertrauter des Großen Kurfürsten Friedrich Wilhelm identifiziert wurde und 1652 gestorben war. Die kostbaren Funde kommen ins Museum, Fundamente, Brunnen, Mauerreste sollen im Humboldtforum durch archäologische Fenster sichtbar bleiben. Rund 2000 Holzpfähle aus dem Fundament des alten Schlosses wurden versteigert.

Links: Ein Stück vom Schloss: Der Hohenzollernpalast wurde gesprengt, Fassadenteile aber in das neue Staatsratsgebäude eingebaut.

Infos und Adressen

SEHENSWÜRDIGKEITEN

Auswärtiges Amt. Im verglasten Foyer gibt es Ausstellungen; auch das Café ist öffentlich zugänglich. Werderscher Markt 1, 10117 Berlin-Mitte

ESMT European School of Management and Technology. Die Hochschule für künftige Manager führt an jedem letzten Freitag im Monat, 12 Uhr, durch das ehemalige Staatsratsgebäude der DDR. Schlossplatz 1, 10178 Berlin, Tel. 030/212 31 10 38

Humboldt-Box. Täglich 10–19, Winter 10–18 Uhr. Eintritt frei, Fr und So 15 Uhr öffentliche Führungen. Schlossplatz 5, 10178 Berlin-Mitte, Tel. 030/290 27 82 48, www.humboldt-box.com, www.sbs-humboldtforum.de

ESSEN UND TRINKEN

Humboldt-Terrassen. Café/Restaurant im 5. OG mit toller Aussicht. Schlossplatz 5, 10178 Berlin-Mitte, Reservierung: Tel. 030/20 62 50 76, www.humboldtterrassen.de

ÜBERNACHTEN

Hotel ARCOTEL John F Berlin. Modernes Designhotel neben Auswärtigem Amt. Werderscher Markt 11, 10178 Berlin-Mitte, Tel. 030/405 04 60, www.arcotelhotels.com/johnf

Radisson Blue. Alle Zimmer mit Aussicht: zum Dom, zum Roten Rathaus oder in den Innenhof mit seinem spektakulären Fahrstuhl durch ein zylindrisches Aquarium. Karl-Liebknecht-Straße 3, 10178 Berlin-Mitte, Tel. 030/23 82 80, www.radissonblu.de

STREIFZUG DURCH
die Schloss(platz)geschichte

Auf dem Weg zum Humboldt-Forum: Der Schlossbau nimmt schnell Gestalt an.

500 Jahre lang bestimmte die Hohenzollern-Dynastie von Berlin aus die Geschicke Brandenburgs, Preußens und des Deutschen Reiches. Mittelpunkt war das Berliner Schloss, Residenz der Kurfürsten, Könige und Kaiser bis 1918. 100 Jahre danach kommt das imposante Bauwerk mit neuer Funktion zurück.

1443 legte der Brandenburgische Kurfürst Friedrich II. den Grundstein für ein Schloss auf der Spreeinsel am Rande der bereits 200 Jahre alten Doppelstadt Berlin/Cölln. 100 Jahre später sorgte Kurfürst Joachim II. zur Renaissance-Zeit für eine erste kulturelle Blüte. Kurfürst Friedrich III., der sich 1701 selbst zu »Friedrich I., König in Preußen« krönte, ließ das Schloss von Andreas Schlüter für das neue Königtum zu seiner barocken Residenz ausbauen. Auch wenn seine Nachfolger andere Schlösser bevorzugten – Friedrich der Große das Potsdamer Schloss Sanssouci und das dortige Stadtschloss –, behielt das Berliner Schloss als Ort der Inszenierung königlicher Macht seinen hohen symbolischen Wert. Vor allem unter Kaiser Wilhelm II. wurde das Schloss wieder zum Zentrum politischer Macht und blieb es bis zum Ende der Hohenzollern-Herrschaft im Jahr 1918.

Über die Jahrhunderte waren die wichtigsten Baumeister aller Epochen durch Erweiterungen oder Innenausbauten am repräsentativen Erscheinungsbild des Schlosses beteiligt. Die mehr als 1200 Räume waren mit wertvollsten Kunstschätzen ausgestattet. Im Februar 1945 brannte das Schloss nach einem Bombenangriff vollständig aus.

1950 ließ die DDR-Regierung die Ruine sprengen. Zurück blieb ein riesiger Platz für Aufmärsche und Paraden. 1976 wurde an dieser Stelle der Palast der Republik eröffnet, der den Werktätigen »Frohsinn und Gesellichkeit« bot. Hauptattraktion war der Große Saal für bis zu 5000 Besucher, der sich in eine Konzertarena, Theaterbühne oder Tanzfläche verwandeln ließ. Im kleinen Saal tagte die Volkskammer. Als im Oktober 1989 drinnen der 40. Jahrestag der DDR gefeiert wurde, demonstrierte draußen das Volk. Kurz darauf fiel die Mauer.

Nach langen Debatten über die Zukunft des asbestverseuchten Palastes beschloss der Bundestag 2002 den Abriss. Es folgte eine Zeit der in Berlin so populären Zwischennutzungen. Künstler erfanden für den leeren Palast der Republik kreative, fantasievolle und tiefsinnige Aktionen. Während der Abriss andauerte – immerhin zwei Jahre –, präsentierte auf dem Schlossplatz die Temporäre Kunsthalle zeitgenössische Kunst. Als auch diese verschwand, freundeten sich die Berliner mit einer großen grünen Wiese an, ideal zum Sonnenbaden. Dann kam die Humboldt-Box, um über Bedeutung und Vision des Humboldt-Forums zu informieren.

Für den Neubau nach einem Entwurf des italienischen Architekten Franco Stella wurden an drei Seiten die barocken Fassaden des historischen Stadtschlosses rekonstruiert. Zur Spreeseite gibt sich das Humboldt-Forum modern.

12 Die Museumsinsel
Streifzug durch das Welterbe

Jeder Berliner ist einmal im Jahr auf der Museumsinsel: Statistisch kommt das hin, bei 3,5 Millionen Einwohnern und nahezu ebenso vielen Besuchern, die in den letzten Jahren durchschnittlich in den fünf Museen gezählt wurden. Tatsächlich sind es vor allem Touristen aus aller Welt, die auf Berlins »Schatzinsel« strömen. Sie wollen auf den Stufen des Pergamonaltars sitzen, das Ischtar-Tor durchschreiten, Nofretete in die geheimnisvollen Augen blicken und sich von Caspar David Friedrichs malerischen Stimmungen gefangen nehmen lassen. Und das sind längst nicht alle Höhepunkte.

Fünf Museen, zwischen 1830 und 1930 in unterschiedlichen Baustilen errichtet, bilden ein einzigartiges Ensemble, eine »Tempelstadt der Kunst und Kultur«. Seit 1999 gehört die Museumsinsel zum UNESCO-Welterbe. Von der Vor- und Frühgeschichte der hiesigen Regionen über die klassische Welt der Antike bis zum Aufbruch der Moderne an der Wende des 19. zum 20. Jahrhunderts wird auf der Museumsinsel ein opulentes Menü angerichtet, aus dem jeder nach seinen Vorlieben auswählen kann – und muss. Die folgende Reihenfolge orientiert sich an den Vorlieben der Besucher.

Unten: Der majestätische Kuppelbau des Bodemuseums

Pergamonmuseum

Das letzte Gebäude, das auf der Museumsinsel vollendet wurde, ist die Nummer Eins unter den dortigen Attraktionen. Das Pergamonmuseum wurde zwischen 1910 und 1930 eigens für den Pergamonaltar errichtet. Der ist leider derzeit

Der Pergamonaltar ist für die nächsten Jahre nicht mehr zu sehen.

wegen Sanierung geschlossen, sodass vorübergehend die Beschreibung genügen muss. Eine 20 Meter breite Treppe führt hinauf zu einer Säulenhalle mit zwei vorspringenden Gebäudeteilen. Diese stehen auf einem massiven Sockel, der mit einem monumentalen Fries geschmückt ist. Und der ist die eigentliche Sensation. Über 100 Figuren, detailgenau im Hochrelief gearbeitet – ein Höhepunkt der hellenistischen Kunst – erzählen in einer 113 Meter langen Bildfolge vom mythologischen Kampf der olympischen Götter gegen die Giganten: Zu lesen war und ist dies als Gleichnis für den Kampf Gut gegen das Böse.

Vor 2200 Jahren, am Ursprungsort des Altars auf dem Burgberg von Pergamon in Kleinasien, zog sich dieser Fries in einzelnen, 2,30 Meter hohen Marmorplatten um das gesamte Gebäude. Der um 170 v. Chr. erbaute Altar wurde in spätantiker Zeit zerstört. Gut erhaltene Teile, eingebaut in ein byzantinisches Mauerwerk, fanden sich schon zu Beginn der drei Grabungskampagnen der Berliner Museen. Angeregt von Carl Homann, legten sie zwischen 1878 und 1886 die antike Akropolis von Pergamon frei. Nach klassischer Fundteilung zwi-

Nicht verpassen

DAS RICHTIGE TICKET FÜR IHREN MUSEUMSBESUCH

Wer mehr als ein Museum besuchen möchte, für den lohnt sich bereits die Bereichskarte Museumsinsel (18 €). Sie gilt für die Dauerausstellungen in allen fünf Häusern (Zuzahlung bei Sonderausstellung). **Tipp**: Am besten einen Donnerstag nutzen, dann haben die Museen auf der Museumsinsel bis 20 Uhr geöffnet.

Fünf Museen an einem Tag ist zu viel? Dann sollte man den Museumspass (24 €) kaufen. Damit hat man an drei aufeinanderfolgenden Tagen freien Eintritt zu den Dauerausstellungen auf der Museumsinsel – und in rund 50 weitere Berliner Museen. www.smb.museum

Etwas teurer fällt die Welcome Card Museumsinsel aus (42 €/72 Stunden). Dafür erhält man freien Eintritt in die fünf Inselmuseen, freie Fahrt auf allen Bussen und Bahnen sowie alle Ermäßigungen der einfachen Welcome Card (27,50 €). www.visitberlin.de

schen der Türkei und dem deutschen Kaiserreich kamen die Fragmente der Altarfriese nach Berlin. Aus mehr als 1000 Einzelteilen wurden sie wieder zusammengesetzt. Rekonstruiert wurde im Pergamonmuseum nur die Westwand, die übrigen Reliefplatten sind auf gleicher Höhe an den Wänden des Saals angebracht. Zwischen 1994 und 2004 wurden sie aufwendig restauriert.

Ab Frühjahr 2018 wird in einem temporären Gebäude eine 3D-Visualisierung des Pergamonaltars, begleitet von einer Ausstellung, den Besuchern einen Eindruck von diesem weltberühmten Zeugnis antiker Kunst verschaffen.

Auch wenn der Saal mit dem Pergamonaltar voraussichtlich bis 2023 nicht zu besichtigen ist, lohnt der Besuch im Pergamonmuseum, das die Großarchitekturen der archäologischen Sammlungen der Berliner Museen vereint. Ein Meisterwerk der Antikensammlung ist das Markttor von Milet, um 100 n. Chr. ein wichtiges römisches Handelszentrum in Kleinasien. Die repräsentative doppelstöckige Marmorfassade wirkt wie das Bühnenbild zu einer imaginären Marktszene, bei der die Halle im Trajaneum gegenüber den Logenplatz bilden könnte.

Durch das Markttor von Milet gelangt man in das Vorderasiatische Museum und rund 700 Jahre zurück direkt nach Babylon. Saalhoch schmücken farbig glasierte – vorwiegend blau – Reliefziegel die Wände. Sie bilden Ornamente, Blüten und Tiere. Ischtartor und daran anschließend die Prozessionsstraße von Babylon (um 600 v. Chr.) strahlen Festlichkeit und Heiterkeit zugleich aus. Die Räume zu beiden Seiten machen mit den Kulturen Mesopotamiens, Persiens und Kleinasiens vertraut.

Die Treppe nach oben führt in das Museum für Islamische Kunst. Die Sammlung prunkt mit Tep-

Oben und Unten: Das Trajaneum im Pergamonmuseum; der Tempel zu Ehren des römischen Kaisers Trajan war einst an der höchsten Stelle der Akropolis errichtet worden.

Die zehn Highlights auf der Museumsinsel

PERGAMONMUSEUM

Ⓐ Pergamonaltar (derzeit geschlossen)

Ⓑ Prozessionsstraße /
Ischtar-Tor von Babylon

Ⓒ Aleppo-Zimmer

NEUES MUSEUM

Ⓓ Nofretete

Ⓔ Der Berliner Goldhut

ALTE NATIONALGALERIE

Ⓕ Die Deutschen Romantiker

Ⓖ Französische Impressionisten

Ⓗ Prinzessinnengruppe

ALTES MUSEUM

Ⓘ Der Betende Knabe

BODEMUSEUM

Ⓙ Das Reiterstandbild des Großen Kurfürsten

Oben: Ausstellungssaal im
Neuen Museum
Mitte: Auferstanden aus Ruinen:
Das Neue Museum wurde glanzvoll
wiederaufgebaut.
Unten: Kontrast von Alt und Neu:
die Große Treppenhalle

pichkunstwerken, Fayencen, Buchhandschriften
und Miniaturmalerei. Highlight ist jedoch die Fassade des jordanischen Wüstenschlosses Mschatta. 1903 kam sie als Geschenk des Sultans nach Berlin. Auf den ersten Blick beeindrucken die geometrischen Ornamente, bei genauem Hinsehen nimmt man an den Reliefs eine Fülle filigraner Details wahr: Weinranken, Früchte, Tierfiguren. Ein weiterer Höhepunkt ist das holzgetäfelte Aleppo-Zimmer, das vom Fußboden bis zur Decke mit feinster und farbenprächtiger Malerei bedeckt ist. Ein christlicher Kaufmann in Syrien hatte sie um 1600 in Auftrag gegeben.

Neues Museum

Nofretete ist der Star im Neuen Museum. Ganz allein residiert sie, effektvoll angestrahlt, im eindrucksvollen Nordkuppelsaal. Doch nicht allein die berühmte Büste der ägyptischen Königin ist sehenswert. Um sie breitet das »Ägyptische Museum und Papyrussammlung« über drei Ausstellungsebenen im Nordflügel Schätze aus vier Jahrtausenden aus. Über 2500 faszinierende Exponate machen Toten- und Götterkult, Königtum und Alltagsleben im Alten Reich anschaulich. Einen

Die Museumsinsel

Schwerpunkt bildet das altägyptische Menschenbild, das mit vielen Beispielen vorgestellt wird. Neben Nofretete sind die bekanntesten Vertreter die Porträtköpfe der Königsfamilie. Als bedeutendstes Werk der ägyptischen Spätzeit gilt der nach seiner Gesteinsfarbe benannte »Berliner Grüne Kopf« (500 v. Chr.).

Den Südflügel nimmt das Museum für Vor- und Frühgeschichte ein, das seine Sammlung mit Objekten der Antikensammlung erweitert. Zeitlich zum Teil parallel mit den Ägyptern werden die frühen Kulturen in Europa beleuchtet. Großartig inszeniert im Sternensaal ist der bronzezeitliche Berliner Goldhut, dessen Ornamentik als Darstellung eines Kalendersystems gedeutet wird.

Mehr noch als in den anderen, ebenfalls architektonisch spannenden Häusern ist das Neue Museum selbst ein Ausstellungsexponat. 1843–1859 nach Plänen von Friedrich August Stüler erbaut, war es das zweite Gebäude nach dem »Alten« Museum auf der Museumsinsel. 1943/45 bei Bombenangriffen schwer zerstört, blieb das Museum Kriegsruine, bis 1997 David Chipperfield mit dem Wiederaufbau beauftragt wurde. Sein Entwurf, der ein »behutsames Weiterbauen« anstelle der originalgetreuen Rekonstruktion vorsah, löste Diskussionen aus. Doch das Ergebnis ist faszinierend: Klar erkennbar heben sich neue Ergänzungen von der historischen Substanz ab, deutlich sichtbar blieben die Spuren der Geschichte in den erhaltenen Bereichen, die ihre einstige Pracht noch erahnen lassen oder durch behutsame Restaurierung zurückerhielten.

Alte Nationalgalerie

Gleich nebenan, durch den schön restaurierten Kolonnadenhof getrennt, erhebt sich die Alte

Einfach gut !

TEMPORÄRES PERGAMONMUSEUM. DAS PANORAMA

Für die Dauer der Sanierungsarbeiten im Pergamonmuseum wird in dem temporären Ausstellungsbau »Pergamonmuseum. Das Panorama« in einer Vision des Künstlers Yadegar Asisi der weltberühmte antike Altar an seinen Originalschauplatz versetzt. Asisis Rundbild lässt die antike Stadt rund um den Altar wiederaufstehen und vermittelt einen faszinierenden Einblick in die Architektur und das Alltagsleben im Jahr 129 n. Chr.
Die Rotunde des Panoramas überragt den zweigeschossigen Neubau, der neben einem Café und einem Shop auch Ausstellungsräume bietet. Dort werden bedeutende Teile des Pergamonaltars zu sehen sein, darunter der Telephos-Fries (im Unterschied zum großen Gigantenfries auch »kleiner Fries« genannt). Außerdem wird eine neu gestaltete 3D-Visualisierung Details des Pergamonaltars sichtbar machen. Die Eröffnung ist für Frühjahr 2018 geplant. Standort: Am Kupfergraben gegenüber dem Bode-Museum

EINE KÖNIGIN HÄLT HOF

Auge in Auge und dann noch ganz allein mit Nofretete: Das dürfte kaum einem Besucher gelingen, denn der Ansturm auf die »schönste Berlinerin«, die durch das fein modellierte Gesicht und die nach mehr als 3300 Jahren immer noch leuchtenden Farben besticht, ist groß.

Die Präsentation im Nördlichen Kuppelsaal des Neuen Museums setzt ihre makellose Schönheit vortrefflich ins Bild. Tatsächlich, das haben Forscher mit Hilfe der Computertomographie herausgefunden, befindet sich unter der bemalten Gipsmaske auf einem Kalksteinkern ein zweites, ungeschöntes Gesicht, das sogar Falten aufweist. Da hat dann wohl der Künstler etwas nachgeholfen. Seit 1912 residiert die ewig junge Dame in Berlin. Mehrmals musste sie innerhalb der Stadt umziehen. Jahrzehnte verbrachte sie davon in West-Berlin, ehe sie nach der Zusammenführung der Museumslandschaft wieder an ihren angestammten Platz auf der Museumsinsel zurückkehrte.

Nationalgalerie einem griechischen Tempel gleich. Das Reiterstandbild davor ehrt König Friedrich Wilhelm IV., der 1841 die Halbinsel zwischen Spree, Kupfergraben und Lustgarten zur »Freistätte für Kunst und Wissenschaft« erklärte und die Museumsinsel begründete.

Die Alte Nationalgalerie, 1861–1876 ebenfalls nach einem Entwurf von Friedrich August Stüler errichtet, beherbergt Malerei und Skulpturen des 19. Jahrhunderts. Der Rundgang beginnt chronologisch im dritten Ausstellungsgeschoss. Die beiden Mittelräume und ein angrenzender Raum sind den Meistern der deutschen Romantik und ihren Meisterwerken gewidmet: Caspar David Friedrich, Karl Friedrich Schinkel und Carl Blechen.

Ein Stockwerk tiefer ziehen die reiche Sammlung französischer Impressionisten – Edouard Manet, Claude Monet, Auguste Renoir, Edgar Degas und Paul Cézanne – und die Gemälde von Arnold Böcklin die Blicke auf sich. Schwerpunkte bilden auch die Werke der Berliner Maler Max Liebermann und – im Erdgeschoss – Adolph von Menzel. Dort begrüßt eine der schönsten klassizistischen Skulpturen die Besucher, das Doppelstandbild der Prinzessinnen Luise und Friederike von Johann Gottfried Schadow. König Friedrich Wilhelm III., Luises Gatte, ließ die Marmorskulptur für Jahrzehnte verschwinden: »Ist mir fatal«, soll er über die freizügige Darstellung gesagt haben.

Altes Museum

Das erste Museum auf der Insel, 1830 eröffnet, gilt als ein Hauptwerk Karl Friedrich Schinkels (1781–1841). Mit der monumentalen Säulenhalle nach griechischem Vorbild zum Lustgarten und der vom römischen Pantheon inspirierten Rotunde hinter dem Eingang nimmt das später mehrmals

Die Museumsinsel

umgebaute und nach dem Zweiten Weltkrieg wieder aufgebaute Museum Bezug auf die Antike. Zu einer Entdeckungsreise durch »Antike Welten« lädt die Dauerausstellung der Antikensammlung ein: Griechen im Erdgeschoss, Römer und Etrusker im Obergeschoss.

Helden und Götter, Heiligtümer und Grabmonumente, Herrscher und Volk, Theater und Alltag sind wichtige Themen. Sie sind dargestellt auf Vasenbildern, Reliefs, Fresken, in Bronze, Terrakotta, Ton und Marmor. Prunkstück ist der »Betende Knabe«, eine Bronzefigur aus dem 3. Jh. v. Chr. Goldschmuck, Edelsteine, Silbergefäße und andere Preziosen sind in einer Schatzkammer vereint. Im Obergeschoss ist ein ähnliches Kabinett als »Garten der Lüste« den Sinnenfreuden der Römer und Etrusker gewidmet. Ganz in der Nähe: Cäsar und Kleopatra – das berühmteste Liebespaar der Antike.

Bode-Museum

Der majestätische Kuppelbau des Bode-Museums schließt die Museumsinsel nach Norden ab. 2006 komplett saniert, beherbergt der wilhelminische Prachtbau die einzigartigen und reichen Sammlungen der Skulpturengalerie und des Museums für Byzantinische Kunst, ergänzt durch Werke der Gemäldegalerie und der Münzsammlung. Schon die Eingangshalle mit ihrer großen Kuppel, dem imposanten Treppenhaus und den Skulpturen ist überwältigend. Zwei monumentale Hallen, Kamecke-Halle und Basilika, bilden bis zur kleinen Kuppel eine Achse, von der fächerförmig die Räume und Kabinette abzweigen. Plastische Bildwerke, Architekturfragmente, Mosaiken, Gemälde, Münzen und Kunstgewerbe blättern 1500 Jahre Kunstgeschichte auf, von der Spätantike und Byzanz über Gotik und Renaissance bis zu Barock und Klassizismus in Europa.

Oben: Schlangestehen für eine Sonderausstellung im Bode-Museum
Mitte: Treppenhaus in der Alten Nationalgalerie
Unten: 2006 wiedereröffnet, ist das Bode-Museum ein Glanzstück der Museumsinsel.

Infos und Adressen

MUSEEN

Museumsinsel. Staatliche Museen zu Berlin. Wer Tickets im Internet bucht, spart jeweils 1 € und evtl. Wartezeiten (Zeitfenstertickets für Pergamonmuseum und Neues Museum). Bis 18 Jahre Eintritt frei. Mo–Fr 9–16 Uhr, 10178 Berlin-Mitte, Tel. 030/266 42 42 42, www.smb.museum

Altes Museum. Antikensammlung: Griechen, Römer, Etrusker. Di–So 10–18, Do 10–20 Uhr. Am Lustgarten, 10178 Berlin-Mitte

Alte Nationalgalerie. Malerei und Skulptur des 19. Jahrhunderts der Nationalgalerie. Di–So 10–18, Do 10–20 Uhr. Bodestraße 1–3, 10178 Berlin-Mitte

Bode-Museum. Skulpturensammlung, Museum für Byzantinische Kunst, Münzkabinett, Werke der Gemäldegalerie. Kindergalerie mit Sonderausstellungen. Di–So 10–18, Do 10–20 Uhr. Am Kupfergraben 1, 10178 Berlin-Mitte

Neues Museum. Ägyptisches Museum und Papyrussammlung, Museum für Vor- und Frühgeschichte. Tägl. 10–18, Do 10–20 Uhr. Bodestraße 1–3, 10178 Berlin-Mitte

Pergamonmuseum. Antikensammlung, Museum für Islamische Kunst, Vorderasiatisches Museum. Täglich 10–18, Do 10–20 Uhr. Eingang: Bodestraße 1–3, 10178 Berlin-Mitte, durch den Kolonnadenhof

TIPP: Zur Langen Nacht der Museen Ende August öffnen auch ausgewählte Häuser auf der Museumsinsel. www.lange-nacht-der-museen.de

ESSEN UND TRINKEN

Café und kleine Snacks: Bode-Museum, Altes Museum, Neues Museum; Espressobar: Alte Nationalgalerie

Deponie Nr. 3. Kneipe mit Alt-Berliner Charme und lauschigem Hinterhofgarten, Berlin-Brandenburgische Küche. Georgenstraße 5, 10117 Berlin-Mitte, Tel. 030/20 16 57 40, www.deponie3.de

Zwölf Apostel. In S-Bahnbögen zur Friedrichstraße. Von einer Riesenpizza werden leicht zwei

Überraschend: die Rotunde im Alten Museum

Leute satt. Günstiger Business-Lunch. Georgenstraße 2, 10117 Berlin-Mitte, Tel. 030/201 02 22,
www.12-apostel.de

ÜBERNACHTEN

**Adina Apartment Hotel Berlin Hackescher
Markt.** Großzügige Apartments, ein schicker Pool
und ein kleiner Hinterhofgarten. An der Spandauer
Brücke 11,10178 Berlin-Mitte, Tel. 030/209 69 80,
www.adina.eu

Hotel Hackescher Markt. Mittendrin und trotz-
dem ruhig. Sympathisches kleines Hotel mit
britischem Charme. Große Präsidentenstraße 8,
10178 Berlin-Mitte, Tel. 030/28 00 30,
www.hotel-hackescher-markt.com

NOCH MEHR KUNST UND KULTUR

Centrum Judaicum. Die Stiftung Neue Synagoge
Berlin zeigt hier Ausstellungen über jüdisches
Leben und Judentum. So–Mo 10–20 (Nov.–Feb.
10–18), Di–Do 10–18, Fr 10–17 (Okt.–März
10–14 Uhr). Oranienburger Straße 28/30, 10117
Berlin-Mitte, www.cjudaicum.de

ENTSPANNUNG

Monbijoutheater. Egal ob Molière oder Shake-
speare: Im Amphitheater bleibt kein (Zuschauer-)
Auge trocken. Und wenn mal nicht Theater gespielt wird, gibt es Musikalisches und im Winter
Märchen. Saison Mai bis September, Di–So bis
zu 2 Vorstellungen täglich. Montagkonzerte.
Karten frühzeitig besorgen! Monbijoustraße,
gegenüber Bodemuseum, 10117 Berlin-Mitte,
Tel. 030/288 86 69 99, www.monbijou-theater.de

Kinderbad im Monbijoupark. Bis auf die Eltern
bleiben die Großen draußen. Kinderbecken, Liegewiese und Platz zum Spielen. Oranienburger Straße 78, 10178 Berlin-Mitte, Tel. 030/282 86 52

Strandbar Mitte. Gehört zum Monbijou-Imperium.
Liegestühle, Sand, Drinks und Musik mit Blick auf
das Bode-Museum und die vorbeiziehenden Schiffe.

Blick auf das Bodemuseum an der Spree

Nachts wird unter dem Sternenhimmel getanzt,
meistens Tango oder Salsa. An der Monbijoubrü-
cke, im Sommer täglich ab 10 Uhr.

EINKAUFEN

Antik- und Buchmarkt am Bode-Museum.
Kunstbände, Bücher aus der DDR-Verlagsproduk-
tion, Schallplatten, Gläser, Geschirr, Schmuck sind
Schwerpunkte. Sa 10–17, So 10–16 Uhr.
Kupfergraben 1, 10117 Berlin,
www.antik-buchmarkt.de/

Kunstmarkt am Zeughaus. Künstler bieten Malerei, Plastik, Grafik, Fotografie an, Kunsthandwerker
originelle und modische Accessoires sowie fanta-
sievolles Design für Schöner Wohnen. Sa–So
11–17 Uhr. Am Kupfergraben, neben dem Deutschen Historischen Museum, 10117 Berlin

Morphose. Für mehr Design im Leben plädiert
der fröhlich-bunte Shop, in dem man von kleinen
Geschenken bis zu Mode und Wohnaccessoires
Kurioses und Originelles entdecken kann. Mo–Sa
10–20 Uhr, Oranienburger Straße 17, 10178 Berlin, Tel. 030/28 09 96 05, www.morphose.eu

13 Berliner Dom
Kaiserlicher Prunk

Was für eine Pracht, welche Verschwendung! Aber auch: Was für eine Leistungsschau all der Künstler, die ihr Bestes gegeben haben 1894–1905, als Kaiser Wilhelm II. die monumentale Hof- und Domkirche der Hohenzollern zwischen Lustgarten und Spree errichten ließ, und 70 Jahre später, als der Wiederaufbau begann. Der sollte mit all den aufwendigen Restaurierungen 30 Jahre dauern. Bei aller oft geäußerten Kritik am Prunkwillen des Kaisers – ein Meisterwerk der Baukunst und eine herausragende Sehenswürdigkeit ist der Berliner Dom allemal.

Außen gibt sich der massige Baukörper aus dunkel gewordenem Sandstein und Granit mit Säulenhalle, bronzenem Figurenschmuck und weithin sichtbarer Kuppel, die von vier Türmen gerahmt wird, machtvoll unnahbar. Innen empfängt die achtseitige Predigtkirche als lichtdurchfluteter Raum, der vom Fußboden bis hinauf in die Kuppel seine opulente Pracht entfaltet: vielfarbiger Marmor, Gold über Gold, dicke Säulen, schlanke Pfeiler, Engelsfiguren und Statuen bedeutender Persönlichkeiten, Stuck zu unendlich vielen Ornamenten geformt, Reliefs mit Bildern aus der Apostelgeschichte, Schnitzwerk aus edlen Hölzern, Kandelaber, Gemälde, Malereien auf Putz und hinter Glas. Und in der Kuppel glitzern einzigartige Mosaikbilder. Jedes wurde aus über 500 000 Glassteinen in gut 2000 Farbschattierungen zusammengefügt. Nur eines der acht Mosaik-Bilder, die in der Nachkriegszeit unter der notdürftig geschützten Kuppelruine zerfielen, konnte restauriert werden. Die übrigen sind perfekte Rekonstruktionen.

Unten: Der Berliner Dom, vom Lustgarten aus gesehen: Die größte Kirche Berlins ist ein bedeutendes Denkmal historischer Architektur – und ein wichtiges Zentrum evangelischer Christen.

Kunst im Dom

Der Altar aus weißem Marmor und Onyx ist ein Entwurf Friedrich August Stülers, die vergoldete Apostelschranke hinter dem Altar entwarf Karl Friedrich Schinkel, den weißen Marmortaufstein gestaltetete Christian Daniel Rauch. Ein weiteres Prunkstück ist die Sauer-Orgel, die als größtes und bedeutendstes original erhaltenes Instrument der deutschen Spätromantik gilt. Unter der Orgelempore stehen die Prunksarkophage für Kurfürst Friedrich Wilhelm und seine zweite Gemahlin Dorothea, außerdem das Marmorgrabdenkmal für Kaiser Friedrich III. und ein Bronzegrabmal für Kurfürst Johann Cicero. Von barocker Schönheit sind die Sarkophage für König Friedrich I. und Sophie Charlotte von Andreas Schlüter unter der Südempore. Die schlichte Trau- und Taufkirche nebenan ziert eines der bedeutendsten Kunstwerke im Dom, das Altarbild »Die Ausgießung des Heiligen Geistes« von Carl Begas d. Ä., 1820 im Auftrag des Königs Friedrich Wilhelm III. gemalt. Die Schuke-Orgel stammt von 1946.

Ganz oben und ganz unten

Sportliche nehmen die 270 Stufen hinauf zum Kuppelumgang und genießen den Rundumblick auf Museumsinsel, Fernsehturm, St. Marienkirche, Rotes Rathaus, auf die verschiedenen Hochhaustürme und Kirchenkuppeln, besonders die goldglänzende Kuppel der Synagoge in der Oranienburger Straße, und hinunter auf den Lustgarten und den Schlossplatz mit der doch viel kleineren Humboldt-Box. In der Gruft unter der Predigtkirche haben knapp 100 Mitglieder der Hohenzollern-Familie ihre letzte Ruhe gefunden. Die Bestattungen vom einfachen Zinksarg bis zum aufwendig verzierten Grabdenkmal dokumentieren fünf Jahrhunderte brandenburgisch-preußische Grabkultur.

Infos und Adressen

SEHENSWÜRDIGKEITEN

Berliner Dom. Besichtigungen täglich 9–20 Uhr, 1. Okt.–31. März nur bis 19 Uhr geöffnet. Keine Besichtigung während der Gottesdienste oder Veranstaltungen. Kurze Standortführungen sind im Eintrittspreis (»Domerhaltungsgebühr«) eingeschlossen. Am Lustgarten, 10178 Berlin-Mitte, Domführungen: Tel. 030/20 26 91 19, www.berliner-dom.de

ESSEN, TRINKEN, EINKAUFEN

Museumsshop mit großer Auswahl an Büchern und hübschen Dingen zum Dom und zu anderen Berliner Themen. Ein kleines Café schließt sich an.

VERANSTALTUNGEN

Zahlreiche Veranstaltungen. Orgelandachten, Kirchenkonzerte, Klassische Konzerte, Teilnahme an der Langen Nacht der Museen, Internationaler Orgelsommer.

Blick in den Altarraum

14 DDR Museum
Geschichte zu Anfassen und Nachfragen

Noch ein Geschichtsmuseum? Ja, und zwar eines, das originell, innovativ und wichtig zugleich ist. Vor allem für diejenigen, die kurz vor und nach 1989 geboren sind, sollte der Besuch im DDR Museum ein »Muss« auf dem Berlin-Programm sein. Und Ältere werden so manche Antworten finden auf Fragen, die sie (sich) nicht einmal gestellt haben. Um es vorweg zu nehmen: Geschichte kann Spaß machen.

Das DDR Museum lädt mit allen aktuellen Medien, modernster Ausstellungstechnik sowie Tausenden Originalobjekten und -dokumenten dazu ein, Alltägliches, Banales, Überraschendes, Erschreckendes und viele andere verschwundene DDR-Themen zu entdecken.

Der Alltag in Schubladen

Wie lebten die Menschen in der DDR? Wie sah ihr Arbeitstag aus? Was machten sie in der Freizeit, wohin fuhr man in Urlaub? Wie ging es in der Schule zu? Womit spielten die Kinder? Wie kleidete sich die Jugend? Welche Musik hörte sie? Und wo war der Staat und wo die Stasi? Fast immer dabei. Aber die kommt erst später ins Spiel. Spielerisch, so das Konzept des Museums, soll man sich dem untergegangenen Staat nähern.

Mitte: Überraschungen warten hinter jeder Schranktür.
Unten: Schreibtisch der SED-Führung: Nehmen Sie den Hörer ab!

Hauptattraktionen auf engem Raum sind ein Trabi zum Erproben des Fahrgefühls und – in einem 2016 erweiterten Bereich – eine komplett eingerichtete Plattenbau-Wohnung mit Wohn-, Kinder- und Schlafzimmer, mit Küche, Bad – und einem Stasi-

DDR Museum

Abhörraum. Der Boden riecht frisch gebohnert und die Küche nach Essen. Am Fernseher kann man zwischen Ost- und West-Nachrichten »zappen«. Im digitalen Kleiderschrank können Besucher DDR-Kleidung anprobieren und mit anderen interaktiven Installationen den Alltag in einer Plattenbausiedlung erkunden.

In einem anderen Bereich laufen Szenen aus DDR-Filmen, an einem Flipper kann man Sparwassers Tor gegen die Bundesrepublik Deutschland nachspielen und auf nummeriertem »Parkett« den Lipsi-Tanzschritt erlernen.

Vor allem aber gibt es Alltag zum Anfassen, verborgen hinter Fototapeten, die zum Teil aussehen wie Karteikartenschränke, in denen alles fein säuberlich abgelegt ist. Die Besucher sollen Klappen heben, Schubladen aufziehen, Schränke öffnen, Knöpfe drücken, Kopfhörer aufsetzen, Bücher in die Hand nehmen, die Nase reinstecken, Kleider anfassen. Der Museumsbesuch ist wie das Stöbern in vergessenen Kisten auf dem Dachboden. Über viele der zu entdeckenden Dinge können junge Leute heute nur lachen. Aber in der DDR gab es oft nichts zu lachen, das zeigt der zweite Teil der Ausstellung.

Durch eine »Nebelwand der Bürokratie« führt der Rundgang in das Zentrum der Macht. Der Raum des Erweiterungsteils ist weniger beengt. Hier wird vorgeführt, wie Staat, Propaganda und Unterdrückungsmaschinerie funktionierten. Weitere Themen sind Wirtschaft und Militär, Grenzbefestigungen, der Umgang mit dem Westen, der Umwelt, mit Doping oder das Vorgehen gegen Oppositionsbewegungen. Und am eigenen Körper kann man spüren, wie sich ein Stasi-Verhör anfühlte. Hinter vielen Klappen werden Fragen gestellt: Hier kann man das eigene Wissen über die DDR prüfen.

Infos und Adressen

MEHR ÜBER DIE DDR

DDR Museum Berlin. Mo–So 10–20, Sa 10–22 Uhr. Für eines der meistbesuchten Berliner Museen lohnt es sich, ein Zeitfensterticket online zu buchen, mit dem man zudem noch sparen kann. Der Museumsshop bietet neben Büchern, Postkarten auch Ostprodukte, DDR-Musik, DDR-Filme, Souvenirs, Spiele und Spielzeug. Karl-Liebknecht-Straße 1, 10178 Berlin-Mitte, Tel. 030/847 12 37 30, www.ddr-museum.de

ESSEN WIE IN DER DDR

Restaurant Volkskammer. Authentische traditionelle Gerichte aus der DDR und den sozialistischen Bruderstaaten. Tägl. ab 11 Uhr, Straße der Pariser Kommune 18B, 10243 Berlin, nahe Ostbahnhof

WEITER DRAUSSEN

Gedenkstätte Berlin-Hohenschönhausen. Ehemalige Häftlinge führen durch die Untersuchungshaftanstalt des Ministeriums für Staatssicherheit und informieren über die Haftbedingungen und Verhörmethoden der Stasi. Mo–Fr 11, 13, 15, Sa–So 10–16 Uhr stündlich. Genslerstraße 13 A (Besucherdienst), 13055 Berlin-Hohenschönhausen, Tel. 030/98 60 82 30, www.stiftung-hsh.de

Stasi-Museum. Auf dem Gelände des Ministeriums für Staatssicherheit; die Büroräume des letzten Ministers Erich Mielke sind im Originalzustand erhalten. Mo–Fr 10–18, Sa–So 12–18 Uhr. Ruschestraße 103, Haus 1, 10365 Berlin-Hohenschönhausen, Tel. 030/553 68 54, www.stasimuseum.de

15 Rund um die Hackeschen Höfe
Wo die Szene auf Vergangenheit trifft

Ob tagsüber oder spät in der Nacht: Am Hackeschen Markt drängeln sich die Menschen – Zeichen für einen der populärsten touristischen Brennpunkte Berlins. Geradezu magnetische Kraft üben die Hackeschen Höfe aus. Aber nicht nur das traditionsreiche, schön restaurierte Gebäudeensemble, das ganze Viertel nördlich des S-Bahnhofs Hackescher Markt, die frühere Spandauer Vorstadt, lädt ein zu einem Streifzug durch ein Stück altes Berlin, in dem sich das neue bestens eingefügt hat.

Hackesche Höfe

Die weithin sichtbare Aufschrift hilft allen Suchenden: »Die Hackeschen Höfe« liegen hinter der modernen Fassade mit der leicht gerundeten Ecke am Nordostende des Hackeschen Markts. Im Haupteingang zu den Höfen, Rosenthaler Straße 40–41, stauen sich schon mal die Besucher, studieren Kinoplakate, fragen nach Theatertickets, orientieren sich am Hofplan. Und dann kommt das Staunen in Hof I: Die Jugendstilfassade mit ihren Zierelementen aus farbigen Glasursteinen und großen Fenstern, streng gegliedert und doch verspielt, ist einfach ein Hingucker und ein prachtvolles Schmuckstück.

Hier wuselt das touristische Leben. Zwei Restaurants haben Stühle auf den Platz gestellt. Im »Hackeschen Hof« vorne links sind besonders die Schnitzel gefragt. Köstliches Eis erhält man im

Unten: Kein Hofgebäude in Berlin hat eine schönere Fassade: Wahrzeichen der Hackeschen Höfe.

In den Hackeschen Höfen

Becher oder in der Waffel gegenüber. Am Kopfende belegt das »Oxymoron« edel gestaltete Räume. Am hinteren Ende rechts befindet sich ein kleiner Festsaal für private Events. Der große Festsaal im Mitteltrakt wird vom Chamäleon Theater bespielt. Ganz oben haben sich die Kinos »Hackesche Höfe« eingerichtet.

Acht Höfe rahmt das Gebäudeensemble ein. Hof II bietet in ehemaligen Fabriketagen großzügige Lofts. In den Höfen finden sich Galerien, Medienunternehmer, Designer, Modeboutiquen und originelle Geschäfte. Die meisten Inhaber stellen ihre Produkte wie Taschen, Schmuck, Kunsthandwerk in angeschlossenen Werkstätten oder Ateliers her und knüpfen damit an die Ursprungsidee der Erbauer an, eine enge Verbindung von Wohnen, Handel und Gewerbe zu ermöglichen.

Dieses städtebauliche Konzept setzte sich parallel zur wachsenden Industrialisierung zu Beginn des 20. Jahrhunderts in Berlin durch. Gewerbe und billiger Wohnraum in den Hinterhöfen und nach vorne bürgerliches Leben gab es in allen Bezirken. Nur an das Vergnügen hatte kaum einer gedacht, und so repräsentativ gebaut auch nicht. 1908 er-

Geheimtipp

VERWANDLUNGS-KUNST AT ITS BEST

Entertainment auf höchstem Niveau: Das Chamäleon verblüfft durch immer neue Verwandlungen. Tanz, Akrobatik, Performance, Gesang, Schauspiel, Pantomime, Comedy, Choreografie und Musik fügen sich in unterschiedlichen Konstellationen zu bewundernswerten, hinreißenden, faszinierenden Shows. Von Artistik bis Zirkus beherrschen die jungen Künstler einfach alles. Atemraubend sind »Luftnummern« an Seilen und Gerüsten, bezaubernd die magischen Momente, sehr komisch so manch originelle Einfälle. Die moderne Bühnentechnik, unauffällig in den glanzvoll restaurierten Jugendstilsaal integriert, verhilft zusätzlich dem einen oder anderen Trick zu großer Wirkung. Die Shows wechseln, die Künstler auch, die Linie bleibt.

Chamäleon
Rosenthaler Straße 40/41,
10178 Berlin-Mitte,
Tickets: Tel. 030/400 05 90,
www.chamaeleonberlin.com

TOLERANZ UND VERBRECHEN

Die evangelische Sophienkirche, das katholische St. Hedwig-Krankenhaus und die Jüdische Oberschule sind Nachbarn in der Großen Hamburger Straße und stehen für die sprichwörtliche preußische Toleranz. Früher gab es in der Straße auch einen jüdischen Friedhof, Begräbnisstätte von 1672–1827, und ein jüdisches Altersheim. Von hier aus wurden 1942 von der Gestapo 55 000 Juden in die Deportation und Vernichtung geschickt. 1943 verwüsteten SS-Leute den alten jüdischen Friedhof. 1945 wurde er zum Massengrab für 2500 Menschen, die im Bombenhagel umkamen. Ein alter Grabstein für den jüdischen Gelehrten Moses Mendelssohn (1729–1787), ein paar zerstörte Grabplatten blieben vom Friedhof übrig, der zum stillen Park wurde. Ein Denkmal für die jüdischen Opfer des Naziterrors, eine Kunstinstallation an den Wänden zwischen einem »Missing House« und Informationstafeln erinnern an die Verbrechen und die Opfer.

Große Hamburger Straße zwischen Sophienstraße und Oranienburger Straße

öffnete mit den Hackeschen Höfen in der Spandauer Vorstadt, dem neuen Quartier außerhalb der Stadtmauern in Richtung Spandau, die größte Wohn- und Gewerbehofanlage in Deutschland. In den Höfen arbeiteten Großhandels- und Importfirmen und wurde Konfektionskleidung hergestellt. In den Festsälen gab es Vereinsfeiern, und in den Goldenen Zwanzigerjahren ging es hoch her.

In der DDR wurde die kaum kriegsbeschädigte Anlage vor allem als Lager und Werkstätten genutzt. So wurden im Hof I, wo heute das »Oxymoron« prunkt, Trabi-Autos repariert. Zunehmend verfiel die einstige Pracht. Immerhin wurde das Ensemble auf Drängen der Bewohner 1977 unter Denkmalschutz gestellt. 1997 wurden nach aufwendiger Sanierung die neuen Hackeschen Höfe eröffnet. Seither haben sie nichts von ihrer ursprünglichen Anziehungskraft verloren, obwohl die Kreativen der ersten Stunde längst finanzkräftigeren Mietern weichen mussten.

Durch Hof VI gelangt man zur Sophienstraße. Von Hof V führt eine Passage durch die verschnörkelt-kitschig ausgefallenen »Rosenhöfe« zurück zur Rosenthaler Straße. Mit ihren vielen Kneipen, Bars, Coffeeshops, Restaurants und einem Supermarkt für Selbstverpfleger ist sie die meiste Zeit eine Touristenstaustrecke.

Haus Schwarzenberg

Ein Kontrastprogramm zum glamourösen Umfeld bietet Haus Schwarzenberg in der Rosenthaler Straße 39. Hier sieht es fast noch so aus wie in den frühen 1990er-Jahren. Und das soll auch so bleiben. Dem Verein Schwarzenberg ist es gelungen, sich eine langjährige Mietsicherheit für das Haus zu sichern. In der Galerie »neurotitan« präsentiert

der Verein Kunst abseits vom Mainstream. Im Seitenflügel erinnert die Ausstellung »Stille Helden« an Menschen, die unter dem Naziregime Zivilcourage gezeigt haben. Das Museum Blindenwerkstatt Otto Weidt nebenan zeigt am authentischen Ort, wie Juden mit Hilfe eines dieser stillen Helden im Versteck überleben konnten. Das Anne Frank Zentrum gegenüber erzählt anschaulich mit modernen Medien vor allem Jugendlichen von dem berühmten Fall des Lebens und Überlebens im Verborgenen. Im hintersten Hof zeigt das Kino Central unabhängige Filme, das Café Cinema an der Rosenthaler Straße bewahrt DDR-Charme.

Sophienstraße

Im Vorfeld der 750-Jahrfeier Berlins 1987 ließ Ost-Berlin die heruntergekommenen Häuser in der Sophienstraße zwischen Rosenthaler Straße und Große Hamburger Straße herausputzen. Alt-Berlin war gefragt. Im ältesten Haus von 1750 gibt es im idyllisch-nostalgischen Rahmen der »Restauration Sophien 11« deftige Kleinigkeiten zum Bier und Wein. Die Sophienkirche am anderen Ende der Straße wurde 1717 erbaut, der schlanke barocke Kirchturm stammt von 1730–35.

Oben: Abseits vom Glamour: Hof im Haus Schwarzenberg
Mitte: Modisches für jeden Fuß
Unten: Entspannung unterm Sonnenschirm in den Heckmann-Höfen

Hinter dem schmucken Terrakottaportal mit der Hausnummer 18 liegen die ehemaligen, 1905 errichteten Versammlungs- und Festsäle des Berliner Handwerkervereins. Sie sind heute unter dem Namen »Sophiensæle« bedeutender Produktions- und Spielort für alle Sparten des freien Theaters.

Galerien, Büros und Wohnungen und das für seine eigene Kaffeerösterei berühmte Café »Barcomi« gruppieren sich um die Sophie-Gips-Höfe (Hausnummer 21) zwischen Sophien- und Gipsstraße, ein gelungenes Beispiel dafür, wie sich alte Wohn- und Gewerbegebäude mit Neubauten verbinden lassen. Hier befindet sich die Sammlung Hoffmann, ein privat bewohntes »Museum« der zeitgenössischen Kunst, das samstags Besucher empfängt (nur nach Anmeldung).

Galerienmeile Auguststraße

Kaum anderswo in Berlin haben sich so viele Galerien in einer einzigen Straße niedergelassen. Mit den »KunstWerken«, heute »KW Institute for Contemporary Art«, fing gleich nach dem Mauerfall alles an – in abbruchreifen Gemäuern. Heute verfügen die längst international renommierten KW über Ausstellungsflächen auf fünf Etagen, Künstlerateliers, ein Café mit großer Glasfront und einen zauberhaften Innenhof.

Schräg gegenüber wurde aus der ehemaligen Jüdische Mädchenschule ein Haus für Kunst und Esskultur. Das Sterne-Restaurant »Paulysaal« serviert in der ehemaligen Turnhalle und im Garten, in »Mogg's Deli« gibt es Sandwiches und Salat. Drei Galerien und das Museum »The Kennedys«, das mit Fotos, Dokumenten und Gegenständen des US-amerikanischen Präsidenten an den berühmten »Berliner« erinnert, belegen die oberen Etagen des Gebäudes.

Für jeden ist etwas dabei:
Oben: Ein Lokal reiht sich an das andere.
Mitte: Perlenschmuck und Fahrräder
Unten: Neueste Modetrends

Infos und Adressen

SEHENSWERT

Die Hackeschen Höfe. Ab 22 Uhr werden die Wohnhöfe III–VIII geschlossen. Rosenthaler Straße 40/41 & Sophienstraße 6, 10178 Berlin-Mitte, www.hackesche-hoefe.com

MUSEEN, GALERIEN, THEATER

Ehemalige Jüdische Mädchenschule Berlin. Galerien: Camera Work Contemporary, Mo–Sa 11–20 Uhr. Michael Fuchs Galerie, Di–Sa 11–18 Uhr. Eigen & Art Lab, Di–Sa 11–18 Uhr. Museum The KENNEDYS.
Restaurants: Pauly-Saal und Bar, Mo–Sa 12–15, 18–3 Uhr, paulysaal.com; Mogg's Deli, Mo–Fr ab 8, Sa, So ab 10 Uhr, Auguststraße 11–13, 10117 Berlin, Tel. 030/33 00 60 70, www.moggmogg.com; www.maedchenschule.org

Haus Schwarzenberg. Anne Frank Zentrum. Di–So 10–18 Uhr. Museum Blindenwerkstatt Otto Weidt und Gedenkstätte Stille Helden, täglich 10–20 Uhr. neurotitan shop & gallery, Mo–Sa 12–20, So 14–19 Uhr. Rosenthaler Straße 39, 10178 Berlin-Mitte, www.haus-schwarzenberg.org

KunstWerke. KW Institute for Contemporary Art. Auguststraße 69, 10117 Berlin-Mitte, Tel. 030/243 45 90, www.kw-berlin.de

Sammlung Hoffmann. Führungen samstags zwischen 11 und 16 Uhr nach Anmeldung. Sophienstraße 21, 10178 Berlin-Mitte, Tel. 030/28 49 91 20, www.sammlung-hoffmann.de

SOPHIENSÆLE. Tanz, Performance und experimentelle Theaterformen. Sophienstraße 18, 10178 Berlin-Mitte, Tel. 030/283 52 66, www.sophiensaele.com

ESSEN UND TRINKEN

Oxymoron. Frühstück ab 8.30 Uhr, preiswerter Lunch, saisonale Abendkarte. Hackesche Höfe, Hof 1, Tel. 030/28 39 18 86, www.oxymoron-berlin.de

Clärchens Ballhaus. In den prächtigen Sälen wird seit über 100 Jahren geschwoft; draußen genießt man Biergarten-Flair unter Bäumen. Tägl. ab 11 Uhr, Auguststr. 24, 10117 Berlin-Mitte, Tel. 030/282 92 95, www.ballhaus.de

Restauration Sophien 11. Geöffnet Mi–Sa ab 12, So–Di ab 16 Uhr. Sophienstraße 11, 10178 Berlin-Mitte, Tel. 030/283 21 36

Kneipen am Hackeschen Markt

16 Nikolaiviertel
Berlin von Anfang an!

Wer die frühe Geschichte Berlins entdecken will, muss das Nikolaiviertel erkunden. Das dauert meist länger, als man beim Blick auf die vier Häuserblocks des ältesten Stadtteils Berlins denkt, denn beinahe hinter jedem Haus stecken Fakten, Anekdoten und Überraschungen. Dabei stammen die meisten Bauten aus dem 20. Jahrhundert, der Geschichte geschuldet, wie so vieles in der Hauptstadt.

Das Viertel ist überschaubar: Südwestlich vom Roten Rathaus, eingezwängt zwischen dem breiten Mühlendamm im Süden und der historischen Rathausstraße im Norden, der Spandauer Straße im Osten und der Spree im Westen drängeln sich rund 800 Jahre Geschichte. Das Nikolaiviertel ist ein Freiluftmuseum, das die Geschichte Berlins »Von Anfang an« erzählt. Insgesamt 19 Informationstafeln im Karree liefern Wissenswertes und Kurioses dazu. Und drei Museen des Stadtmuseums helfen darüber hinaus, das Gesehene zu vertiefen: Nikolaikirche, Knoblauchhaus und Ephraim-Palais.

Die Wiege Berlins

Zum Stadtjubiläum 2012 schmückte sich das Nikolaiviertel mit dem Zusatz »Echt Berlin seit 775 Jahren«. 1237 gilt als – urkundlich bezeugtes – Gründungsjahr Berlins. Schon davor hatten sich zu beiden Seiten der Spree Fischer und Händler in den Dörfern Berlin am östlichen und Cölln am westlichen Ufer niedergelassen. Erst 70 Jahre später schlossen sie sich zur Doppelstadt Berlin zusammen. Die 750-Jahrfeier 1987 gab der DDR Anlass, das kriegszerstörte Alt-Berlin um die Nikolaikirche

Unten: Das Kurfürstenhaus mit edler Neorenaissancefassade aus rotem Sandstein stammt aus dem Jahr 1897.

Alt neben Neu: das Nikolaiviertel

rechtzeitig zum Jubiläum wieder aufzu-
bauen. Die neue Altstadt entstand auf
dem originalen Grundriss mit kurzen und
verwinkelten Gassen. Die Häuser wurden be-
wusst als eine Mischung aus Plattenbau und histo-
risierenden Giebeln, aus Rekonstruktion und originalen Versatzstücken realisiert. So ist die »Wiege
Berlins« zwar im Aussehen nicht ganz »echt«, aber
die Geschichten sind spannend.

Nikolaikirche

Älter als die Gründungsurkunde Berlins ist die
Nikolaikirche, die bereits um 1230 als einfache
Feldsteinkirche entstanden ist. Sie wurde mehrmals umgebaut und erweitert und erhielt die charakteristische Doppelspitze der beiden Türme erst
im 19. Jahrhundert. Den Bombensturm im Zweiten Weltkrieg haben weder die Türme noch das
gotische Kirchenschiff aus dem 15. Jahrhundert
überstanden. Nur der Feldsteinunterbau blieb erhalten und wurde mit einem Notdach geschützt.

Zwischen 1980 und 1987 wurde die Nikolaikirche
wieder aufgebaut und dient seither als Ausstellungshaus des Stadtmuseums. Die Dauerausstel-

Geheimtipp

»ZILLE SEIN MILLJÖH«

Mit berlinischer Direktheit
und drastischen Pinselstri-
chen machte Heinrich Zille
(1858–1929) das Berliner »Milljöh«
weltberühmt. Zeichnungen, Fotogra-
fien und Illustrationen erzählen vom
Elend der Zukurzgekommenen und
schildern mit liebevollem Humor ihre
kleinen Freuden. Das Zille-Museum
im Nikolaiviertel gibt einen Überblick
über Leben und Werk des Künstlers.
Das Theater im Nikolaiviertel erweckt
mit einer Revue »Zille sein Milljöh«
zum Leben. Mit scharfem Blick, Zigarre und Zeichenstift beobachtet
der alte Zille als Denkmalfigur (Poststraße 25) das heutige Milljöh.

Zille Museum.
Tägl. 11–18, So 13–18 Uhr,
Propststraße 11, 10178 Berlin-Mitte,
Tel. 030/24 63 25 00,
www.zillemuseum-berlin.de

Theater im Nikolaiviertel.
Nikolaikirchplatz 5–7,
Tel. 030/241 46 35,
www.theater-im-nikolaiviertel.de

STREIFZUG DURCH DIE GESCHICHTE BERLINS

Stammhaus der Stiftung Stadtmuseum Berlin ist das Märkische Museum auf der Südseite der Spree, nicht weit vom Nikolaiviertel entfernt. Schon das märkisch-trutzige Backsteingebäude mit weithin sichtbarem Turm und romantischem Hof ist eine Sehenswürdigkeit. 1908 wurde das Museum mit seinen stimmungsvollen, verschiedenen Epochen nachempfundenen Räumen eröffnet. Die aktuelle Dauerausstellung: »Hier ist Berlin! – Schätze und Geschichte(n) aus der Sammlung des Stadtmuseums« lädt ein zum amüsanten Streifzug durch Berliner Straßen und Stadtviertel. Die Präsentation erzählt am jeweiligen Ort mit Kunstschätzen, Alltagsgegenständen, Fotos, Filmszenen und Dokumenten von Menschen und Ereignissen. Die Szenen fügen sich zu einem Bild, das den Weg von der Doppelstadt Berlin-Cölln aus dem 13. bis zur Metropole des 21. Jahrhunderts nachzeichnet.

Märkisches Museum
Di–So 10–18 Uhr. Am Köllnischen Park 5, 10179 Berlin-Mitte, Tel. 030/24 00 21 62, www.stadtmuseum.de

lung lädt ein zu einem Spaziergang durch acht Jahrhunderte Geschichte. Zu bewundern sind kostbare Kirchenschätze, aufwendig gearbeitete steinerne Grabmale, Grundmauern der Ursprungskirche durch ein archäologisches Fenster, ein Münzschatz, der erst in den 1990er-Jahren entdeckt wurde, steinerne Engelsfiguren, die im Raum schweben und hoch oben Christus am Kreuz. Daneben gibt es auf sieben Themeninseln ganz sachlich, interaktiv, akustisch und visuell Einblicke in die Geschichte des Ortes »Vom Stadtgrund bis zur Doppelspitze«. Besonders interessant ist ein Modell des Nikolaiviertels, an dem man Informationen und historische Bilder zu jedem Gebäude abrufen kann. Unter den Persönlichkeiten, die hier lebten, ist vor allem Paul Gerhardt zu nennen, Dichter der wohl bekanntesten Kirchenlieder und Prediger der Nikolaikirchengemeinde von 1657 bis 1667. Im Eingangsbereich lädt eine interaktive Infostation dazu ein, weitere Angebote des Stadtmuseums im Umkreis zu erkunden.

Häuser erzählen Geschichte(n)

Das stattliche Knoblauchhaus, schräg gegenüber der Kirche, wurde 1759 erbaut und ist das letzte erhaltene bürgerliche Wohnhaus des 18. Jahrhunderts. Es gehörte der wohlhabenden Familie Knoblauch, von denen einige Mitglieder Einfluss auf die Entwicklung Berlins hatten. Heute vermittelt eine Ausstellung des Stadtmuseums im ersten Obergeschoss am Beispiel der früheren Bewohner und mit Möbeln der Epoche in Salon, Bibliothek, Erker- und Eckzimmer einen lebendigen Eindruck von biedermeierlicher Wohnkultur. In der zweiten Etage geben Gebrauchsgegenstände, Kunstobjekte, Bilder und Familiendokumente Einblick in das gesellschaftliche und soziale Umfeld jener Epoche. Geschichten aus dem 18. und dem 20. Jahrhundert erzählt das prachtvolle Ephraim-Palais. Der Besitzer Veitel Heine Ephraim, Bankier, Münzpächter und Hofjuwelier Friedrichs des Großen, wollte seinen Reichtum auch nach außen deutlich machen und ließ sich zwischen 1762 und 1766 ein prächtiges Rokokopalais errichten. Außergewöhnlich waren die elegante Rundung zum Mühlendamm, massive Säulen und filigrane vergoldete Balkongitter. Die »schönste Ecke Berlins« wurde 1936 abgebaut, um den Mühlendamm verbreitern zu können. Nach Kriegsende befanden sich die nummerierten Teile in West-Berlin. Erst eine aufsehenerregende Kulturaustauschaktion zwischen West und Ost in den 1980er-Jahren machte die Rückgabe und damit den Wiederaufbau bis 1987 möglich. Auch das Ephraim-Palais untersteht dem Stadtmuseum, mit Wechselausstellungen zu stadtgeschichtlichen Themen aus Kunst und Kultur.

Nussbaum und Gerichtslaube

Doppelt gemogelt ist die Kneipe »Zum Nussbaum«. Heinrich Zilles Lieblingslokal wurde im Zweiten Weltkrieg zerstört und stand auch nie an diesem Ort, etwas zurückgesetzt im Kreis der Giebelhäuser um die Kirche. Doch die Rekonstruktion nach Originalvorlagen passt gut ins Bild von Alt-Berlin, und gemütlich sind die kleinen Gaststuben und der winzige Biergarten auch.

Ein anderes Wanderschicksal erlebte die mittelalterliche »Gerichtslaube«. Sie stand ursprünglich neben dem alten Rathaus und diente der Gerichtsbarkeit. So wurde in der offenen Halle das Urteil unter den Augen des Volkes gleich vollstreckt. Um 1860 musste das Gebäude dem neuen Rathaus Platz machen. König Wilhelm (später Kaiser Wilhelm I.) ließ die Steine im Schlosspark Babelsberg wieder aufbauen, wo die mittelalterlich anmutende Parkarchitektur noch heute steht. Die Gerichts-

Oben: Gilt als die »schönste Ecke« Berlins«: das Ephraim-Palais.
Unten: Das älteste Gebäude im Viertel ist das Knoblauchhaus.

laube für das gleichnamige Alt-Berliner Restaurant im Nikolaiviertel entstand 1987 neu.

Viele Kneipen und Geschäfte

Verhungern oder verdursten muss keiner im Nikolaiviertel. Die Auswahl unter rund 30 Gastronomiebetrieben reicht von der »Altberliner Weißbierstube« bis zum noblen Ambiente der Goldenen Zwanzigerjahre bei »Reinhard's«, von der »Zille-Stube« bis zur »Zille-Destille«, vom »Chocolatier Fino« bis zu kreativen »Tigertörtchen«. Das gutbürgerliche »Ephraim's« und das anspruchsvolle »Balthazar« teilen sich die beste Lage an der Spree. Und wer es fröhlich und mit Ausblick mag, wählt das Brauhaus Georgbräu am Spreeufer neben dem »Heiligen Georg im Kampf mit dem Drachen«, einer kürzlich aufwendig sanierten Bronzeskulptur von August Kiss, die einst im Schlosshof stand.

Auch wer nach originellen Souvenirs Ausschau hält, findet hier eine große Auswahl. Vom Schmuckdesign bis zum berühmten Erzgebirgischen Weihnachtsschmuck wird vor allem traditionelle und originale Handwerkskunst gepflegt.

GUT ZU WISSEN

TOURISTENATTRAKTION NIKOLAIVIERTEL
Wo viele Touristen sind, werden auch viele Touristen versorgt. Manchmal kommen sie in Reisegruppen und brauchen Platz – das geht eben nur in größeren Restaurants. Einige davon haben sich auch auf Gruppen spezialisiert, was nicht heißt, dass Individualgäste nicht genauso willkommen wären. Nur darf man sich dann über das »touristische Angebot« nicht wundern. Das Nikolaiviertel repräsentiert das »Alte Berlin«. »Alt-Berliner«-Lokale sind zwar in der Überzahl, aber es finden sich auch noch angenehm ruhige Restaurants.

Oben: Die Doppelspitze der Nikolaikirche ist weithin sichtbar; im Vordergrund die Skulptur des Heiligen Georg.
Unten: Die Auswahl an Souvenirs ist groß.

Infos und Adressen

SEHENSWÜRDIGKEITEN

Nikolaiviertel, 10178 Berlin-Mitte, www.nikolaiviertel-berlin.de, http://berlin-nikolaiviertel.com
Die drei folgenden Häuser gehören zur Stiftung Stadtmuseum, 10178 Berlin-Mitte,
Tel. 030/24 00 21 62, www.stadtmuseum.de
Ephraim-Palais. Di–So 10–18 Uhr. Poststraße 16
Knoblauchhaus. Di, Do–So 10–18. Poststraße 23, www.knoblauchhaus.de
Nikolaikirche. Täglich 10–18 Uhr. Nikolaikirchplatz

Hanf Museum Berlin. Di–Fr 10–20, Sa–So 12–20 Uhr. Zu (Kultur-)Geschichte und Nutzen der umstrittenen Pflanze. Mühlendamm 5, 10178 Berlin-Mitte, www.hanfmuseum.de

ESSEN UND TRINKEN

Balthazar 2. Stilvoll-elegantes Restaurant mit großer Terrasse am Spreeufer. Küchenchef Holger Zurbrüggen setzt auf deutsche Klassiker und asiatische Inspirationen. Preiswerter Business-Lunch. Geöffnet täglich 12–22 Uhr, Spreeufer 2, 10178 Berlin-Mitte, Tel. 030/30 88 21 56, www.balthazar-spreeufer.de

Reinhard's. Ambitionierte Küche mit französischem Akzent; schöne Atmosphäre. Täglich ab 9 Uhr. Poststraße 28, 10178 Berlin-Mitte, Tel. 030/242 52 95, www.reinhards.de

Tigertörtchen Café. Minikuchen süß oder herzhaft. Mittwoch Ruhetag. Spandauer Straße 25, 10178 Berlin-Mitte, Tel. 030/67 96 90 51, www.tigertörtchen.de

Zur Gerichtslaube. Berliner Küche mit saisonalen Variationen. Poststraße 28, 10178 Berlin-Mitte, Tel. 030/241 56 98, www.gerichtslaube.de

EINKAUFEN

Erzgebirgischer Weihnachtsmarkt Berlin. Traditionelles Kunsthandwerk und Holzspielzeug, nicht nur für Weihnachten. Propststraße 8, 10178 Berlin-Mitte

German Desing. Von Kuckucksuhren bis Trachtenpuppen, von Bierkrügen bis Zinnsoldaten: Traditionelle und moderne Souvenirs und Geschenkartikel von Manufakturen aus ganz Deutschland. Täglich 11–19 Uhr, Rathausstr. 17, 10178 Berlin, www.german-design-berlin.de

Schmuck & Kunsthandwerk Berlin. Individuelle Kreationen aus bunten und glitzernden Steinen. Am Nussbaum 8, 10178 Berlin-Mitte, Tel. 030/30 88 16 47, www.kunsthandwerk-nikolaiviertel.de

Puppenstube im Nikolaiviertel. Künstlerpuppen und Spielpuppen, nostalgisch und modern. Mo–So 10–18.30 Uhr, Propststraße 4A, 10178 Berlin, www.puppen1.de

VERANSTALTUNGEN

Berliner Bücherfestival im Juni, Nikolai-Festspiele – Historische Altstadtfestspiele im August, Märchenmarkt im November. Veranstaltungskalender unter: www.berlin-nikolaiviertel.com

Zille mit Zigarre und Zylinder

17 Am Alexanderplatz
In der Mitte der Stadt

Und mittendrin der Fernsehturm: Berlins höchstes Bauwerk überragt alles und ist aus allen Himmelsrichtungen ein guter Orientierungspunkt und Wegweiser in die Mitte der Stadt. Zu seinen Füßen finden sich weitere Highlights: das Rote Rathaus, die St. Marienkirche, ein Hochhaushotel, viele Einkaufsmöglichkeiten und zwei große Plätze: Einer davon ist der Alexanderplatz.

Der Alexanderplatz erstreckt sich nordöstlich des gleichnamigen Bahnhofs und wird im Norden begrenzt von der großen Kreuzung Karl-Liebknecht-/Alexanderstraße. Die Hochausblöcke jenseits der breiten Alexanderstraße zählen noch dazu. Nach Süden findet der Platz, unterbrochen durch die Grunerstraße, eine Verlängerung im riesigen Einkaufszentrum Alexa, das mit seinen umstrittenen rosafarbenen Fassaden nicht zu übersehen ist.

Nördlich gegenüber liegt der flache Kuppelbau der ehemaligen Kongresshalle neben dem zwölfgeschossigen »Haus des Lehrers«, beide als architektonische Einheit von Hermann Henselmann entworfen. Der Direktor der Bauakademie (Ost) war auch am Bau der Stalinallee (heute Karl-Marx-Allee) und am Fernsehturm beteiligt. Das heutige Berliner Congress Center (bcc) hat nach technischer Modernisierung den 1960er-Jahre-Look zurückerhalten. Über die Geschichte des Komplexes informiert eine kleine Ausstellung im Haus des Lehrers. Der an der Außenwand umlaufende Bildfries über »Unser Leben« stammt von Walter Womacka, der auch den bunt emaillierten »Brunnen der Völkerfreundschaft« mitten auf dem Alexanderplatz schuf.

Unten: Der Fernsehturm im Lichterglanz des Festival of Lights

Am Alexanderplatz

Einfach gut!

Ein weiteres Kunstwerk und ein technisches Meisterstück aus DDR-Zeiten ist die »Weltzeituhr«. Auf einer Säule dreht sich ein in 24 Felder unterteilter Zylinder, in dem die Namen von Städten in den jeweiligen Zeitzonen eingraviert sind. Darüber rotiert ein Modell des Planetensystems. Mit Blick auf die Uhrzeit in Städten der Welt, von deren Besuch DDR-Bürger nur träumen konnten, verabredete man sich. Ein Treffpunkt, an dem man sich nicht verfehlen kann, ist die Uhr noch immer.

Die Uhr steht vor dem Alexanderhaus, wie auch das benachbarte Berolinahaus, um 1930 erbaut von Peter Behrens, der vor allem mit Industriebauten und Wohndesign bekannt wurde. Seine beiden sehr sachlich-funktionalen Geschäftshäuser haben als einzige Gebäude die Kriegszerstörungen am Alexanderplatz überstanden. Alle anderen Bauten entstanden zwischen 1967 und 1973. Stolze 123 Meter hoch erhebt sich das außen und innen neu gestaltete Hotel »Park Inn«, das 1970 als Interhotel »Stadt Berlin« eröffnet wurde und das Europa-Center, das Konkurrenz-Hochhaus im Westen, um 40 Meter überragte. Das sozialistische Vorzeigezentrum erlebte seine größte Aufmerksamkeit, als hier am 4. November 1989 Geschichte geschrieben wurde. Hunderttausende Menschen versammelten sich auf dem Alexanderplatz bei der größten Demonstration gegen das DDR-Regime. Es war der letzte Höhepunkt der friedlichen Revolution: Fünf Tage später fiel die Mauer.

Verkehrsknoten Alexanderplatz

Oben die Regionalbahn und die S-Bahn, unten drei U-Bahnlinien, auf Straßenniveau kommen mehrere Tramlinien sowie an den breiten Durchgangsstraßen weitere Buslinien hinzu: Vom »Alex« aus ist ganz Berlin zu erreichen. Die meisten der

HOCH HINAUS

Nur zum Fernsehturm muss man noch aufblicken, das ganze übrige Berlin liegt einem zu Füßen. Das Hotel Park Inn, 123 Meter über dem Alexanderplatz, hat die höchst gelegene Dachterrasse Berlins und ist nicht den Hotelgästen vorbehalten. Liegestühle und Barservice sind weitere Pluspunkte. Obwohl die Terrasse klein ist und nicht allzu viele Menschen gleichzeitig zugelassen werden, kommt fast jeder mal dran, denn in dieser Höhe weht der Wind meist recht kräftig, was nicht zum Daueraufenthalt führt. Aber um eine Zeit lang den Panoramablick über Dächer, Kuppeln, Türme hinweg bis weit in den Westen der Stadt zu genießen, dafür lohnt die Auffahrt mit dem Fahrstuhl plus ein paar Extra-Stufen auf jeden Fall. Mutige können sogar den »freien Fall« üben (Base Flying, Seite 113).

Hotel Park Inn
am Alexanderplatz, 39. Etage, täglich ab 15 Uhr, wetterabhängig

BERLIN IM MINIATURFORMAT

Man muss nicht Kind oder Modelleisenbahnfan sein, um beim Anblick dieser wirklich riesigen Anlage erst einmal zu staunen und dann begeistert zu sein. Auf fast 1000 Quadratmetern breiten sich die Highlights von Berlin aus. Nahezu alle markanten Gebäude sind maßstabsgerecht und überaus detailreich im Miniaturformat (1:1,87) nachgebaut: Fernsehturm und Alexanderplatz, Rotes Rathaus, natürlich auch das Alexa, in dem sich das LOXX in der obersten Etage befindet, Berliner Dom, Brandenburger Tor, Reichstag und Regierungsviertel, Hauptbahnhof, Tiergarten mit Siegessäule, Gedächtniskirche und Zoo. Touristen können sich hier leicht einen Überblick zu Berlin verschaffen und dabei überprüfen, was ihnen in ihrem individuellen Sightseeing-Programm noch fehlt. Natürlich fahren alle ICE-Züge und S-Bahnen, bewegen sich Autos, Busse und Lastwagen, starten und landen Flugzeuge. Und es vergehen Tage und Nächte, mit Sonnenschein und Gewitter – wirklich spektakulär, leider nicht ganz billig, denn viele Spezialisten sind beteiligt, diese Stadt in Bewegung zu halten.

Loxx am Alex
Miniatur Welten Berlin im ALEXA-Einkaufszentrum. Täglich 10–20 Uhr. Grunerstraße 20, (Eingang auch Ecke Dircksen-/Voltairestraße), 10179 Berlin-Mitte, Tel. 030/44 72 30 22, www.loxx-berlin.de

350 000 Menschen, die hier täglich den Platz überqueren, eilen denn auch zur nächsten Umsteigemöglichkeit oder in eines der Geschäfte. Und so ist der Alexanderplatz wohl der meist frequentierte, der schönste Platz Berlins ist er sicher nicht. Um die Aufenthaltsqualität für die Besucher zu steigern, werden immer wieder Anlässe für Feste und Märkte geschaffen, vom Ostermarkt über das Oktoberfest bis zum Weihnachtsmarkt, mit Livebands und Attraktionen für Kinder. Originell ist das Straßentheaterfestival im Sommer.

Berlins vergessene Mitte

Unter der Stadtbahn-Trasse hindurch Richtung Südwesten gelangt man auf den großen namenlosen Platz zwischen Karl-Liebknecht-Straße und Rathausstraße, von dem aus der Fernsehturm inklusive Antenne 368 Meter hoch in den Himmel strebt. Unter dem Pflaster und den angrenzenden Grünanlagen liegt das alte Berlin begraben. Schon seit den 1840er-Jahren wurde der dicht bebaute historische Stadtkern immer wieder verändert, Altes eingerissen und Neues gebaut. Schließlich wurden im Zweiten Weltkrieg große Bereiche der Innenstadt zerstört und der Rest im Sozialismus – bis auf wenige Gebäude – abgeräumt.

Fernsehturm

Eine atemberaubende Aussicht auf ganz Berlin und bei klarer Sicht in weite Ferne hat man aus der glitzernden Kugel des Fernsehturms. Hinauf geht es – Wartezeit am Ticketcounter und am Einlass nicht mitgerechnet – in 40 Sekunden. In 203 Metern Höhe liegt die Panoramaetage. 60 Informationstafeln entlang der Brüstung helfen beim Identifizieren der Sehenswürdigkeiten tief unten. Anschließend kann man sich bei einem

Am Alexanderplatz

Kaffee oder Drink an der Bar entspannen. Wer im
vier Meter höher gelegenen Drehrestaurant Berlin
im Miniaturformat unter sich vorbeiziehen lassen
möchte – je nach Einstellung in 30 bis 60 Minuten – sollte auf jeden Fall vorher reservieren.

Sankt Marienkirche

Von oben wirkt sie wie verloren auf dem weiten
Platz, von unten behauptet sie sich am Rand der
Karl-Liebknecht-Straße: Die St. Marienkirche,
1270 geweiht, ist eine der ältesten Kirchen Berlins
und die einzige, in der noch Gottesdienste gefeiert werden. Ihr heutiges Aussehen erhielt sie im
17. und 18. Jahrhundert. Im Inneren versammelt
sie Kunstwerke aus 400 Jahren. Herausragende
Schätze sind die Marmorkanzel aus dem Jahr
1703 von Andreas Schlüter, ein Bronzetaufbecken
von 1437 und vor allem das über 20 Meter lange
Fresko »Der Totentanz« aus dem 15. Jahrhundert.
Die Malereien in der Eingangshalle werden durch
Glaswände geschützt. Neu ist die prächtige Orgel,
ein Nachbau des 300 Jahre alten Originals.

Rotes Rathaus

Höher als das Schloss der Hohenzollern-Könige
sollte das Rathaus werden, das die Berliner Bürger
1861–69, zur Regierungszeit Königs Wilhelm I. (ab
1871 deutscher Kaiser), nach Plänen des Königlich-
Preußischen Baurats Hermann Friedrich Waese-
mann aus roten Klinkersteinen errichten ließen.
Der mächtige Turm erreicht stattliche 74 Meter.
Vier Flügel, drei Innenhöfe, 99 Meter Länge, 88
Meter Breite sind weitere Eckdaten des fast mittelalterlich anmutenden Bauwerks. Der umlaufende
Terrakottafries schildert auf 36 Tafeln Szenen aus
der Geschichte Berlins. Seit 1991 ist das Rote Rathaus Amtssitz des Regierenden Bürgermeisters und
des Senats von Berlin.

Oben: Die St. Marienkirche ist eine
der ältesten Kirchen der Stadt. Sie
wurde 1292 erstmals urkundlich
erwähnt.
Mitte: Wem die Stunde schlägt:
Treffpunkt Weltzeituhr
Unten: Überragt viele Hochhäuser:
der Turm des Roten Rathauses

Infos und Adressen

SEHENSWÜRDIGKEITEN

Rotes Rathaus. Besichtigungen: Mo–Fr 9–18 Uhr (Einschränkungen bei offiziellen Veranstaltungen). Sehenswert: Ausstellung »Berlin in Gips« im Säulensaal. Rathausstraße, 10178 Berlin-Mitte, Tel. 030/90 26 24 11

Fernsehturm. März–Okt. täglich 9–24, Nov.–Feb. täglich 10–24 Uhr. Panoramastraße 1, 10178 Berlin-Mitte, verschiedene Ticketvarianten, www.tv-turm.de

Innenansicht der St. Marienkirche

Heilig-Geist-Kapelle. Der Hörsaal der Wirtschaftswissenschaftlichen Fakultät der Humboldt-Universität ist das älteste in der Gesamtheit erhaltene Gebäude im historischen Stadtkern Berlins und ein außerordentliches Baudenkmal. Besichtigung nur donnerstags 12–13 Uhr. Spandauer Straße 1, 10178 Berlin-Mitte

Rosenstraße. Ein Denkmal von Ingeborg Hunzinger, 1995 eingeweiht, erinnert an den Protest nicht-jüdischer Frauen 1943, denen es gelang, ihre inhaftierten jüdischen Männer vor der Deportation zu bewahren. Texte und Fotos an einer Litfaßsäule liefern die Information dazu.

St. Marienkirche. Täglich 10–18 Uhr (außer während Gottesdiensten). Karl-Liebknecht-Straße 8, 10178 Berlin-Mitte, Tel. 030/242 44 67, www.marienkirche-berlin.de

ESSEN UND TRINKEN

Galeria Kaufhof. Kochstationen in der Lebensmittelabteilung und angenehme Cafetería in der 5. Etage.

Spagos. Restaurant, Bar & Lounge. Der Küchenstil nennt sich euro-kalifornisch, das Ambiente ist lifestyle-lässig. Im Hotel Park Inn Berlin-Alexanderplatz. Alexanderplatz 7, 10178 Berlin-Mitte, Tel. 030/238 90, www.spagos.de

ÜBERNACHTEN

H2 Hotel Berlin-Alexanderplatz. Einfach, aber alles da, und dafür günstig; auch 4-Bett-Zimmer. Karl-Liebknecht-Straße 32a, 10178 Berlin-Mitte, Tel. 030/24 08 80 10, www.h2-hotels.de

Leonardo Royal Hotel Berlin. Original Art Deco in der großzügigen Lobby mit Bar, zeitgemäßes Design in den 345 Zimmern; einige sind speziell für Frauen als »woman-friendly-room« ausgestattet. Wellnessbereich über den Dächern von Berlin. Ausgezeichnetes Restaurant »Vitruv«. Zwei Straßenbahnstationen vom Alexanderplatz entfernt, dicht am Volkspark Friedrichshain. Otto-Braun-Straße 90, 10249 Berlin-Friedrichshain, Tel. 030/755 43 00, www.leonardo-hotels.de

Lux 11 Berlin-Mitte. Design und Luxus edel vereint. Rosa-Luxemburg-Straße 9–13, 10178 Berlin-Mitte, Tel. 030/478 16 56, www.lux-eleven.com

Park Inn by Radisson Berlin Alexanderplatz. Zimmer mit »Mehrblick« haben die beste Aussicht. Die relativ kleinen Standardzimmer sind geschickt gestaltet; modernes Design. Alexanderplatz 7, 10178 Berlin, Tel. 030/238 90, berlin.hotel@rezidorparkinn.com, www.parkinn-berlin.de

THEATER

Volksbühne am Rosa-Luxemburg-Platz. Intendantenwechsel 2017: Auf Frank Castorf folgt Chris Dercon mit neuem Konzept. Das Haus wurde nach einem Entwurf von Oskar Kaufmann 1913 für die Volksbühnenbewegung (»Die Kunst dem Volke«) erbaut und nach dem Krieg in vereinfachter Form wiederaufgebaut. Rosa-Luxemburg-Platz, 10178 Berlin-Mitte, Tel. 030/24 06 55, www.volksbuehne-berlin.de

THEATERKARTEN

HEKTICKET am Alex. Am Tag der Aufführung gibt es ermäßigte Karten für Theater, Shows, Konzerte (bis zu 50 Prozent). HEKTICKET Büro Alexanderstr. 1, 1. OG links, 10178 Berlin-Mitte, Tel. 030/230 99 30, Mo–Fr 10.30–19 Uhr, Buchung auch online: www.hekticket.de

EINKAUFEN

Alexa. Mit 180 Geschäften eines der größten Einkaufszentren in Berlin; zahlreiche Imbissangebote. Grunerstraße 20, 10179 Berlin

Galeria Kaufhof. Klassisches Kaufhaus mit großer Mode- und einladender Lebensmittelabteilung. Direkt am Alexanderplatz

AKTIV

Base Flying. Für Mutige: Bungee war gestern: Base Flying ist der neueste Kick! Angeseilt an eine Spezialkonstruktion stürzt bzw. fliegt man 98 Meter vom Dach des Park Inn Hotel in die Tiefe, automatisch abgebremst auf einem Zwischendach. Wem dieser Nervenkitzel nicht reicht; Base Flying gibt es auch bei Nacht! April–Nov. Fr 15–23, Sa 12–21, So 11–17, Feiertags 12–21 Uhr Tel. 089/70 80 90 10, www.jochen-schweizer.de

Fat Tire Bike Rentals. Fahrradverleih am Fuß des Fernsehturms (zur Rathausstraße), mit Internetcafé und Souvenirshop. Filiale im S-Bahnhof Zoologischer Garten. Panorama Straße 1a, 10178 Berlin-Mitte, Tel. 030/24 04 79 91, www.fahrradverleihberlin.com

Die roten Klinkersteine gaben dem Rathaus seinen Beinamen.

18 Prenzlauer Berg
Das Ausgehviertel am Tag entdecken

Szeneviertel: Das Etikett klebt an Prenzlauer Berg, und was Kneipendichte und kulturelle Vielfalt angeht, trifft das auch zu. Aber Prenzlauer Berg, der südlichste und kleinste Teil des Großbezirks Pankow im Norden Berlins, hat neben dem abwechslungsreichen Nachtleben auch am Tag viel zu bieten. Das entdeckt man bei einem Spaziergang oder man nimmt Platz in einem Straßencafé und lässt das Prenzlauer-Berg-Leben an sich vorüberziehen.

Prenzlauer Berg erstreckt sich von der Torstraße im Süden bis zur Bornholmer Straße im Norden und breitet sich von Westen nach Osten wie ein Fächer zwischen den Bezirken Mitte und Friedrichshain aus. Im Norden schließt sich der große Rest des Bezirks Pankow an. Epizentrum des Stadtteils ist die Gegend um den Kollwitzplatz.

Kollwitzplatz

Rund um den begrünten Platz und in den angrenzenden Straßen gibt es zahlreiche Cafés und Restaurants, die beim ersten Sonnenstrahl Tische und Stühle auf den Bürgersteig stellen. Auch angesagte Bars, Szenekneipen und die angeblich letzten Clubs finden sich im Umkreis und jede Menge schicker Läden. Design, Mode und andere Produkte »mit Kultcharakter« scheinen am besten zu gehen.

Oben: Cafès gibt es im Prenzlauer Berg für jeden Geschmack.
Unten: Eingang zum Frannz Club in der Kulturbrauerei

Kollwitzplatz und Kollwitzstraße sind nach Käthe Kollwitz (1867–1945) benannt, die mehr als 50 Jahre lang mit ihrem Mann, einem Armenarzt, im Kiez lebte. Ein Denkmal für die sozial engagierte

Künstlerin steht mitten auf dem drei-
eckigen Kollwitzplatz. Der Bildhauer
Gustav Seitz hat es um 1960 nach einem
ihrer Selbstporträts geschaffen. Kinder
klettern der Bronzefigur gern auf den Schoß
und toben sich auf dem Spielplatz aus. Prenzlauer
Berg gilt als kinderreichster (Teil-)Bezirk Berlins.
Spielplätze sind deshalb reichlich vorhanden.

Park am Wasserturm

Spielplätze und ein paar Sportmöglichkeiten gibt
es rund um den ehemaligen Windmühlenberg im
schön angelegten Park am Wasserturm. Bänke laden
oben auf dem Plateau zur Pause ein. Zwei Türme,
der eine schlank und hoch aufragend, der andere
plump und doch 30 Meter hoch, dienten mit dem
Wasserspeicher unter dem Berg fast 100 Jahre der
Wasserversorgung. Der Turm an der Knaackstraße,
der »dicke Hermann«, der seit Langem Wohnungen
beherbergt, ist Wahrzeichen von Prenzlauer Berg
und ein Mahnmal nationalsozialistischer Verbrechen. 1933–1935 wurden hier in einer Maschinen-
halle Menschen gefoltert und ermordet.

Geheimtipp

PRENZLAUER BERG MIX

Von Klassik Open-Air bis
zum Soda Club und dem
Frannz Club, vom Tanzstudio bis
zum Theater Ramba Zamba, von
Gala-Events bis zum Biergarten:
Wo bis 1967 in der größten Brauerei
Deutschlands Bier gebraut wurde –
Prenzlauer Berg war Hochburg der
Berliner Brauereien –, kann man heute
ein abwechslungsreiches Kulturprogramm erleben. Die Veranstaltungs-
orte heißen Kesselhaus, Maschinenhaus, Alte Kantine oder Pferdestall.
Auch Büros und Geschäfte haben
hier Quartier bezogen. Das Industrie-
denkmal wurde aufwendig saniert,
vielleicht ein bisschen zu »sauber«,
aber das ist Prenzlauer Berg heute.

KulturBrauerei
Eingänge: Knaackstraße 97, Sredzki-
straße 1, Schönhauser Allee 36,
Tel. 030/44 31 51 52,
www.kulturbrauerei.de

Rundgang im Viertel

A Pfefferberg. Die erste Brauerei gründete der bayerische Braumeister Joseph Pfeffer 1841 auf der Anhöhe vor dem Schönhauser Tor. Heute Galerien, Restaurants, diverse Kulturveranstaltungen.

B Jüdischer Friedhof. Zwischen 1827 und 1880 gab es mehr als 20 000 Begräbnisse; einige Grabsteine sind im Lapidarium zusammengestellt.

C Judengang. Hinter dem Tor mit zwei Davidsternen (Durchblick) liegt der Zugang (nicht immer geöffnet).

D Park am Wasserturm. Der »dicke Heinrich« war von 1877 bis 1952 in Betrieb. Der Verein »Berliner Riesling.de« führt einmal im Monat über das Gelände und durch die Katakomben.

E Synagoge Rykestraße. Die alte Pracht des »Friedentempels« ist seit 2007 wiederhergestellt.

F Kollwitzplatz. Zentrum des Prenzlauer-Berg-Lebens

G Husemann-/Sredzkistraße. Bereits 1987 zur 750-Jahrfeier Berlins restauriert als nostalgisches Freiluftmuseum à la 1900, mit der »Restauration 1900«, mit alten Straßenschildern und Gaslaternen geschmückt.

H KulturBrauerei. Kulturzentrum in einer ehemaligen Brauerei; interessante Architektur.

I Helmholtzplatz. Für den Bau der Mietskasernen von Prenzlauer Berg wurden hier die Ziegel gebrannt. Zahlreiche Restaurants und Bars um den Platz; in der Mitte Spielplätze und Bänke.

J Gethsemanekirche. Im Herbst 1989 ein Brennpunkt und Symbol der Friedlichen Revolution. Eine Stele davor informiert über die Ereignisse.

K Kastanienallee und Oderberger Straße. Auch hier tobt das Prenzlauer-Berg-Leben mit Cafés, Bars und vielen (Mode-)Geschäften. Die ehemalige »Volksbadeanstalt« im heutigen Hotel »Oderberger« ist öffentlich zugänglich.

L Mauerpark. Treffpunkt der Alternativen, Spaß, Spiel, Flohmarkt und Karaoke (sonntags, unregelmäßig).

Der Wasserturm ist das Wahrzeichen von Prenzlauer Berg.

Nicht verpassen

TREFFPUNKT WOCHENMARKT

Zweimal ist Markttag am Kollwitzplatz: Donnerstags heißt er Öko-Markt, samstags Wochenmarkt. Eine bunte Mischung gibt es an beiden Tagen. Neben Bio-Brot sowie Obst und Gemüse aus ökologischem Anbau, bevorzugt von Brandenburger Bauern, findet sich auch viel Selbstgemachtes aus der Küche oder der Kreativwerkstatt. Vor allem samstags wird der Markt zum kulinarischen Treffpunkt. An den Ständen wird nicht nur für den heimischen Herd verkauft, vieles kann man frisch zubereitet gleich verzehren oder in kleinen Häppchen probieren: italienischer Käse, französische Salami, türkische Bauernküche, frische Pasta … Als Geschenke oder Souvenirs bieten sich modische Accessoires wie Handtaschen, Hüte und Schals an oder bunte Kerzen, duftende Seifen und fantasievoller Schmuck.

Wochenmarkt.
Kollwitzplatz,
Do 12–19, Sa 9–16 Uhr

Jüdisches Leben

Mit Platz für 2000 Gläubige war die 1904 erbaute Synagoge in der Rykestraße die größte in Berlin. Nach Reparaturen 1953 war sie die einzige Synagoge der Jüdischen Gemeinde in Ost-Berlin. Das neoromanische Gotteshaus im Hinterhof eines märkischen Backsteinbaus wurde nach aufwendiger Sanierung 2007 wiedereröffnet, ist aber nur zu Gottesdiensten und Veranstaltungen zugänglich. Die baumlose Rykestraße gibt den Blick frei auf schön restaurierte Fassaden der Bürgerhäuser.

Jüdischer Friedhof

Nach Stilllegung des Jüdischen Friedhofs in der Großen Hamburger Straße 1827 wurde der Friedhof an der Schönhauser Allee zur Begräbnisstätte u. a. für den Komponisten Giacomo Meyerbeer (1864) und den Maler Max Liebermann (1935). Eine Besonderheit ist der Judengang zwischen Senefelder Platz und Kollwitzplatz. Man erkennt den Zugang an den Davidsternen am Tor. Es heißt, er wurde auf Wunsch des preußischen Königs Friedrich Wilhelm III. angelegt, der bei seinen Kutschfahrten zum Schloss Schönhausen keinen armen Leichenzügen begegnen wollte.

Infos und Adressen

SEHENSWÜRDIGKEITEN

Jüdischer Friedhof. Mo–Do 8–16, Fr 7.30–14 Uhr. Schönhauser Allee 22, 10435 Berlin-Prenzlauer Berg

Museum in der Kulturbrauerei. Dauerausstellung zum Alltag in der DDR. Di–So 10–18, Do bis 20 Uhr. Knaackstraße 97, 10435 Berlin, www.hdg.de

Museum Pankow. Dauerausstellung: Der Prenzlauer Berg vor, während und nach dem Mauerfall. Di–So 10–18 Uhr. Prenzlauer Allee 227–228, 10405 Berlin, Tel.030/902 95 39 17, www.berlin.de/ba-pankow/museumsverbund

ESSEN & TRINKEN

Konnopke's Imbiß. Im Wettbewerb um die beste Currywurst ganz vorne. Schönhauser Allee 44 B, 10435 Berlin-Prenzlauer Berg, U-Bhf. Eberswalder Straße

PraterGarten. Traditionelle Ausflugsgaststätte mit regionaler Küche. Mo–Sa ab 18, So ab 12, Biergarten April–Sept. tägl. ab 12 Uhr. Kastanienallee 7–9, 10435 Berlin-Prenzlauer Berg, Tel. 030/448 56 88, www.pratergarten.de

ÜBERNACHTEN

ackselhaus & blue home. Belforter Straße 21, 10405 Berlin-Prenzlauer Berg, Tel. 030/44 33 76 33, www.ackselhaus.de

Das Denkmal für die Künstlerin Käthe Kollwitz

Die restaurierte Synagoge in der Rykestraße

Myer's Hotel. Künstler lieben die edle Ausstattung im großbürgerlichen Stil. Idyllischer Innenhof. Metzer Straße 26, 10405 Berlin-Prenzlauer Berg, Tel. 030/44 01 40, www.myershotel.de

Hotel Oderberger. Das ehemalige Stadtbad wurde aufwendig saniert. Modernes Design trifft auf Patina aus 100 Jahren Nutzungsgeschichte. Mit 20-Meter-Pool in spektakulärer Halle, Bar und Restaurant. Oderberger Str. 57, 10435 Berlin-Prenzlauer Berg, Tel. 030/780 08 97 60, www.hotel-oderberger.berlin

AKTIVITÄTEN

Berlin on bike. Geführte Thementouren durch Berlin oder einfach nur ein Fahrrad mieten. KulturBrauerei Hof 4, Knaackstraße 97, 10435 Berlin-Prenzlauer Berg, Tel. 030/43 73 99 99, www.berlinonbike.de

INFORMATION

Tourist Information Center tic. Täglich 11–19 Uhr. Maschinenhaus in der Kulturbrauerei, Tel. 030/44 35 21 70, www.tic-berlin.de

WOHNEN
in Berlin

Auf kleinem Grundriss hoch hinaus: »Berlin Townhouses« am Friedrichswerder

Berlin ist international angesagt – bei Touristen, Studenten, Künstlern, Kreativen, Start-up-Unternehmen und auch Investoren. Das hat zur Folge, dass die Mieten steigen und angestammte Bewohner aus ihren Kiezen in der Innenstadt verdrängt werden. Die Gentrifizierung ist längst angekommen. Doch die Stadt ist ständig in Bewegung und Berlin erfindet sich immer wieder neu.

Ob Prenzlauer Berg oder Mitte, ob Kreuzberg-Friedrichshain oder auch Neukölln: Überall wird Berlin »schönsaniert«. Aus heruntergekommen Altbauten werden hochwertige Eigentumswohnungen, verlassene Fabriketagen verwandeln sich in schicke Lofts. Erfolgreiche Modelabels und Luxusrestaurants übernehmen die Ladenflächen von Kiezkneipen und Nachbarschaftscafés. Wo über Jahrzehnte Baulücken waren, schießen Neubauten in die Höhe, im gehobenen Sektor, versteht sich. Die Nachfrage nach Luxuswohnungen ist groß und die Branche boomt.

Ein Beispiel, wie sich die Stadt verändert hat, ist Prenzlauer Berg. Nach der Gründung des Deutschen Reichs im Jahr 1871 boomte Berlin. Die Industrie brauchte immer größere Flächen und immer mehr Arbeiter. Für sie wurden enge Wohnungen in dunklen Hinterhöfen – die typischen Berliner Mietskasernen – errichtet. In den repräsentativen Vorderhäusern wohnten Offiziere und Beamte, in den Hinterhöfen die einfachen Leute. Während nach dem Krieg die DDR an anderer Stelle aufbaute, zogen junge Menschen, Künstler, Unangepasste in die vernachlässigten Häuser im größten Berliner Gründerzeitgebiet – und verhinderten dadurch dessen Abriss.

Hier traf sich die Prenzlauer-Berg-Bohème, hier entstanden mit Hilfe der Kirche Nischen der Opposition. Dass auch Stasi-Spitzel bei geheimen Treffen dabei waren, wurde erst später deutlich. Dennoch nahm die friedliche Revolution von 1989 in Prenzlauer Berg ihren Anfang. Nach dem Mauerfall kamen die Alteigentümer und Investoren. Die ursprünglichen Bewohner machten unfreiwillig ihre Wohnungen frei. Rund 80 Prozent der Bewohner, so sagt es die Statistik, sind erst nach dem Mauerfall zugezogen: erfolgreiche Jungunternehmer, Besserverdienende, etablierte Künstler und viele junge Familien. Statt Clubs und Partyszene dominieren in Prenzlauer Berg jetzt Ökomärkte und Kinder-Yoga. Das »Bionade-Biedermeier« ist angebrochen.

Das Partyvolk, gefolgt von feierfreudigen Touristen, zog weiter nach Kreuzberg-Friedrichshain und Neukölln. Für einige der gefragten Kieze in »Kreuzkölln«, an der Grenze zwischen Kreuzberg und Neukölln, soll eine Milieuschutzverordnung Umwandlungen verhindern.

Inzwischen sind der Wedding und Moabit für die alternative Kulturszene im Kommen. Und die Kultur ist meist Vorreiter für weitere Entwicklungen. Was das Wohnen betrifft, so sind die vergleichsweise günstigen Plattenbauten aus DDR-Zeiten in den etwas entfernter gelegenen Stadtteilen Lichtenberg und Marzahn-Hellersdorf, energetisch saniert und mit fröhlich bunten Fassaden versehen, bei Mietern inzwischen sehr gefragt.

19 Gedenkstätte Berliner Mauer
Leben mit der Grenze

»Die Mauer muss weg!« Es regte sich kaum Widerspruch, als im Überschwang der Emotionen bald nach dem Mauerfall vom 9. November 1989 beschlossen wurde, die Grenzanlagen zwischen den beiden Teilen der Stadt und um West-Berlin herum vollständig zu beseitigen. Ende 1990 war – fast – nichts mehr übrig von der »Schandmauer«, wie die Berliner Mauer im Westen genannt wurde, und vom »antifaschistischen Schutzwall« der DDR-Propaganda.

Doch kaum war die Mauer weg, fiel auf: Wir brauchen Orte des Gedenkens an die Opfer, Orte des Mahnens, damit sich dieser Terror nicht wiederholt, und Orte der Erinnerung an die Teilung der Stadt, die nun Geschichte war. Immer mehr Menschen wollten wissen: Wo stand eigentlich die Mauer und wie war das tägliche Leben mit ihr?

Umfassend gibt die zentrale Gedenkstätte Berliner Mauer in der Bernauer Straße in Mitte zu diesem einzigartigen Kapitel der Berliner Geschichte Auskunft und zugleich anschaulich Einblicke, wie das Unterdrückungssystem Mauer funktionierte.

Erinnerungslandschaft

Mitte und unten: Das »Fenster des Gedenkens« und schlichte Holzkreuze erinnern an die Menschen, die bei Fluchtversuchen ums Leben kamen.

2011, zum 50. Jahrestag des Mauerbaus, wurden neu gestaltete Außenanlagen eröffnet, die den ehemaligen Todesstreifen zwischen Nordbahnhof und Brunnenstraße zu einer eindrucksvollen Erinnerungslandschaft machen. Die Gedenkstätte Berliner Mauer beginnt am Nordbahnhof. Schräg ge-

Blick auf die Kapelle der Versöhnung. Die Eisenstäbe im Vordergrund zeichnen Größe und Verlauf der Mauer nach.

genüber im Besucherzentrum erhält man kostenlos Informationen und detaillierte Pläne zur Orientierung. Im Veranstaltungsraum im Obergeschoss läuft ein Einführungsfilm.

Den Hauptteil der Gedenkstätte, einen 1,3 Kilometer langen und bis zu 40 Meter breiten Abschnitt auf dem früheren Grenzstreifen, muss man erwandern. Im ersten Bereich A werden »Die Mauer und der Todesstreifen« nachvollziehbar. Entlang der Bernauer Straße stehen noch originale Mauerteile. Auf dem Grenzabschnitt, der den alten Sophienfriedhof unter sich begraben hatte – die Gräber wurden einfach für den Mauerbau umgebettet –, bringen Informationsstelen mit Videos, Hörbeispielen, Fotos und Textdokumenten Ereignisse in Erinnerung und machen auf Bodendenkmale und Reste von Grenzsperren aufmerksam.

Im Bereich A steht auch das 1998 eröffnete Denkmal »in Erinnerung an die Teilung der Stadt vom 13. August 1961 bis zum 9. November 1989 und zum Gedenken an die Opfer kommunistischer Gewaltherrschaft«. Zwei hohe Stahlwände schließen ein 70 Meter langes original erhaltenes Stück der

Nicht verpassen

TUNNELFLUCHTEN

Gelungen, gescheitert, verraten: Die etwa 70 Tunnel, die an verschiedenen Orten der Stadt von Fluchthelfern unter der Mauer hindurch gegraben wurden und über 300 Menschen den Weg von Ost- nach West-Berlin ermöglichten, wurden legendär und lieferten Stoff für Filme und Bücher. In der Bernauer Straße wurden die Grenzsperranlagen an mehreren Stellen untertunnelt. Nur drei Projekte waren erfolgreich. Im Außenbereich der Gedenkstätte Berliner Mauer ist der Verlauf nachgezeichnet. Infotafeln beschreiben die Ereignisse, Zeitzeugenberichte sind an Hörstationen abzurufen. Der Verein Berliner Unterwelten bietet Führungen zu den Original-Schauplätzen in der Bernauer Straße.

Berliner Unterwelten. Tunnelfluchten: Fr 11 und 14, Sa, So 11, 12, 14 und 15 Uhr; Sonderführungen mit ehemaligen Fluchthelfern. Tickets am Pavillon, Brunnenstraße 105 (Eingang U-Bhf. Gesundbrunnen). Tel. 030/49 91 05 17, www.berliner-unterwelten.de

Grenzanlagen ein, auf das man nur durch Seh-schlitze einen Blick werfen kann. In seiner künst-lerischen Abstraktion fand dies wenig Zuspruch bei der Bevölkerung.

28 Jahre Leben mit der Mauer

An der Bernauer Straße, Ecke Ackerstraße, dort wo beim Bau der Mauer die bewegendsten Sze-nen und in der folgenden Zeit dramatische Fluch-ten stattgefunden haben, begann im Juni 1990 der offizielle Abriss der Grenzanlagen. Gegenüber dieser Ecke steht seit 1999 das Dokumentations-zentrum Berliner Mauer. Die multimediale Dauer-ausstellung »1961 | 1989. Die Berliner Mauer« er-läutert die politisch-historischen Hintergründe und verbindet Ereignisgeschichte mit dem All-tagsleben in der geteilten Stadt. Von der Aus-sichtsplattform auf dem Turm wird das Ausmaß des Sperrgeländes deutlich.

Der zweite Abschnitt B, der an der Ackerstraße beginnt, erzählt von individuellen Schicksalen, von dramatischen Fluchten und der Zerstörung von Familien. Die Häuser auf der Südseite der Bernauer Straße lagen im Osten, die Straße selbst war West-Berliner Gebiet. Der Keller eines der Häuser, deren Fronten unmittelbar auf der Grenze lagen, wurde ausgegraben, die Umrisse weiterer Grenzhäuser im Boden nachgezeichnet.

In diesem Bereich liegt auch die im Jahr 2000 ein-geweihte Kapelle der Versöhnung. Sie wurde in Lehmbauweise an der Stelle errichtet, an der fast 24 Jahre lang mitten auf dem Todesstreifen und von keiner Seite erreichbar, die Versöhnungskirche stand; 1985 wurde sie gesprengt. Das gerettete Altarbild wurde in der neuen Kapelle wieder auf-gestellt. Die geborgenen Glocken hängen in einem Holzgerüst davor.

Oben: Kirchenraum der Kapelle der Versöhnung mit dem geretteten Altarkreuz
Unten: Die Markierung erinnert an einen einstigen Fluchttunnel.

Infos und Adressen

SEHENSWÜRDIGKEITEN

Gedenkstätte Berliner Mauer.
Besucherzentrum. Bernauer Straße 111,
13355 Berlin-Wedding, Tel. 030/467 98 66 66
Dokumentationszentrum. Ausstellung »1961 |
1989. Die Berliner Mauer«. Di–So 10–18 Uhr.
Bernauer Straße 119, 13355 Berlin-Wedding,
www.berliner-mauer-gedenkstaette.de

Ausstellung Geisterbahnhöfe. Im Durchgang
zum S-Bahnhof Nordbahnhof

Außenausstellung. Das Gedenkstättenareal auf
dem ehemaligen Grenzstreifen ist ganzjährig
begehbar.

Kapelle der Versöhnung. Di–Fr 12 Uhr Andachten
für die Todesopfer an der Berliner Mauer.

ESSEN UND TRINKEN

Kleines Café am Dokumentationszentrum

Two Buddhas. Die zwei übergroßen Buddhafigu-
ren begrüßen die Gäste im asiatisch gestylten Ambiente des ehemaligen Stettiner-Bahnhofs. Auf der
Karte: Japanisches (Sushi), Thai-Food, Nudelge-

Hörstationen und Infotafeln geben Auskunft.

richte und Gegrilltes. Eventlocation für Partys und
geschlossene Veranstaltungen. Mo–Fr ab 17,
Sa ab 18 Uhr, So geschlossen.
Julie-Wolfthorn-Straße 1 (schräg gegenüber
vom Nordbahnhof), 10115 Berlin-Mitte,
Tel. 030/28 04 61 01,
www.nordbahnhof-two-buddhas.de

WEITERE GEDENKSTÄTTE ZUM THEMA

**Erinnerungsstätte Notaufnahmelager Marien-
felde.** Stiftung Berliner Mauer. Von 1953–1990
war dieser Ort im Süden West-Berlins die zentrale
Anlaufstelle für Flüchtlinge und Übersiedler aus
der DDR, um hier eine Aufenthaltserlaubnis
für die Bundesrepublik »einschließlich West-Berlin« zu beantragen. Marienfelder Allee 66/80,
12277 Berlin-Marienfelde,
Tel. 030/75 00 84 00,
www.notaufnahmelager-berlin.de

AKTIV

MountMitte. Hochseilgarten für Anfänger
(ab 7 Jahre) und erfahrene Kletterer. Sechs
Parcours mit unterschiedlichen Schwierigkeits-
stufen auf drei Höhenlagen; mit Beach-Bar.
Mo–Fr ab 14, Sa, So ab 10 Uhr.
Gegenüber Nordbahnhof. Caroline-Michaelis-Str. 8,
10115 Berlin, Tel. 030/555 77 89 22,
www.beachberlin.de

Innenansicht Two Buddhas

KREUZBERG/ FRIEDRICHS- HAIN

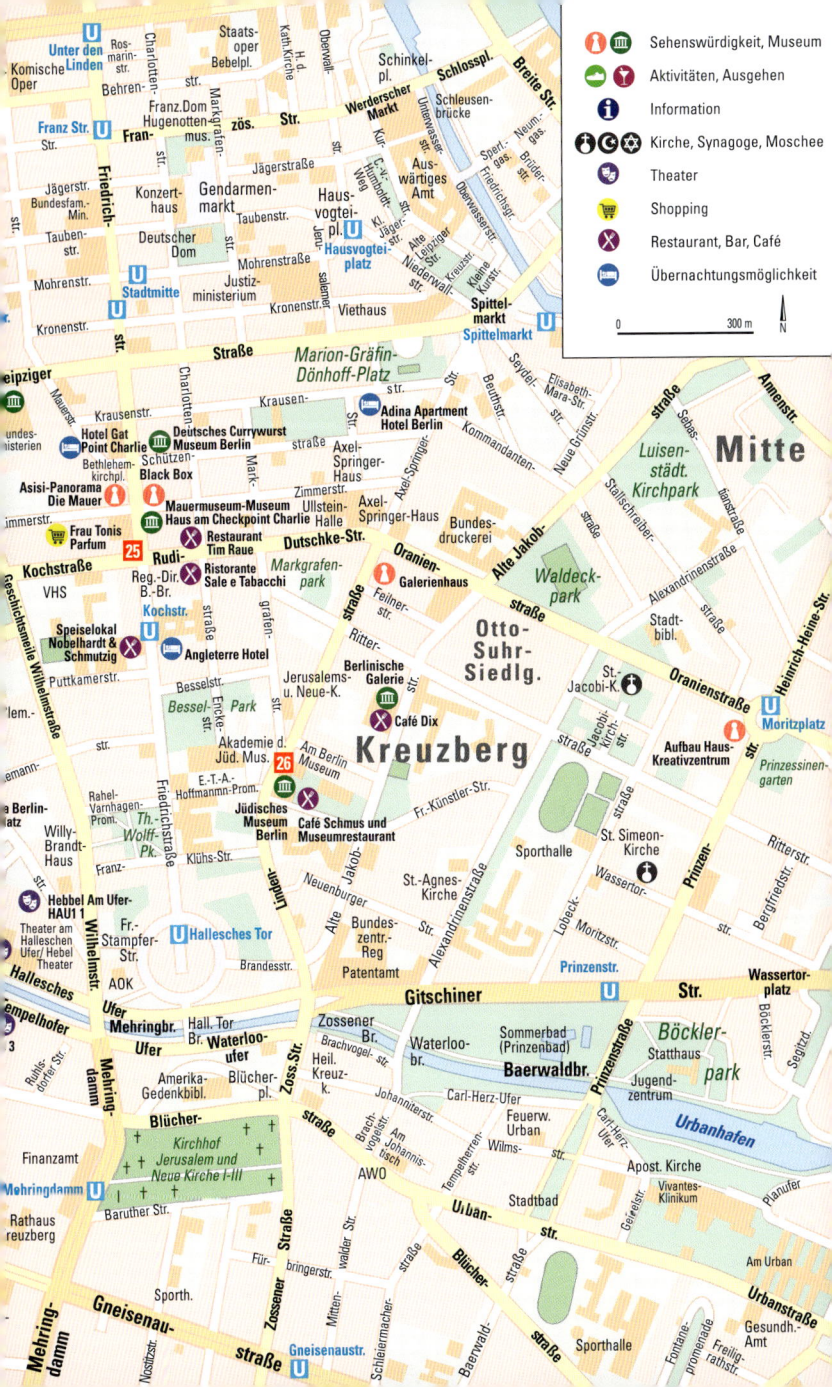

20 Potsdamer Platz
Die neue Mitte Berlins

Ost oder West? Nirgendwo sonst in Berlin haben sich die Grenzen zwischen den einst getrennten Stadthälften so schnell und radikal verwischt wie am Potsdamer Platz. Buchstäblich aus dem Nichts entstand hier in den 1990er-Jahren ein neuer Stadtteil.

Auf dem relativ kleinen Areal von Sony Center und Quartier Potsdamer Platz kann man nach Herzenslust einkaufen, essen und trinken, wonach einem gerade der Sinn steht, vom Fast Food bis zum Gourmetmenü, man kann eines der zahlreichen Kinos und das Filmmuseum besuchen. Kinder haben ihren Spaß im »Legoland«. Am Abend locken unter anderem die Blue Man Group und Berlins größter Nachtclub sowie diverse Bars. In der Spielbank kann man viel Geld verlieren und manchmal auch gewinnen. Beim Flanieren durch die engen Straßen – Achtung, es fahren Autos! – stößt man immer wieder auf Kunstwerke, Teile der Sammlung Daimler Contemporary, die im Haus Huth wechselnde Ausstellungen präsentiert.

Neue Mitte im alten Westen

Haus Huth, heute am nördlichen Eingang zur Shopping Mall »Potsdamer Platz Arkaden« gelegen, war »das letzte Haus am Potsdamer Platz«, als noch die Mauer die Stadt durchtrennte und nur Kaninchen die weite Brache bevölkerten. Den Verlauf der Berliner Mauer zeichnet eine doppelte Steinreihe im Boden nach. An der Kreuzung Potsdamer/Ebertstraße kann man sie gut verfolgen. Hier geben auch originale Mauerteile und Informationsstelen einen Eindruck davon, wie es bis 1989 am Potsdamer Platz ausgesehen hat.

Mitte: Drei moderne Hochhäuser markieren das historische Potsdamer Tor.
Unten: Eine lebensgroße Giraffe aus Legosteinen lockt nicht nur Kinder in das Legoland Discovery Centre.
Bild Seite 128/129: Mediterranes Lebensgefühl in Kreuzberg

Spektakuläre Dachkonstruktion im Sony Center

Geschichte in Kürze

Berlins Neue Mitte liegt im »alten« Westen.
Im Osten schließt sich der Leipziger Platz an,
der die Leipziger Straße umschließt. Die neue Bebauung auf dem historischen achteckigen Grundriss schließt am Nordostende das riesige Einkaufszentrum »Mall of Berlin« ab. Westwärts, auf beiden
Seiten der Potsdamer Straße liegen die Hauptein-
gänge zum Potsdamer Bahnhof. Ihre Säulenhallen
sollen an die Torhäuser von Karl Friedrich Schinkel
erinnern, die ab 1824 das ehemalige Stadttor mar-
kierten. Rund 100 Jahre später wurde hier die erste
Verkehrsampel in Europa aufgestellt. Die Replik
der Ampel wurde mit der aktuellen Anlage syn-
chronisiert.

Rund um die Potsdamer Straße

Drei Hochhaustürme begrenzen heute den Platz.
Links ragt der Turm von Renzo Piano mit spitzer
Ecke hervor. In der Mitte zwischen der Alten Pots-
damer und der Potsdamer Straße verbreitet das
Klinkerhochhaus, nach seinem Architekten auch
(Hans) Kollhoff-Hochhaus genannt, einen Hauch
von New York. Innen bringt der schnellste Aufzug
Europas Besucher in 100 Meter Höhe zum Panora-

Nicht verpassen

**STREIFZÜGE DURCH
DIE WELT DES FILMS**
So viel Film ist nirgends:
Das Museum für Film und
Fernsehen belegt drei Ausstellungsebenen im Filmhaus. Aber das
reicht längst nicht aus, um alle Schätze
aus den reichen Sammlungen zu präsentieren, die die Stiftung Deutsche Ki-
nemathek seit 50 Jahren zusammengetragen hat. Zu den Highlights gehört
die Marlene Dietrich-Collection mit
dem Nachlass der Schauspielerin und
Sängerin. Die Dauerausstellung führt
durch 100 Jahre Film- und 50 Jahre
Fernsehgeschichte. Daneben gibt es
Sonderausstellungen zu Schauspielern,
Regisseuren, Kameraleuten und anderen Filmmenschen; einige Ausstellungen auch speziell für Kinder. Das Kino
»Arsenal« im Untergeschoss zeigt Perlen und Raritäten der internationalen
Filmgeschichte.

**Deutsche Kinemathek/Museum
für Film und Fernsehen.**
Di–So 10–18, Do 10–20 Uhr.
Potsdamer Straße 2, 10785 Berlin,
Tel. 030/300 90 30,
www.deutsche-kinemathek.de.

Oben: Blick vom Tilla-Durieux-Park auf den Potsdamer Platz
Mitte: Zahlreiche namhafte Architekten haben am Potsdamer Platz ihre Zeichen hinterlassen.
Unten: Skulptur von Keith Haring

mapunkt mit herrlicher Aussicht. Die Open-Air-Ausstellung »Berliner Blicke auf den Potsdamer Platz« lädt hoch oben zum Vergleich zwischen gestern auf Fotos und heute tief unten ein. Und im rundum verglasten Panoramacafé kann man sich anschließend bei Kaffee und Kuchen erholen.

Auf der nördlichen Seite der Potsdamer Straße bildet der verglaste Büroturm von Helmut Jahn den Eingang zum Sony Center. Der Komplex aus Glas und Stahl des deutschen Architekten aus Chicago besteht aus Wohn- und Geschäftshäusern sowie dem Filmhaus Berlin, die ein großes ovales Forum mit vielen Durchgängen einrahmen. Dieser Platz wird von einer spektakulären Zeltdachkonstruktion überspannt, deren Spitze 67 Meter Höhe erreicht. Viele Sitzmöglichkeiten laden zur Pause ein. Das Café Josty hat nicht nur einen historischen Namen, es vermietet auch für besondere Anlässe den Kaisersaal. Der hatte Krieg und Mauerzeiten beinahe unversehrt in der Teilruine des ehemaligen Hotels Esplanade an der Bellevue-Straße überstanden und wurde beim Bau des neuen Komplexes mit einer aufsehenerregenden Aktion um 75 Meter verschoben. Fotos zur Entwicklung des Platzes am Sony Center sind in der Passerelle, dem unterirdischen Verbindungsweg zum Bahnhof zu sehen.

Ist das Sony Center ein kompakter Gebäudekomplex, so ist mit dem Quartier Potsdamer Platz südlich der Potsdamer Straße ein lockerer Kiez entstanden. Größter Publikumsandrang herrscht bei den Internationalen Filmfestspielen im Februar, wenn die Stars am Marlene-Dietrich-Platz über den roten Teppich zum Berlinale-Palast schreiten. Auch sonst ist im Quartier viel los, von der Sommerwelt am Piano-See mit Liegestühlen und Strandkörben bis zur Winterwelt mit künstlicher Rodelbahn und alpenländischen Buden für den Weihnachtsmarkt.

Infos und Adressen

SEHENSWÜRDIGKEITEN

Daimler Contemporary. Täglich 11–18 Uhr; jeden ersten Samstag im Monat Führungen durch die aktuelle Ausstellung (16 Uhr). Haus Huth, Alte Potsdamer Straße 5, 10785 Berlin, Tel. 030/25 94 14 20, www.sammlung.daimler.com

Deutsches Spionagemuseum. Interaktives Museum zur Geschichte der Spionage bis zur heutigen Überwachung. Täglich 10–20 Uhr. Leipziger Platz 9, 10117 Berlin-Mitte, Tel. 030/20 60 38 50, www.deutsches-spionagemuseum.de

Panoramapunkt. Aussichtsplattform, Open-Air-Ausstellung und Café. Täglich 10–18 Uhr, im Sommer teilweise länger. Potsdamer Straße 1, 24./25. Etage, 10785 Berlin, www.panoramapunkt.de

ESSEN UND TRINKEN

Café Josty. Vom Frühstück bis zum Midnight-Cocktail. Im Sony Center, 10785 Berlin, Tel. 030/25 75 97 02, www.josty-berlin.de

Facil. Zwei-Sterne-Gourmet-Restaurant. Potsdamer Straße 3, 10785 Berlin, Tel. 030/590 05 12 34, www.facil.de

Vox Restaurant. Gourmet-Restaurant mit offener Showküche im Hotel Grand Hyatt, Marlene-Dietrich-Platz 2, 10785 Berlin, Tel. 030/25 53 17 72, www.vox-restaurant.de

ÜBERNACHTEN

Grand Hyatt Berlin. Luxushotel mit viel Kunst und Design; toller Spa mit Pool auf der Dachterrasse.

Nachtleben am Platz des Sony Centers

Zu langen Nächten gehört ein perfekt gemixter Drink – oder auch zwei.

Marlene-Dietrich-Platz 2, 10785 Berlin, Tel. 030/25 53 12 34, www.berlin.grand.hyatt.com

Scandic Berlin Potsdamer Platz. Zum Wohlfühlen: frische Farben, gesunde Kost. Mehrfach ausgezeichnet für nachhaltiges Bauen und Barrierefreiheit. Gabriele-Tergit-Promenade 19, 10963 Berlin, Tel. 030/700 77 90, www.scandichotels.com

AUSGEHEN

Adagio. Riesiger Club, modern gestylt. Fr–Sa ab 22 Uhr. Marlene-Dietrich-Platz 1, 10785 Berlin, Tel. 030/258 98 90, www.adagio.de

E4 Berlin. Musikmix aus RnB, House und Partytracks. Fr, Sa ab 23 Uhr. Eichhornstraße 4, 10785 Berlin, www.e4-berlin.de, www.e4-club.de

Blue Man Group. Blaue Menschen verzaubern mit Trommeln, Tricks und Magic. Bluemax Theater, Marlene-Dietrich Platz 4, 10785 Berlin, Ticket-Hotline 01805/44 44, www.bluemangroup.de

INFORMATION

www.potsdamerplatz.de, www.sony.de

21 Kulturforum Potsdamer Platz
Alte Meister und klingende Schätze

Sir Simon Rattle und die Berliner Philharmoniker in der Philharmonie; Flöten aus dem Besitz Friedrichs des Großen im Musikinstrumentenmuseum; Dürer, Cranach, Rembrandt und andere Alte Meister in der Gemäldegalerie, dazu grafische Schätze von Botticelli bis Warhol im Kupferstichkabinett sowie seltene Bücher in der Kunstbibliothek: Das Kulturforum Potsdamer Platz hat Kunstliebhabern viel zu bieten.

Gemäldegalerie

Glanzstück ist die Gemäldegalerie der Staatlichen Museen zu Berlin mit ihrer herausragenden Sammlung von Meisterwerken der europäischen Malerei des 13. bis 18. Jahrhunderts. Nachdem man das verglaste Foyer im Kulturforum durchquert hat, ist schon der Auftakt grandios. Die große, langgestreckte, fast leere Halle hinter der Eingangsrotunde wird durch zwei Pfeilerreihen gegliedert, zwischen denen einzelne Skulpturen stehen. Durch mehrere Glaskuppeln in der gewölbten Decke fällt Tageslicht. Im Boden eingelassen ist die Installation »5-7-9 Serie« des US-Konzeptkünstlers Walter de Maria, die sanft von Wasser umspielt wird. Die Atmosphäre hat etwas Meditatives – die richtige Einstimmung auf die Malerei der Alten Meister.

In 72 Schauräumen einschließlich der Kabinette und Studiensäle im Untergeschoss geben rund 1250 Gemälde einen umfassenden Überblick über sechs Jahrhunderte Kunstschaffen in Europa. Der

Mitte: Mittendrin und doch versteckt: Eingang zum Kulturforum
Unten: Meisterwerke europäischer Malerei in der Gemäldegalerie

Der Eingang zur Philharmonie

Streifzug durch Kulturlandschaften und
Epochen der Kunstgeschichte beginnt mit
der deutschen Malerei des 13. bis 16. Jahrhunderts. Zu den Highlights von Spätgotik
und Renaissance gehören Werke von Dürer, Lucas
Cranach d. Ä. und Hans Holbein d. J. Unter den niederländischen und französischen Malern des 14.
bis 16. Jahrhunderts sind Rogier van der Weyden,
Hieronymus Bosch und Pieter Brueghel d. Ä. zu
nennen.

Rubens, Frans Hals und Jan Vermeer sind die herausragenden Vertreter der flämischen und holländischen Malerei des 17. Jahrhunderts – neben
Rembrandt, der mit stolzen 16 Werken einen
Schwerpunkt der Sammlung bildet. Ihm ist ein
eigener Saal im Mittelteil der hufeisenförmig
angelegten Raumfolgen gewidmet. Drei Räume
in diesem Bereich nehmen die französische, englische und deutsche Malerei des 18. Jahrhunderts
ein, darunter Meisterwerke von Antoine Watteau,
Antoine Pesne, Thomas Gainsborough und Johann
Heinrich Tischbein. Die darauf folgenden Räume
präsentieren vorwiegend italienische Malerei aus
dem 18. Jahrhundert, chronologisch absteigend
bis ins 13. Jahrhundert. Große Namen sind hier
Botticelli, Raffael, Tizian, Tintoretto, Caravaggio

Geheimtipp

KLASSIK ZUM LUNCH

Spontan in ein Konzert
der Berliner Philharmoni-
ker? Das ist nicht unmöglich,
aber wenig wahrscheinlich. Karten
sollte man lieber lange im Voraus reservieren! Ohne große Planung kann
man sich einen Eindruck verschaffen
von der Qualität der Künstler und der
Atmosphäre zwischen Musikern und
Zuhörern bei einem Lunchkonzert im
großzügigen Foyer der Philharmonie.
Solisten und kleine Ensembles, Philharmoniker, Nachwuchsmusiker,
Gäste anderer Berliner Orchester begeistern mit ausgewählten Perlen
des Repertoires – und machen Lust
auf mehr. Dafür braucht man dann
wieder Karten. Tipp: früh genug hin-
gehen, um sich einen Stehplatz zu
sichern.

**Philharmonie und
Kammermusiksaal**
Herbert-von-Karajan-Straße 1,
10785 Berlin-Tiergarten
Tickets: 030/25 48 89 99,
Lunchkonzerte Di 13 Uhr, Eintritt frei,
www.berliner-philharmoniker.de

SOMMERKINO MIT AUSSICHT

Einfach gut!

Kritiker lästern gerne über das Kulturforum Potsdamer Platz. Es habe keine Aufenthaltsqualität, heißt es oft. Das ist in lauen Sommernächten ganz anders. Da werden auf der leicht schräg ansteigenden Piazzetta Liegestühle aufgeschlagen und eine große Leinwand aufgebaut. Über die flimmern dann die Kinohits der Saison, und man kann die Lieblingsfilme noch einmal in anderer Atmosphäre erleben. Ob man sich von den Bildern auf der Leinwand oder doch eher von der Skyline am Potsdamer Platz fesseln lässt? Bei untergehender Sonne, im Abendlicht und später unter dem Sternenhimmel mit farbig wechselnder Beleuchtung übt dieses Panorama eine einzigartige Faszination aus. Manchmal ist Berlin doch – fast – wie New York!

Sommerkino Kulturforum
Juni bis Anfang September, allabendlich (wetterabhängig)
Matthäikirchplatz 4/6,
10785 Berlin-Mitte,
www.yorck.de

und Canaletto. In der Studiensammlung sowie an Medienstationen kann man sich intensiv mit den einzelnen Schulen und Epochen vertraut machen.

In einem anderen Haus, aber im gleichen Komplex, beherbergt die Kunstbibliothek ihren einzigartigen Buchbestand zu kunstwissenschaftlichen Themen. Und das Kupferstichkabinett, größte Grafische Sammlung in Deutschland und eine der bedeutendsten der Welt, bildet mit über 550 000 Druckgrafiken und 110 000 Arbeiten auf Papier ein eigenes »Universum der Bilder«, in dem sich unter anderem Werke von Dürer, Rembrandt, Picasso befinden. Umfang und Empfindlichkeit beider Sammlungen lassen Dauerausstellungen nicht zu. Doch werden ausgewählte Schätze in temporären Ausstellungen präsentiert. Zusätzlich verfügt das Kulturforum über Hallen auf zwei Etagen für wichtige Sonderausstellungen.

Das angrenzende Kunstgewerbemuseum lädt zu einem Streifzug durch die Geschichte des Kunstgewerbes vom Mittelalter bis zur Gegenwart ein. Besonders attraktiv ist die Modegalerie: Die Besucher flanieren auf einer Art Laufsteg vorbei an Schaufenstern, die einen Einblick geben in den Wandel der Moden vom 18. bis ins 20. Jahrhundert, von Reifröcken über große Roben bis zum Minikleid und zu Couturiers wie Coco Chanel und Christian Dior. In den historischen Abteilungen funkeln Kunstkammerstücke, Porzellane, Möbel und Design aus allen Epochen. Zu den historischen Glanzstücken zählen das Lüneburger Ratssilber und der Welfenschatz.

Stadtplanung am Kulturforum

Trotz erstklassigem Kunstgenuss – dazu gehören natürlich auch die Konzerte in der Philharmonie

Kulturforum Potsdamer Platz

und im Kammermusiksaal sowie die Neue Nationalgalerie (s. S. 142f.): So richtig zu prallem Leben
erwacht ist das Kulturforum nie. Der Anfang liegt
mehr als 50 Jahre zurück. Das Areal zwischen Potsdamer Platz und Diplomatenviertel, südlichem Tiergarten und Landwehrkanal, einst vornehme Villengegend, war nach dem Zweiten Weltkrieg eine
Brache. Kaum mehr als die St. Matthäus-Kirche
am Matthäikirchplatz, von 1844 bis 1846 von
Friedrich August Stüler errichtet, lohnte den Wiederaufbau. Im Inneren erhielt sie 1960 eine mo-
dern-nüchterne Gestaltung. Hier finden heute
Ausstellungen zeitgenössischer Kunst und Konzerte statt.

Als erster Neubau entstand nach Plänen des Architekten Hans Scharoun (1893–1972) die Philharmonie. Mit ihrer ungewöhnlichen äußeren Gestalt und
dem amphitheaterartigen Konzertsaal erregte sie
international Aufsehen und fand viele Nachahmer.
Baubeginn für die Philharmonie war 1960, bei ihrer Eröffnung 1963 stand bereits die Mauer, die
in unmittelbarer Nähe über den Potsdamer Platz
verlief. Die Teilung der Stadt erforderte Neupla-
nungen für Kulturstandorte in West-Berlin.

Scharoun gewann 1963 den Wettbewerb für den
Bau einer neuen Staatsbibliothek; hervorgehoben
wurde sein »meisterhaftes« städtebauliches Konzept. Sein Beitrag sah eine »Stadt-Landschaft« im
spannungsvollen Kontrast von Gebäuden und Natur vor, die so aber nie verwirklicht wurde. 1978
war nach elf Jahren Bauzeit und sechs Jahre nach
Scharouns Tod die Staatsbibliothek an der Potsdamer Straße vollendet. Gleichzeitig wurde östlich
an die Philharmonie grenzend mit dem Gebäude
für das Institut für Musikforschung und Musikinstrumenten-Museum begonnen. Seit 1984 präsentiert das Museum dort über 800 historische und
seltene Instrumente, darunter ein Reisecembalo

Oben: Ältestes Gebäude im
Ensemble: St. Matthäus-Kirche
von Friedrich August Stüler
Unten: Im Innenraum der
St. Matthäus-Kirche finden nicht
nur Gottesdienste, sondern auch
Ausstellungen und Konzerte statt.

vom preußischen Hof oder eine Glasharmonika, die der amerikanische Physiker und Politiker Benjamin Franklin erfunden hat. Immer mal wieder gespielt wird die Mighty Wurlitzer Theaterorgel. 1984–1987 wurde der Kammermusiksaal nach einer Skizze Scharouns in der Formensprache der Philharmonie ausgeführt.

Parallel zum Bau der Philharmonie und der Neuen Nationalgalerie gab es Pläne für einen neuen Museumskomplex am Kulturforum, aber erst 1985 konnte das Kunstgewerbemuseum, entworfen von Rolf Gutbrod, eröffnet werden. Das gegenüberliegende Gebäude für Kupferstichkabinett und Kunstbibliothek einschließlich der verbindenden Eingangshalle wurde bis 1992 fertiggestellt. Als Letztes bezog die Gemäldegalerie ihre vom Architekturbüro Hilmer und Sattler eindrucksvoll in den Komplex integrierten neuen Räume, in denen nun die West- und Ost-Berliner Bestände zusammengeführt wurden. Inzwischen schrieb man das Jahr 1998 und gegenüber begann der erste Bauabschnitt am Potsdamer Platz.

Heute schmückt sich das Kulturforum mit dem werbenden Zusatz »Potsdamer Platz« und liegt nur einen Steinwurf von diesem pulsierenden Zentrum entfernt. Doch ein schwieriges Kind der Stadtplaner ist es geblieben. Ideen zur Belebung wurden seit Jahren immer wieder diskutiert und wieder verworfen. 2014 wurde der Neubau eines Museums des 20. Jahrhunderts direkt an der Potsdamer Straße beschlossen. 2016 gewann der – umstrittene – Entwurf des Basler Architekturbüros Herzog & de Meuron den Wettbewerb. Mit der Eröffnung ist kaum vor 2021 zu rechnen. Bis dahin machen rote Banner mit weithin sichtbarer Aufschrift auf das Kulturforum und besonders auf die Gemäldegalerie und das Kunstgewerbemuseum aufmerksam. Man sollte es nicht übersehen.

Oben: Blick auf die Skyline des Potsdamer Platzes
Mitte: Das Kunstgewerbemuseum ist das älteste seiner Art in Deutschland und enthält Kunsthandwerk vom Mittelalter bis zur Gegenwart.
Unten: Pause nach dem Museumsbesuch

Infos und Adressen

SEHENSWÜRDIGKEITEN

Kulturforum Potsdamer Platz. Staatliche Museen zu Berlin. Matthäikirchplatz, 10785 Berlin-Tiergarten, Tel. 030/266 42 42 42, www.smb.museum
Gemäldegalerie. Di–So 10–18, Do 10–20 Uhr
Kupferstichkabinett/Sonderausstellungshallen. Di–Fr 10–18, Sa–So 11–18 Uhr
Kunstgewerbemuseum Di–Fr 10–18, Sa, So 11–18 Uhr

Musikinstrumenten-Museum. Di–Fr 9–17, Do 9–20, Sa–So 10–17 Uhr. Tiergartenstraße 1/Eingang: Ben-Gurion-Straße, 10785 Berlin-Tiergarten, Tel. 030/25 48 11 78, www.mim-berlin.de

Gedenkstätte Deutscher Widerstand. Im historischen »Bendlerblock«, dem ehemaligen Oberkommando des Heeres, heute Sitz des Bundesverteidigungsministeriums, wurden die Attentäter des 20. Juni hingerichtet. Eine Erinnerungsstätte im Hof, eine Dauerausstellung sowie Führungen, Sonderausstellungen und Veranstaltungen informieren über den »Widerstand gegen den Nationalsozialismus«. Mo–Mi, Fr 9–18, Do bis 20, Sa–So und Feiertage 10–18 Uhr, Eintritt frei.

Stauffenbergstr. 13/14, 10785 Berlin-Tiergarten, Tel. 030/26 99 50 00, www.gdw-berlin.de

ESSEN UND TRINKEN

Cafés/Restaurants im Kulturforum und auf der Piazetta, im Musikinstrumenten-Museum (das SIM-Café ist preiswert und deshalb mittags viel besucht). Der Potsdamer Platz mit großer kulinarischer Vielfalt ist nur einen Steinwurf entfernt.

ÜBERNACHTEN

Fjord Hotel Berlin. Funktional, hell, freundlich, preiswert. Die beiden schönsten Zimmer haben Dachterrasse. Bissingzeile 13, 10785 Berlin-Tiergarten, Tel. 030/25 47 20, www.fjordhotelberlin.de

Hotel Altberlin. Berliner Wohnhaus der Gründerzeit, modernisiert. Einrichtung und die Gerichte in Rikes Gasthaus haben Alt-Berliner Charme. Potsdamer Straße 67, 10785 Berlin-Tiergarten, Tel. 030/26 06 70, www.altberlin-hotel.de

Maritim Hotel Berlin. Gediegene Eleganz, Großer Wellnessbereich mit Pool. Stauffenbergstraße 26, 10785 Berlin-Tiergarten, Tel. 030/20 65 0, Reservierung: 030/20 33 44 10, www.maritim.de

Blick in die Gemäldegalerie

Skulpturen vor der Neuen Nationalgalerie am Kulturforum: von
Alexander Calder **(oben)** und
Henry Moore **(unten)**. Die Skulpturen sind während der Sanierungsarbeiten an der Neuen Nationalgalerie allerdings abgebaut.

22 Neue Nationalgalerie
Kunst von Weltrang

**Sensationelle Sonderausstellungen und
Besucherrekorde sind eng mit der Neuen
Nationalgalerie verbunden. Derzeit ist
das Haus allerdings wegen umfassender
Sanierungsmaßnahmen geschlossen.**

Das Gebäude am Kulturforum ist eine Ikone der
modernen Architektur. 1968 wurde die Neue Nationalgalerie als eines der letzten Werke des Altmeis-
ters Ludwig Mies van der Rohe (1886–1969) eingeweiht. Wohl nicht zufällig griff Mies van der
Rohe Elemente eines Tempels auf. Auf drei Seiten
führen Stufen hinauf zur Esplanade, die Platz bietet für Großplastiken, wie sie etwa Henry Moore
und Barnett Newman geschaffen haben. Auf dem
Sockel erhebt sich der flache gläserne Pavillon,
über dem das Stahldach zu schweben scheint. Acht
außen liegende Stahlsäulen tragen das Dach über
dem stützenfreien Innenraum, eine offene, 2500
Quadratmeter große Halle.

Nach fast 50 Jahren wird das unter Denkmalschutz stehende Gebäude durch das Büro David
Chipperfield Architects einer Grundinstandsetzung
unterzogen. Während die unsichtbare Bautechnik
auf modernsten Stand gebracht wird, bleiben das
äußere und innere Erscheinungsbild erhalten.

Kunst von Weltrang

Die Sammlungen der Nationalgalerie gehören zur
Weltspitze. Sie sind an fünf Standorten in Berlin
vertreten und bilden die Kunstströmungen vom
19. Jahrhundert bis in die Gegenwart ab. Die Neue
Nationalgalerie am Kulturforum, chronologisch
zwischen der Alten Nationalgalerie und dem Ham-

Schlicht und funktional – die Neue Nationalgalerie

burger Bahnhof – Museum der Gegenwart angesiedelt, ist Heimat für die Kunst des 20. Jahrhunderts. Den Schwerpunkt bilden europäische Malerei und Plastik von der Klassischen Moderne bis
zur Kunst der 1960er-Jahre. Alle großen Namen
sind vertreten: Pablo Picasso, Paul Gauguin, Ernst
Ludwig Kirchner, Oskar Kokoschka, Lyonel Feinin-
ger, Paul Klee, Max Beckmann, Otto Dix, Georges
Grosz, Max Ernst, Lovis Corinth und viele andere.
Aus der Zeit nach 1945 sind vor allem Yves Klein,
Lucio Fontana und Barnett Newman zu nennen.
Künstlergruppen und stilistische Bewegungen
zeichnen die Entwicklungen vom Kubismus und
Expressionismus über Bauhaus, die experimentelle
Malerei der Gruppen Cobra und Zero bis zur ame-
rikanischen Farbfeldmalerei eines Frank Stella oder
Mark Rothko nach. Die Kunst aus der DDR nimmt
mit ihren wichtigsten Vertretern einen weiteren
bedeutenden Platz ein.

Für die Dauer der Schließung präsentiert eine
»Neue Galerie« im Hamburger Bahnhof in wechselnden Ausstellungen Highlights der klassischen
Moderne. Weitere Werke bereichern das Berg-
gruen-Museum und die Sammlung Scharf-Gerstenberg, beide in Charlottenburg.

Infos und Adressen

SEHENSWERTES

Neue Nationalgalerie. Wegen
Grundinstandsetzung des Gebäudes
bleiben die Ausstellungen voraussichtlich bis 2020 geschlossen. Potsdamer Straße 50, 10785 Berlin-Tiergarten, www.smb.museum, Website
für Museumsneubau am Kulturforum: www.nationalgalerie20.de

Galerienmeile. Entlang der Potsdamer Straße, südlich der Schöneberger bis zur Bülowstraße, haben sich
zahlreiche Galerien angesiedelt, z.T.
versteckt in schmucken Hinterhöfen
(Potsdamer Straße 98) oder auf dem
ehemaligen Tagesspiegelgelände
(Potsdamer Straße 81).

AUSGEHEN

Victoria Bar. Die Cocktails gehören
eindeutig zu den besten der Stadt.
Potsdamer Straße 102, 10785 Berlin-Tiergarten, Tel. 030/25 75 99 77,
www.victoriabar.de

23 Martin-Gropius-Bau
Haus für internationale Kunst

Schlange stehen für Ägyptens versunkene Schätze, für Frida Kahlo, Rebecca Horn, Hokusai, Olafur Eliasson, Ai Weiwei oder David Bowie. Der Martin-Gropius-Bau, Berlins attraktivstes und größtes Ausstellungshaus, holt international herausragende Präsentationen in die Hauptstadt und hat selbst eine aufregende Geschichte. Bei einem Berlin-Besuch sollte man auf jeden Fall das aktuelle Programm ansehen. Gut möglich, dass es dabei zu einer spannenden Erstbegegnung oder zu reizvollen Wiederentdeckungen kommt.

Meist finden auf den drei Etagen mehrere Ausstellungen gleichzeitig statt. Regie im Haus führen seit 2001 die Berliner Festspiele. Sie veranstalten eigene Ausstellungen oder laden hochrangige internationale Gastspiele ein. Museen in aller Welt, staatliche Institutionen und private Leihgeber öffnen dafür – oft einmalig – ihre Schatzkammern und schicken ihr Allerheiligstes auf die Reise nach Berlin. Präsentiert werden neue Aspekte der weltweiten Kulturgeschichte, spektakuläre Funde und Erkenntnisse der Archäologie, Retrospektiven einzelner Künstler wie überhaupt bildende Kunst in all ihren Facetten, Medien, Themen und Epochen. Fotografie bildet einen eigenen Schwerpunkt.

Mitte: Berlins bedeutendstes Ausstellungshaus: Martin-Gropius-Bau
Unten: Auch wenn die Wartezeit manchmal lang ist: Die Ausstellungen lohnen sich.

Auch das Haus ist eine Sensation, ein architektonisches Schmuckstück, (wieder-)entstanden in den Jahren 1978–1981. Genau 100 Jahre früher war das Gebäude als Kunstgewerbemuseum eröffnet worden. Die Pläne entwarfen Martin Gropius, Großonkel des Bauhaus-Gründers Walter Gropius, und Heino Schmieden. Der Prachtbau in den strengen Formen der italienischen Renaissance und in Anlehnung an Schinkel sollte eine »Vorbilder- und Beispielsammlung« aufnehmen, um »Gewerbetreibenden die Hülfsmittel der Kunst und Wissenschaft« zugänglich zu machen. Auch Unterrichtsräume befanden sich im Haus. Terrakottafriese an der Fassade verweisen mit Darstellungen einzelner Handwerkskünste auf diese Nutzung. Die oberste Fensterreihe des Gebäudes wird unterbrochen durch goldglänzende Mosaikbilder mit Allegorien verschiedener Kunstepochen und Erdteile.

Im Februar 1945 wurde das Museum bei einem Bombenangriff teils schwer beschädigt, teils total zerstört. Die Kriegsruine blieb lange Zeit dem Verfall überlassen und schien mit dem Mauerbau 1961, die unmittelbar vor dem nördlichen Haupteingang verlief, verloren. Doch Ende der 1960er-Jahre wurde die Ruine gesichert, 1978 begannen die Arbeiten für den Wiederaufbau als Ausstellungshaus. Außen und innen gelang den Architekten Winnetou Kampmann und Ute Weström mit einer Fülle an Details die Wiederherstellung der alten Pracht und der unauffällige Einbau einer technisch modernen Ausstattung.

Heute betreten die Besucher das Haus wieder von der Nordseite über eine breite Freitreppe und ein sich anschließendes Säulenportal. Über weitere Stufen im Inneren gelangt man in die eindrucksvolle Eingangshalle, die durch eine kunstvoll gestaltete gläserne Kuppel Licht bekommt. Von hier aus führt links das repräsentative Treppenhaus in das erste Obergeschoss. Geradeaus liegt hinter Glastüren der zentrale Raum und architektonische Höhepunkt des Baues: Der prunkvolle, mit Glas überdachte imposante Lichthof inspiriert Künstler zu eigens dafür geschaffenen Werken, spornt Ausstellungsarchitekten zu kreativen Höchstleistungen an – und präsentiert sich mit jeder Schau anders.

SEHENSWÜRDIGKEITEN

Martin-Gropius-Bau. Öffentliche Führungen zu den Ausstellungen (Sa, So) und Begleitveranstaltungen im Kinosaal. Mi–Mo 10–19 Uhr. Niederkirchner Straße 7, 10963 Berlin-Kreuzberg, Tel. 030/25 48 60, www.gropiusbau.de

Abgeordnetenhaus von Berlin. Nach der Einlasskontrolle kann man sich im Haus umsehen; Führungen nach Voranmeldung. Niederkirchner Straße 5, 10117 Berlin-Mitte, Tel. 030/232 50

ESSEN UND TRINKEN

Gropius Restaurant. Die Speisekarte nimmt meist Bezug auf laufende Ausstellungen. Im Martin-Gropius Bau, mit Sommergarten.

Solar. Im gläsernen Aufzug in die 16. Etage: Edelküche mit regionalen Anklängen. Bar und Club (Do–So) noch eine Etage höher. Täglich ab 18 Uhr. Stresemannstraße 76, 10963 Berlin-Kreuzberg, Mobil 0163/765 27 00, www.solarberlin.com

Gustav & Gold. Deutsche Küche bester Qualität, kompetenter Service. Stresemannstraße 48–52, 10963 Berlin-Kreuzberg, Tel. 030/25 93 69 25

ÜBERNACHTEN

In der Anhalter Straße zwischen Stresemann- und Wilhelmstraße reihen sich (Billig-)Hotels verschiedener Ketten aneinander. Einen eleganten Akzent setzt das

Mövenpick Hotel Berlin. Schöneberger Straße 3, 10963 Berlin, Tel. 030/23 00 60, www.moevenpick-hotels.com

24 Topographie des Terrors
Berlins dunkelstes Kapitel

Historisch interessierte Berlin-Touristen suchen vor allem die Berliner Mauer. In der Niederkirchner Straße ist ein 200 Meter langes Stück erhalten. Dahinter liegt frei zugänglich die »Topographie des Terrors«, eine Gedenkstätte, die am authentischen Ort an ein anderes Kapitel der deutschen Geschichte erinnert, an die Verbrechen der Naziherrschaft.

Die Wilhelmstraße am östlichen Ende der »Topographie« war die Schaltzentrale der Macht. Zu beiden Seiten dieser Nord-Süd-Achse mit der Reichskanzlei weiter nördlich befanden sich zahlreiche Ministerien. Auf dem Gelände neben dem Martin-Gropius-Bau waren ab 1933 die wichtigsten Institutionen des nationalsozialistischen Terrorapparates von SS und Polizei untergebracht: das Geheime Staatspolizeiamt mit eigenem Gefängnis und Folterkellern, die Reichsführung-SS und während des Zweiten Weltkriegs auch das Reichssicherheitshauptamt.

Diese Gebäude wurden im Krieg zerstört, die Trümmer später abgeräumt. Die Brache lag in West-Berlin, die Prinz-Albrecht-Straße (heute Niederkirchner Straße) auf Ost-Berliner Gebiet; über sie verlief ab 1961 die Mauer. Die einstige Funktion geriet in Vergessenheit, bis 1987 zur 750-Jahrfeier engagierte West-Berliner mit einer Ausstellung entlang des Grabens zur Mauer und in einem Pavillon an den Ort erinnerten. Es folgte die Gründung einer Stiftung und die schrittweise Wiedergewinnung und Entwicklung der »Topographie des Terrors«.

Mitte: Bewegend: Blick in ehemalige Zellengefängnisse und Folterkeller
Unten: Durchbruch: Originalmauer an der Niederkirchner Straße

Topographie des Terrors

Die Ausstellungen

Heute gliedert sich die »Topographie« in drei Teile: die Dauerausstellung »Topographie des Terrors. Gestapo, SS und Reichssicherheitshauptamt in der Wilhelm- und Prinz-Albrecht-Straße« im Hauptgebäude, eine Open-Air-Ausstellung speziell zur Berliner Geschichte während des Dritten Reichs im Ausstellungsgraben sowie einen Rundgang über das Gelände.

2010 eröffnete nach langwierigen Entstehungsetappen das Dokumentationszentrum. Die Dauerausstellung im Gebäude gibt mit großformatigen Fotos, Karten, Chroniken und Informationstafeln in fünf thematischen Kapiteln einen detailreichen Überblick über die zentralen Institutionen von SS und Polizei im Dritten Reich sowie die von ihnen europaweit verübten Verbrechen und beleuchtet auch den Umgang damit nach 1945. Zusätzliche Informationen erhält man an zahlreichen Medienstationen mit Text-, Ton- und Filmdokumenten.

Das Dokumentationszentrum veranstaltet auch wechselnde Sonderausstellungen und verfügt über eine umfangreiche Bibliothek. Besonders interessant sind gleich im Foyer ein Stadtmodell des NS-Regierungsviertels und ein großformatiges Foto von 1945, das zeigt, was damals rund um diesen Ort von Berlin noch übrig war. Im Außenbereich entlang der Mauer zur Niederkirchner Straße und der freigelegten Kellermauerreste erinnert eine Text-Bild-Ausstellung an »Berlin 1933–1945. Zwischen Propaganda und Terror« und thematisiert die Auswirkungen der nationalsozialistischen Politik auf die Stadt und die Bevölkerung. Schließlich führt der Geländerundgang über den »Ort der Täter« zu 15 Stationen, die mit Fotos, Dokumenten und 3-D-Grafiken die Geschichte des Areals und die Nutzung der Gebäude, von denen zum Teil Grundmauern und Zellenbereiche erhalten sind, erläutern.

Infos und Adressen

SEHENSWÜRDIGKEITEN

Topographie des Terrors. Täglich 10–20 Uhr, Eintritt frei. Niederkirchner Straße 8, 10963 Berlin-Kreuzberg, Tel. 030/25 45 09 50, www.topographie.de

Geschichtsmeile Wilhelmstraße. Straßenausstellung mit Informationstafeln zu historischen Orten und Ereignissen an 30 Stationen.

ESSEN UND TRINKEN
Caféteria mit kleinen Speisen in der Ausstellungshalle.

ÜBERNACHTEN
Crowne Plaza Berlin – Potsdamer Platz. Aus dem ehemaligen Postpalais von 1930 wurde ein superschickes Designhotel. Hallesche Straße 10–14, 10963 Berlin-Kreuzberg, Tel. 030/801 06 60, www.ihg.com/crowneplaza

KULTUR IN DER NÄHE
Hebbel am Ufer – HAU Eins, HAU Zwei, HAU Drei. Ein Name, drei Häuser: Hier wird Theater in all seinen Ausdrucksformen immer wieder neu erfunden: international, experimentell, innovativ. HAU 1, Stresemannstraße 29, 10963 Berlin-Kreuzberg. HAU 2, Hallesches Ufer 32. HAU 3, Tempelhofer Ufer 10. Tel. 030/259 00 40, Tickets: Tel. 030/25 90 04 27, tickets@hebbel-am-ufer.de, www.hebbel-am-ufer.de

Tempodrom. Unter dem einzigartigen Zeltdach finden Rockkonzerte, Gala-Dinner, Zirkus und andere Events statt. Möckernstraße 10, 10963 Berlin-Kreuzberg, Info-Tel. 030/74 73 70, Tickets Tel. 01806/55 41 11, www.tempodrom.de

25 Checkpoint Charlie
Schauplatz des Kalten Kriegs

Die Kreuzung an der südlichen Friedrichstraße, genau zwischen Mitte und Kreuzberg gelegen, ist eine der meistfrequentierten Sehenswürdigkeiten in Berlin: Am Checkpoint Charlie, dem berühmtesten Grenzübergang im geteilten Berlin, wurde Weltgeschichte geschrieben. Heute rufen eine Open-Air-Fotoausstellung und eine »Black Box« die Ereignisse in Erinnerung.

Mindestens einmal hielt die Welt den Atem an: Ende Oktober 1961 standen sich am Checkpoint Charlie, dem dritten der drei alphabetisch benannten Kontrollpunkte der Alliierten, amerikanische und sowjetische Panzer gegenüber, 16 Stunden lang – ein paar Zentimeter mehr oder ein überspringender Funke, und der dritte Weltkrieg hätte möglicherweise seinen Anfang genommen. Die brenzlige Situation entspannte sich, doch der Kalte Krieg zwischen den Westmächten und dem Ostblock, zwischen Demokratie und Kommunismus hielt bis zum Mauerfall 1989 an.

Dokumentation am Bauzaun

An einem harmlosen Bauzaun, wo früher der Todesstreifen verlief, rückt eine großformatige Fotodokumentation Ereignisse und Situationen jener Epoche in das Blickfeld. An der östlichen Straßenecke erinnern Fotos und Informationen an die internationalen Verflechtungen, Machtverhältnisse und Bedrohungen im Kalten Krieg. Auf dem noch unbebauten Grundstück dahinter steht ein einfacher schwarzer Pavillon. In dieser »Black Box Kalter Krieg« liefert eine Ausstellung mit über 200 Objekten weiteres Anschauungsmaterial zum Ost-

Unten: Viel besucht: das Mauermuseum – Haus am Checkpoint Charlie

Echt ist nichts: Kontrollhäuschen der US-Amerikaner, Sandsack-Barrikade, Soldat in Uniform

West-Konflikt, der mehrmals bis an den Rand eines Atomkriegs zu eskalieren drohte. An 16 Medienstationen werden die historischen und internationalen Zusammenhänge der Auseinandersetzung zwischen den beiden Supermächten deutlich.

Fotos an der Galeriewand auf dem Freigelände der Black Box zeigen den Ausbau des Grenzübergangs am Checkpoint Charlie, der von 1961 bis 1989 ständig perfektioniert wurde. Auch Fluchtversuche, die hier stattfanden, teils gescheitert, teils geglückt, sind ein Thema. Ein paar Schritte weiter westlich vermittelt das »asisi Panorama zum geteilten Berlin« einen authentischen und emotionalen Eindruck vom Leben mit der Mauer. Das Panoramabild des Künstlers Yadegar Asisi, ein 15 Meter hohes und 60 Meter langes Rundbild, zeichnet präzise Alltagsszenen an der Mauer zwischen Kreuzberg und Mitte aus westlicher Sicht nach.

Checkpoint Charlie

Soldaten und Zivilbedienstete der Westalliierten sowie internationale Diplomaten durften nur die-

sen Übergang an der Friedrichstraße benutzen. Vor der Fahrt in den Ostsektor wurden sie am Checkpoint Charlie, einem kleinen Kontrollhäuschen registriert. Das Häuschen in der Mitte der Straße ist eine Kopie, das Original wurde 1990 abgebaut und ist im Alliierten Museum in Dahlem zu sehen.

Mauermuseum am Checkpoint

1963 eröffnete in einer Zweizimmerwohnung unmittelbar an der Mauer das Haus am Checkpoint Charlie. Im Lauf der Jahre haben die Privatbetreiber eine Fülle an Material zur Geschichte der Berliner Mauer und zu gelungenen Fluchten auf abenteuerlichen Wegen, schließlich noch zum gewaltfreien Kampf für Menschenrechte in aller Welt zusammengetragen. Das Museum breitet sich längst über mehrere Häuser und Etagen aus, die Präsentation wurde aber leider nicht übersichtlicher. Ein Schild lässt hoffen: »Wir bauen um«.

GUT ZU WISSEN

»SNACKPOINT CHARLIE«

Gar nicht so einfach, Geschichte und Kommerz hier zu trennen. Am Checkpoint Charlie treffen Fakten und Fake aufeinander. Das Kontrollhäuschen auf der Mittelinsel ist so unecht wie die Männer in Uniform davor. Sie posieren gegen Geld für ein Foto, verteilen falsche Stempel und Passierscheine und tragen zur Rummelplatzatmosphäre des Ortes bei. Hinzu kommen Imbissbuden und Souvenirläden, die russische Mützen, T-Shirts mit amerikanischen Slogans und anderen Ramsch anbieten. Auch das »Mauermuseum« entlässt seine Besucher in einen Souvenirladen. Die seriösen Angebote – Black Box, Galeriewand und Asisi-Panorama – sind allemal einen Besuch wert.

Oben: Abenteuerliche Fluchten: Versteckt im Kofferraum eines VW-Käfers
Unten: Das Erinnerungsfoto muss sein.

Infos und Adressen

SEHENSWÜRDIGKEITEN

Black Box am Checkpoint Charlie. Täglich 10–18 Uhr. Zimmerstraße/Ecke Friedrichstraße, 10117 Berlin-Mitte, www.bfgg.de/projekte

Die Mauer asisi Panometer Berlin. Friedrichstraße 205, 10117 Berlin-Mitte, Tägl. 10–18 Uhr, www.asisi.de

Mauermuseum – Museum Haus am Haus am Checkpoint Charlie. Tägl. 9–22 Uhr. Friedrichstraße 43–45, 10969 Berlin-Kreuzberg, Tel. 030/253 72 50, www.mauermuseum.de

Museum für Kommunikation Berlin. Die Entwicklung von der Postkutsche bis zum iPad, Di 9–20, Mi–Fr 9–17, Sa–So 10–18 Uhr. Leipziger Straße 16, 10117 Berlin-Mitte, Tel. 030/20 29 40, www.mfk-berlin.de

Deutsches Currywurst Museum Berlin. Sehen, hören, riechen, interaktiv eingreifen und schmecken (mit Gratisprobe): Currywurst ist mehr als ein Kultimbiss. Täglich 10–18 Uhr. Schützenstraße 70, 10117 Berlin-Mitte, Tel. 030/88 71 86 47, www.currywurstmuseum.de

Heute museumsreif: Warnschild an der Sektorengrenze

U-Bahnhof Kochstraße

ESSEN UND TRINKEN

Ristorante Sale e Tabacchi. Edel-Italiener, bei dem auch immer wieder Prominente aus Film, Fernsehen und Politik ein und aus gehen. Rudi-Dutschke-Straße 23, 10969 Berlin-Kreuzberg, Tel. 030/252 11 55, www.sale-e-tabacchi.de

ÜBERNACHTUNG

Angleterre Hotel. Vornehmes Stadtpalais der Gründerzeit mit stilvoller Ausstattung. Friedrichstraße 31, 10969 Berlin-Kreuzberg, Tel. 030/20 21 37 00, www.hotel-angleterre.de

Hotel Gat Point Charlie. Was in Barcelona funktioniert, geht auch in Berlin. Minimale Ausstattung, fröhliches Design und dabei noch preisgünstig. Mauerstraße 81–82, 10117 Berlin-Mitte, Tel. 030/20 67 17 47, www.gatrooms.com

EINKAUFEN

Frau Tonis Parfum. Pfeffrig, fruchtig oder blumig? In der »Werkstatt der Düfte« findet jeder die passende Duftnote oder lässt sie sich kreieren. Mo–Sa 10–18 Uhr, Zimmerstraße 13, 10969 Berlin-Kreuzberg, Tel. 030/ 20 21 53 10, www.frau-tonis-parfum.com

26 Jüdisches Museum Berlin
Geschichten und Menschen

Über zehn Millionen Besucher in 15 Jahren: Das Jüdische Museum Berlin gehört zu den bedeutendsten Museen der Hauptstadt und hat große Anziehungskraft auf Touristen. Das liegt ebenso an der spektakulären Architektur von Daniel Libeskind wie an der Dauerausstellung, die 2000 Jahre gemeinsame deutsch- jüdische Geschichte und Kultur in einer lebendigen Inszenierung anschaulich macht.

Bekannt war er schon vorher, berühmt wurde er mit diesem Bauwerk: Daniel Libeskind, inzwischen längst international gefragter Star-Architekt, gewann im Sommer 1989 den Wettbewerb für einen »Erweiterungsbau des Berlin Museums mit Abteilung Jüdisches Museum«. Libeskinds genialer Entwurf rückte die deutsch-jüdische (Kultur-) Geschichte zwischen zwei Linien, »Between the Lines«. Die eine Linie markiert im Zickzack die Grundfläche, die andere verläuft gerade und durchstößt das Gebäude an mehreren Stellen in voller Höhe. An diesen Schnittpunkten entstehen »Voids«, leere Räume, 24 Meter hoch, die an das Verlorene durch die Vernichtung jüdischen Lebens in Deutschland erinnern.

Bis Libeskinds Entwurf umgesetzt wurde, vergingen Jahre: Mauerfall und Wiedervereinigung kamen dazwischen. Finanzprobleme mussten gelöst, die inhaltliche Konzeption neu durchdacht werden. Ende 1998 war der Bau vollendet. Das leere Haus wurde zur Berliner Attraktion und viele wünschten, man solle die Architektur mit ihren symbolischen Zeichen für sich sprechen lassen

Mitte: Im »Garten des Exils«
Unten: Die Installation »Shalechet – Gefallenes Laub« von Menashe Kadishman

Jüdisches Museum Berlin

und ganz auf eine Ausstellung verzichten Doch seit 2001 »füllen« die Dauerausstellung und Sonderausstellungen die Räume mit spannenden Geschichten und bewegenden Schicksalen.

Ausstellungsrundgang

Die Besucher betreten das Jüdische Museum durch das barocke Kollegienhaus von 1735, das von 1967 bis Anfang der 1990er-Jahre als Berlin-Museum diente: Jüdische Themen der Stadtgeschichte bildeten einen Schwerpunkt. In Libeskinds Neubau führt im Inneren zunächst eine Treppe in das tief liegende Untergeschoss, das sich in drei Achsen teilt. Die »Achse des Exils« zeigt Dokumente und Erinnerungsstücke zu Verfolgung und Auswanderung und öffnet sich – nachdem man eine schwere Tür aufgestoßen hat – zum »Garten des Exils«. Eine schiefe Ebene und geneigte Stelen stehen dort für die Halt- und Orientierungslosigkeit der Emigranten in einer fremden Welt. Die »Achse des Holocaust« endet in einem hohen leeren dunklen Turm. Museumsbesucher kehren zurück und folgen der »Achse der Kontinuität« und einer Treppe nach oben in den Ausstellungsbereich.

Die Dauerausstellung beginnt im zweiten Obergeschoss. Sie erzählt in dreizehn chronologischen Kapiteln, die sich teilweise thematisch auffächern, von jüdischem Leben in Deutschland vom Mittelalter bis zur Gegenwart. Die Ausstellungsinszenierung rückt Menschen wie den Philosophen und Aufklärer Moses Mendelssohn (1729–1786) in den Mittelpunkt, stellt einzelne Objekte in einen kulturellen Zusammenhang, erinnert an Einfluss und Errungenschaften jüdischer Persönlichkeiten, beleuchtet den Kampf um Anerkennung und Gleichberechtigung. Sie führt mit zahlreichen Dokumenten, Gebrauchsgegenständen und kostbaren

Nicht verpassen

KUNST AUS BERLIN UND FÜR BERLIN

Lust auf ein weiteres Museum? Schräg hinter dem Jüdischen Museum liegt die Berlinische Galerie, Berlins »Landesmuseum für Moderne Kunst, Fotografie und Architektur«. Präsentiert wird Kunst, die seit 1870 in Berlin und für Berlin entstanden ist. In Kunstepochen: von der Berliner Sezession über Dada Berlin, osteuropäische Avantgarde und Neue Sachlichkeit bis zu den Neuen Wilden und zur jungen Kunstszene nach dem Mauerfall. Vertreten sind Ikonen der Kunstgeschichte wie Max Liebermann, John Heartfield, George Grosz, Otto Dix, Jeanne Mammen und andere, gezeigt in einer Dauerausstellung und wechselnden thematischen Kapiteln. Spektakulär ist auch das Gebäude, eine ehemalige Lagerhalle, mit verschieden hohen und weiten Räumen.

Berlinische Galerie
Mi–Mo 10–18 Uhr
Alte Jakobstraße 124-128,
10969 Berlin-Kreuzberg,
www.berlinischegalerie.de

Das barocke Kollegienhaus von 1735 ist Eingang zum Jüdischen Museum.

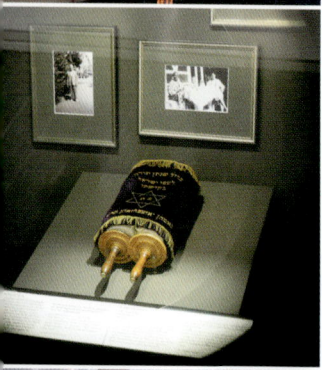

Kunstwerken Lebensweise und Alltag vor, erklärt Bräuche und religiöse Vorschriften und lädt an vielen interaktiven Stationen vor allem junge Menschen zur Beteiligung ein. Kinder und Schüler stellen nach den Touristen die meisten Besucher. Man kann für detaillierte Informationen Schubladen öffnen, Kopfhörer aufsetzen, Bildschirme berühren, in Comics blättern: Das Museum bietet viele Arten der Annäherung. Führungen und ein umfangreiches Bildungsprogramm gehören dazu, ebenso populäre Veranstaltungen von Jazz im Garten bis hin zum weihnachtlichen Chanukka-Markt.

Schwerpunkt Berlin

Bei der Fülle des Materials kann es hilfreich sein, Schwerpunkte nach eigenen Interessen zu setzen. Berlin-Besuchern sei besonders das Kapitel »Berlin, Berlin, 1890–1933« empfohlen, als die Metropole, dank jüdischer Künstler, Verleger, Wissenschaftler und Unternehmer, die etwa mit der Gründung der ersten Warenhäuser den Handel revolutionierten, aufblühte, bevor Hitlers Machtübernahme die gemeinsame deutsch-jüdische Geschichte beendete. Das letzte Kapitel gilt dem Wiedererstarken der jüdischen Gemeinden in Deutschland seit den 1990er-Jahren. Der Zeit nach 1945 wird die neue Dauerausstellung mehr Raum bieten, an deren Konzept gearbeitet wird.

Glashof und Garten

Mit einer aufregenden Konstruktion aus Stahl und Glas, die den U-förmigen Innenhof des barocken Altbaus überspannt, hat Libeskind einen Veranstaltungssaal hinzugewonnen. Und auch der landschaftlich gestaltete Garten bietet sich für Veranstaltungen an – und zur Erholung nach dem Rundgang.

Oben und Mitte: Objekte aus 2000 Jahren jüdischer Geschichte
Unten: Schnittpunkte enden im Nichts: Void

Infos und Adressen

SEHENSWÜRDIGKEITEN

Jüdisches Museum Berlin. Bei Vorlage des Tickets des Jüdischen Museums Berlin ermäßigter Eintritt in der Berlinischen Galerie (und umgekehrt). Täglich 10–20, Mo bis 22 Uhr. Lindenstraße 9–14, 10969 Berlin-Kreuzberg, Tel. 030/25 99 33 00, www.jmberlin.de

Museumsshop. Ausstellungskataloge, dazu ein breit gefächertes Buchsortiment, Poster, Postkarten, Papeterie, auch Tassen, T-Shirts, Schals und weitere Souvenirs. Tägl. 10–20 Uhr

Veranstaltungen im Jüdischen Museum Berlin
Begleitprogramm (Lesungen, Filme, Gespräche) zu allen Ausstellungen
Lange Nacht der Museen. Letzter Samstag im August
Kultursommer im Garten und im Glashof Juni–August

Berlin Gallery District. Rund 50 Galerien haben sich im Viertel zwischen Leipziger Straße und Halleschem Ufer, zwischen Wilhelm- und Lindenstraße angesiedelt. Ihre Angebote sind zu finden auf der gemeinsamen Plattform.
www.berlingallerydistrict.com

Straßenschilder verweisen auf jüdische Einrichtungen

Zeitreise durch 2000 Jahre jüdische Geschichte

Aufbau Haus – Kreativzentrum. Alles unter einem Dach: Verlagshaus (Aufbau Verlag u. a.), Theater, Galerie, Buchhandlung, Café, Bar, Restaurant, Kindergarten und – bei Planet Modulor – alle Materialien für kreative Menschen. Prinzenstraße 85/86, 10969 Berlin-Kreuzberg, www.aufbauhaus.de

Erholungstipp:
Die **Prinzessinnengärten** gegenüber. Ein erfolgreiches Beispiel für »Urban Gardening«.

ESSEN UND TRINKEN

Café Schmus im Jüdischen Museum. Zugang auch ohne Ausstellungsbesuch. Kreative jüdische Küche, nicht koscher, aber Verzicht auf Schweinefleisch, Schalen- und Krustentiere. Frühstück, Lunch, Snacks, Kaffee und Kuchen. Tägl. 10–20, Mo bis 22 Uhr

Café Dix. In der Berlinischen Galerie

ÜBERNACHTEN

Adina Apartment Hotel Berlin Checkpoint Charlie. Großzügige Apartments, toller Pool, ruhiger Innenhof. Krausenstraße 35–36, 10117 Berlin-Mitte, Tel. 030/200 76 70, www.adina.eu

27 Deutsches Technikmuseum
Nicht nur für kleine und große Jungs

Der erste Computer der Welt, ausladende Karossen, schnittige Rennwagen und ein Rosinenbomber, Typ Douglas C-47 »Skytrain«, der weithin sichtbar über der Dachterrasse an der Fassade schwebt und zum Erkennungszeichen des Museums wurde: Das Deutsche Technikmuseum ist eines der größten und bedeutendsten Technikmuseen der Welt und bietet mit seinen vielfältigen Abteilungen spannendes Entdecken und vergnügliches Erleben für die ganze Familie.

Der Standort nahe dem Gleisdreieck auf dem historischen Betriebsgelände des ehemaligen Anhalter Güterbahnhofs bietet den idealen Rahmen und mit zwei Ringlokschuppen, dem Beamtenhaus, Fabrikgebäuden und einem Neubau reichlich Platz für die umfangreichen Sammlungen des Museums.

Der erste Computer der Welt

In 18 Einzelabteilungen geht es um Herstellung, Funktion, Wirkung und Nutzung der Techniken in Verkehr, Kommunikation, Produktion und Energie. Sensationelle Originalexponate aus vergangenen Zeiten begeistern nicht nur Kinder und Technikfreunde. Das Museum zeichnet auch die Kulturgeschichte der Erfindungen und Entdeckungen nach. Die Menschen hinter der Technik kommen dabei ebenso ins Spiel wie das politische und soziale Umfeld. Konrad Zuse (1910–1995) zum Beispiel: Der junge Bauingenieur hasste stupide Standard-

Mitte: Schon die Fassade des Deutschen Technikmuseums macht neugierig.
Unten: Blick in einen Ausstellungsraum – hier mit kunstvollen Schiffsmodellen

Endstation Gleisdreieck

Einfach gut !

berechnungen und entwickelte in seinem Kreuzberger Wohnzimmer 1936 eine frei programmierbare mechanische Rechenmaschine, die Z1, und schuf damit den ersten Computer der Welt. Die originale Z1 wurde bei einem Bombenangriff auf Berlin zerstört. 1989 baute Konrad Zuse sie für das Deutsche Technikmuseum nach. Multimediale Installationen und Mitmachstationen laden zur aktiven Auseinandersetzung mit den Grundlagen moderner Computertechnik ein.

Highlights gibt es in jedem Bereich, besonders da, wo Maschinen und andere technische Einrichtungen in Funktion vorgeführt werden oder Besucher selbst Hand anlegen dürfen. Dauerhafte Publikumsmagneten sind Schifffahrt, Luft- und Raumfahrt im gläsernen Neubau sowie in den sanierten ehemaligen Lagerhallen in der Ladestraße die innovativen Ausstellungen »Mensch in Fahrt« zum Thema Mobilität und »Das Netz« über Menschen, Kabel, Datenströme.

Zu Wasser und in der Luft

Auf drei Etagen breitet sich die Ausstellung »Lebenswelt Schiff« aus. Der Bereich »Berlin ist aus dem

PARK AM GLEISDREIECK

Das Deutsche Technikmuseum belegt nur einen Teil des riesigen Geländes, auf dem einst Güterzüge be- und entladen wurden, und auf dem sich bis in die 1970er-Jahre Kohleberge türmten, um nach den Erfahrungen der Luftbrücke die Versorgung West-Berlins mit Heizmaterial sicherzustellen. Östlich des Technikmuseums, außerhalb des Museumsparks, gibt es seit 2011 einen neuen, von den Landschaftsarchitekten von »Grün Berlin« angelegten öffentlichen Park, der Relikte der Bahnzeit und der langen Stadtwildnis integriert. Mit weiten Rasenflächen, Wäldchen, Liegewiesen, Bankinseln, Spielplätzen, Sportflächen, Spazierwegen, »Rennstrecken« für Skater und Radfahrer sowie Duftrosengarten und Naturerlebnisräumen findet hier jeder, was seiner Erholung dient. 2013 wurde auch der Westpark eröffnet.

Eingang unter anderem am Science Center Spektrum durch die Ladestraße, Möckernstraße 26

Kahn gebaut« macht die Bedeutung der Binnen-schifffahrt zwischen Elbe und Oder für die Ent-wicklung er Stadt deutlich. Ein Highlight ist das aus der Havel geborgene Wrack eines Kahns von 1840. Auch die Geschichte des Wassersports zwi-schen Havel und Spree wird nachgezeichnet. Theoretisch ausführlich und mit reizvollen Expo-naten anschaulich wird der Modellbau vorgestellt: Im Sommer schicken Schiffsmodellbauer aus der Region ihre ferngesteuerten Schätze Marke Eigen-bau auf dem Museumsteich ins Rennen.

Die Geschichte der Hochseeschifffahrt führt unter anderem in das Zeitalter der Entdeckungen und präsentiert prachtvolle »Mitbringsel« aus fernen Welten. Thematisiert werden Kultur- und Waren-austausch zwischen den Völkern, aber auch Krieg und Kolonialisierung.

Die oberen Etagen belegt die Luftfahrt mit der Aus-stellung »Vom Ballon zur Luftbrücke«. Der Mensch-heitstraum vom Fliegen wird mit den ersten Ballon-fahrten wahr und vom Berliner Flugpionier Otto Lilienthal weiterentwickelt. Tüftler, Bastler und Fan-tasten prägten ab 1909 die Anfangszeit des Motor-fluges. Dazu ausgestellt sind Gleiternachbauten Lilienthals, Forschungsarbeiten und unterschiedliche Flugzeugtypen. Auch die Kriegsnutzung und die verheerende Wirkung von Einsätzen sind nicht ausgespart. Einen weiteren Schwerpunkt bildet die

Oben: Leckerbissen für Eisenbahn-freunde: eine Lok aus dem Jahr 1907
Unten: In der Abteilung für Luft-fahrt – Blick ins Cockpit eines Mili-tärflugzeugs

GUT ZU WISSEN

FRUST VERMEIDEN
26 000 Quadratmeter drinnen und draußen in 18 Abteilungen: viel zu viel für einen Besuch! Hilfreich bei der Auswahl können die angebotenen Vorfüh-rungen und Führungen sein. Das Programm wech-selt täglich, ein Zeitplan ist am Infotresen erhältlich.

Fertig zum Start

»Luftbrücke«, als 1948 West-Berlin ein Jahr lang aus der Luft versorgt wurde.

... und auf der Schiene

Eisenbahnfreunde sind fasziniert von rund 40 originalen Schienenfahrzeugen, Lokomotiven und Wagen aus der Zeit von 1843 bis 1985. Die Originalanlage mit zwei Halbrundlokschuppen und Drehscheiben auf dem Gelände stammt von 1874. Hinzu kommen Modelle, Signale, Uniformen und Gerätschaften, die an 33 Stationen Eisenbahngeschichte von 1800 bis 2000 erzählen. Ausführlich wird dabei auch die Rolle der Reichsbahn bei der Deportation und der Ermordung europäischer Juden durch die Nazi dargestellt.

Schließlich lädt der Museumspark zwischen Windmühlen und der historischen Brauerei (kein Ausschank) zum Entspannen ein. Man sollte sich nicht von der Idylle täuschen lassen: Auch Windmühlen und Schmiede haben mit Energietechnik zu tun. Begleitmaterial zu den Ausstellungen sowie Bücher und andere Produkte zu Themen des Museums findet man im angegliederten Shop »Wasmuth im Museum«.

Infos und Adressen

SEHENSWÜRDIGKEITEN

Deutsches Technikmuseum. Di–Fr 9–17.30, Sa–So 10–18 Uhr. Trebbiner Straße 9, 10963 Berlin-Kreuzberg, Tel. 030/90 25 40, www.sdtb.de

Ausstellungsbereich in der Ladestraße. »Mensch in Fahrt« und »Das Netz«. Ladeschuppen, Möckernstraße 26, 10963 Berlin-Kreuzberg

Science Center Spectrum. Zahlreiche Experimentierstationen laden zur Entdeckung der Welt und der Naturwissenschaften ein. Möckernstraße 26, 10963 Berlin-Kreuzberg

ESSEN UND TRINKEN

Anhalt. Museumsrestaurant. Trebbiner Straße 9, 10963 Berlin-Kreuzberg, Tel. 030/90 25 42 47

Tor 25. Bistro. Ladestraße, neben dem Spectrum und **TorEins.** Restaurant mit Terrasse zum Park am Gleisdreieck, Ladestraße, am Südende, beide: 10963 Berlin-Kreuzberg, Tel. 030/26 39 47 20

28 Friedrichshain
Jung, kreativ, alternativ

Prenzlauer Berg zu schick? Kreuzberg zu etabliert? Wie wäre es dann mit Friedrichshain: Die Szene dort ist jung, bunt, kreativ, alternativ und noch ganz schön berlinisch, auch wenn Touristen aus aller Welt den Kiez entlang der Diagonale zwischen Warschauer Straße und Boxhagener Platz längst entdeckt haben.

RAW-Gelände

Größte Partylocation, aber auch Ort für vielfältige Aktivitäten ist das RAW-Gelände nördlich der S-Bahn-Station Warschauer Straße. Hinter der mit bunten Graffiti bemalten Mauer entlang der Revaler Straße verbirgt sich ein riesiges Industriegelände, das ehemalige Reichsbahnausbesserungswerk RAW. In den Werkstätten zur Reparatur und Wartung von Lokomotiven und Waggons, 1867 als »königlich preußische Eisenbahnwerkstatt« aufgebaut, arbeiteten zeitweise bis zu 1400 Menschen. Zwischen 1991 und 1995 wurde das Werk schrittweise stillgelegt. Seit 1998 haben sich hier unterschiedliche Anwohnerinitiativen, soziokulturelle Projekte, angesagte Clubs, Künstler, Sportler, Zirkusleute und andere Kreative angesiedelt. Die verlassenen Industriehallen und ihre Nebengebäude eignen sich hervorragend für ganz unterschiedliche Nutzungen. Viele haben den Charme des Provisorischen bewahrt. Andere präsentieren sich schick wie der »Haubentaucher« mit Pool, Sonnendeck, Bar und Partyzone.

Einen großen Teil des Geländes hat sich das Cassiopeia gesichert. Offen für alle ist der Sommergarten mit Biergarten und Verpflegung vom Grill,

Mitte: Ein altes Pumpwerk wurde zum Kulturpalast: Radialsystem V.
Unten: Abhängen im Liegestuhl

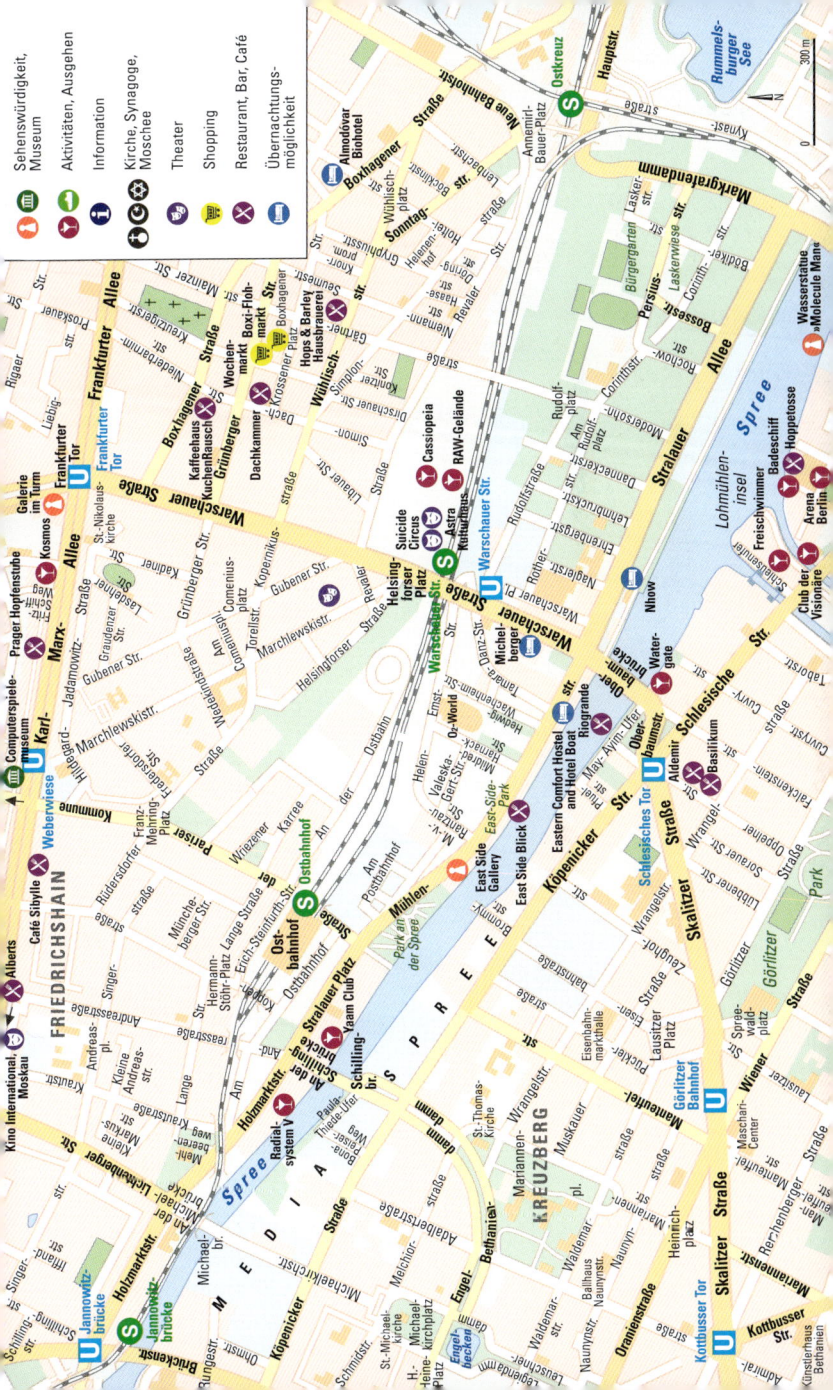

Legend

Sehenswürdigkeit, Museum

Aktivitäten, Ausgehen

Information

Kirche, Synagoge, Moschee

Theater

Shopping

Restaurant, Bar, Café

Übernachtungsmöglichkeit

FRIEDRICHSHAIN

KREUZBERG

MEDIA SPREE

Rummelsburger See

Spree

Ostkreuz

Ostbahnhof

Warschauer Straße

Schlesisches Tor

Görlitzer Bahnhof

Kottbusser Tor

Jannowitzbrücke

Schilling brücke

Frankfurter Tor

Weberwiese

Ostkreuz

Almodóvar Biohotel

Boxhagener

Boxi-Flohmarkt

Hops & Barley Hausbrauerei

Kaffeehaus KuchenRausch

Grünberger

Dachkammer

Cassiopeia

RAW-Gelände

Suicide Circus

Astra Kulturhaus

Wasserstatue »Molecule Man«

Badeschiff

Hoppetosse

Freischwimmer

Club der Visionäre

Arena Berlin

Nhow

Watergate

Riograndé

Michelberger

Eastern Comfort Hostel and Hotel Boat

Aldemir

Basilikum

East Side Gallery

East Side Blick

Stralauer Platz

Yaam Club

Radialsystem V

Galerie im Turm

Kosmos

Prager Hopfenstube

Computerspiele-museum

Café Sibylle

Alberts

Kino International Moskau

0   300 m

BERLINS ÄLTESTES KINO

Nördlich der Frankfurter Allee gibt es im Erdgeschoss eines Altberliner Wohnhauses ein kleines Kino – wie schon 1908. Damals hieß die Richard-Sorge-Straße noch »Tilsiter«. 1961 musste der Betreiber das Kino schließen; ein sowjetischer Offizier nahm auf der Rückreise in die Heimat die Projektoren und das Mobiliar mit und eröffnete ein Kino in der Stadt Sowjetsk. Die hieß bis 1946 Tilsit und war als Schauplatz des »Tilsiter Friedens« von 1807 in die Geschichte eingegangen. Nach der Wiedervereinigung brachte der Sohn des Offiziers die Kinoausstattung an ihren Ursprungsort zurück. Seit 1994 zeigen die Tilsiter Lichtspiele ein Kinoprogramm, in dem auch Filme laufen, die mit der Geschichte des Ortes, der Gegend, der Stadt zu tun haben.

Tilsiter Lichtspiele, Programmkino & Kneipe Richard-Sorge-Straße 25a, 10249 Berlin-Friedrichshain, www.tilsiter-lichtspiele.de

Was ist schöner als Berlin?

Kinderspielplatz, Freilichtbühne und Open-Air-Kino. Austoben können sich Anfänger und Könner in der großen »Skatehalle-Berlin« und im Kletterturm »Der Kegel«, einem früheren Wasserspeicher. Kernstück ist der Club »Cassiopeia«. Getanzt wird fast jede Nach auf bis zu drei Dancefloors, zu Live-Musik ebenso wie zu DJs. Fast alle Musikrichtungen sind vertreten

Konzerte und Party gibt es auch im »Astra Kulturhaus« sowie im »Suicide Circus«, einem kleinen Club mit Freigelände unter der Warschauer Brücke.

Simon-Dach-Straße

Bevor die Clubs für lange Partynächte öffnen, stärkt man sich in den zahllosen Kneipen, Bars und Restaurants der Gegend. Vor allem in der Simon-Dach-Straße stellt sich die Frage: Vietnamesisch oder Indisch, Cocktailbar oder Bierkneipe? Bei schönem Wetter ist die Entscheidung meist abhängig von freien Plätzen auf den Bürgersteigen. Das Essen ist preiswert, Happy Hour gilt meist den ganzen Abend.

Der Kiez war in den 1990er-Jahren ein Zentrum der Hausbesetzer. Heute finden sich in den Laden-

Mauerkunst

geschäften neben viel Gastronomie zahlreiche Boutiquen, besonders in der Wühlischstraße, in denen Berliner Designer Mode und Accessoires anbieten. Der Boxhagener Platz ganz in der Nähe ist die grüne Insel im dicht besiedelten Häusermeer, mit Kinderspielplatz und Planschbecken an einem und einer Ecke mit Kiosk für »Ganztagestrinker« am anderen Ende. Der mit Sträuchern und Blumenrabatten gerahmte Platz steht unter Denkmalschutz.

Dem Boxhagener Platz und dem Alltag in der DDR haben Thorsten Schulz mit seinem Roman von 2004 und Matti Geschonnek mit dessen Verfilmung 2010 ein anrührend-witziges Denkmal gesetzt. Gedreht wurde allerdings im Filmstudio Babelsberg: Die Häuser um den Platz waren doch zu schön saniert.

GUT ZU WISSEN

FEIERN OHNE ENDE

Man muss das schon mögen: Die Simon-Dach-Straße hat sich zu einer Partymeile entwickelt mit Jubel, Trubel, Heiterkeit. Preiswertes Essen und billiges Bier ziehen vor allem junge Touristen an, die am liebsten auf der Straße feiern, möglichst die ganze Nacht. Selbst wenn die Kneipen zwischen 22 und 24 Uhr die Plätze draußen schließen, geht es vor dem nächsten Spätkauf weiter und die nächste Party-Location ist ohnehin nicht weit. Doch aufgepasst: In der Gegend sind Drogendealer und geschickte Taschendiebe unterwegs. Auch Raubüberfälle kommen vor.

ESSEN UND TRINKEN

Dachkammer. Cocktail-Bar & Café. Simon-Dach-Straße 39, 10245 Berlin-Friedrichshain, Tel. 030/29 04 90 54, www.dachkammer.com

Hops & Barley Hausbrauerei. Selbstgebrautes Bier, kleiner gemütlicher Laden. Wühlischstraße 22/23, 10245 Berlin-Friedrichshain, Tel. 030/ 29 36 75 34, www.hopsandbarley-berlin.de

Kaffeehaus KuchenRausch. Außer Kuchen und Torten gibt es Frühstück (bis 16 Uhr) und saisonal wechselnde Gerichte. Simon-Dach-Straße 1, 10245 Berlin-Friedrichshain, Tel. 030/ 55 95 38 55, www.kuchenrausch.de

Foodmarket Berlin. Burger, Schnitzel, koreanische Spezialitäten u. a. Sa, So 12–22 Uhr. In der ehemaligen »Neuen Heimat«, RAW-Gelände, Revaler Straße 99 / Dirschauer Straße, Berlin-Friedrichshain

ÜBERNACHTEN

Almodóvar Biohotel. Bio auch in der Küche: Vegetarische und vegane Gerichte. Boxhagener Straße 83, 10245 Berlin-Friedrichshain, Tel. 030/692 09 70 80, www.almodovarhotel.de

Michelberger. Schräges Hotel für Freunde, Familien und ganze Bands, vom Einzelzimmer bis zur Hotel-WG; originell und individuell. Warschauer Straße 39/40, 10243 Berlin-Friedrichshain, Tel. 030/29 77 85 90, www.michelbergerhotel.com

AUSGEHEN

Partyszene RAW-Gelände. Revaler Str. 99, 10245 Berlin-Friedrichshain

29 Karl-Marx-Allee
Sozialistischer Klassizismus

Neben dem Kurfürstendamm und Unter den Linden hat Berlin eine dritte Prachtstraße: die Karl-Marx-Allee. Mit 90 Metern ist sie die breiteste und mit 60 Jahren die jüngste im Trio und das längste Baudenkmal in Europa. 2,3 Kilometer lang führt sie nahezu schnurgerade vom Alexanderplatz in Mitte, nur mit einem leichten Knick am Strausberger Platz, Richtung Osten bis zum Frankfurter Tor in Friedrichshain. Der daran anschließende erste Abschnitt der Frankfurter Allee gehörte ursprünglich auch zur Stalinallee.

Am 3. Februar 1952 wurde der Grundstein für ein monumentales Neubauprojekt der jungen DDR gelegt. Nach Moskauer Vorbild sollte mit der Stalinallee die erste sozialistische Prachtstraße Deutschlands entstehen. Und alle Werktätigen sollten mit anpacken. Wer genügend Aufbaustunden nachweisen konnte, bekam eine Chance: 1000 der über 3000 Wohnungen wurden verlost. Im Januar 1953 konnte das erste Haus bezogen werden. Jetzt sollte es noch schneller gehen. Die Normen überall im Land wurden erhöht. Die Bauarbeiter der Stalinallee forderten am 16. Juni deren Rücknahme. Einen Tag später kam es zum Volksaufstand, der mit russischen Panzern blutig niedergeschlagen wurde. Die Straße des 17. Juni durch den Tiergarten im Westen erinnert daran.

Die Stalinallee wurde weiter bebaut im »Sozialistischen Klassizismus« oder »Zuckerbäckerstil«. Die sieben- bis neunstöckigen Hochhausblöcke haben unterschiedliche Grundrisse, prächtige Eingänge, Ladengeschäfte oder Gastronomie im Erdgeschoss.

Mitte: Harrt noch der Renovierung: Haus in der Karl-Marx-Allee
Unten: Leben in der Stadt findet in Berlin vielfach im Freien statt.

Karl-Marx-Allee

Die reich verzierten Fassaden sind mit hellgrauen Keramik-Fliesen aus Meißen verkleidet. Die Wohnungen waren heiß begehrt: groß, mit Heizung, Aufzug, Bad und Elektroherd.

Zwei Kuppelbauten, angelehnt an die Türme am Gendarmenmarkt, markieren das Frankfurter Tor im Osten, zwei 13-stöckige Hochhäuser setzen den opulenten Schlusspunkt am Strausberger Platz. Der nächste Bauabschnitt bis zum Alexanderplatz entstand von 1961 bis 1964. Inzwischen hatte die Bauindustrie Fortschritte gemacht: Die Platte löste den sozialistischen Prunk ab. Andere Stimmen sagen: Das Material war knapp geworden. In diesem Teil fanden bis 1989 die alljährlichen Paraden zum Jahrestag der Gründung der DDR statt.

Die Stalinallee wurde 1961 in Karl-Marx-Allee und Frankfurter Allee umbenannt. Das Stalin-Denkmal verschwand. Seit 1990 steht die Karl-Marx-Allee unter Denkmalschutz. Seither wurden die Häuser saniert, fanden sich neue Eigentümer, sind die Mieten gestiegen, haben viele alte Läden dichtgemacht. 2008 schloss die Karl-Marx-Buchhandlung, der in dem Oscar-prämierten Film »Das Leben der Anderen« ein Denkmal gesetzt wurde. Die Leuchtschrift blieb, ebenso die massiven Bücherregale. Ansonsten herrscht Leere. Auch das »Café Sibylle« war schon mal geschlossen und wird jetzt von einer sozialen Einrichtung betrieben. Das Kaffeehaus in der früheren Milchtrinkhalle ist Anlaufpunkt für alle, die mehr wissen wollen über die Straße, ihre Entwicklung, ihre Bewohner. Außer Kaffee und Kuchen gibt es eine kleine Ausstellung. Eine Vitrine zeigt ein Ohr und ein Stück Bart des bronzenen Stalin-Denkmals. Nach Voranmeldung im Café kann man die Aussichtsplattform auf dem Dach besuchen, die einzige, die noch begehbar ist. Von oben überblickt man die ganze Allee vom Frankfurter Tor bis zum Fernsehturm.

Infos und Adressen

SEHENSWÜRDIGKEITEN

Café Sibylle. Café und Ausstellung, Mo 11–19, Di–So 10–19 Uhr, Karl-Marx-Allee 72, 10243 Berlin-Friedrichshain, Tel. 030/29 35 22 03, www.cafe-sibylle.de

Computerspielemuseum. Täglich 10–20 Uhr. Karl-Marx-Allee 93a, 10243 Berlin-Friedrichshain, Tel. 030/ 60 98 85 77, www.computerspielemuseum.de

Galerie im Turm. Kommunale Galerie. Di–So 11–19 Uhr. Frankfurter Tor 1, 10243 Berlin-Friedrichshain, Tel. 030/422 94 26, www.galerie-im-turm.net

Kino International. DDR-Premierenkino mit 60er-Jahre Charme. Karl-Marx-Allee 33, 10178 Berlin-Mitte, Tel. 030/24 75 60 11, www.kino-international.com

AVENUE-Berlin. Party im ehemaligen Café Moskau. Do–Sa ab 22, So ab 23 Uhr. Karl-Marx-Allee 34, 10178 Berlin, Tel. 0174/600 30 00, www.avenue-berlin.com

ESSEN UND TRINKEN

Alberts. Restaurant, Café, Bar und Party (Fr, Sa). Karl-Marx-Allee 35, 10178 Berlin-Mitte, Tel. 030/24 72 72 50, www.alberts-berlin.de

Prager Hopfenstube. Tschechische Spezialitäten und tschechisches Bier. Karl-Marx-Allee 127, 10243 Berlin-Friedrichshain, Tel. 030/426 73 67

FESTIVAL

Internationales Berliner Bierfestival. Am 1. Sa–So im August wird die Karl-Marx-Allee zur Biermeile.

SOMMER
in Berlin

Hauptsache draußen: ein Berliner Biergarten mitten im Grünen

Was ist besser als Berlin? Sommer in Berlin! Dieser Slogan der Tourismuswerbung ist für viele Berliner eine Selbstverständlichkeit, denn im Sommer gibt sich die Metropole im Nordosten Deutschlands ganz mediterran. Das Leben spielt vor allem draußen. Wichtiger Mitspieler in dieser Inszenierung ist das Wetter; bleibt zu hoffen, dass es seinen vorgesehenen Part perfekt beherrscht.

Straßenfeste und Open-Air-Festivals, Kino unterm Sternenhimmel, Badeseen und Bootsfahren, Sport und Spiel in vielen Parks, Picknick im Grünen, Radtouren rund um die Stadt: Berlin hat unendlich viele Orte, wo sich der Sommer genießen lässt. Je nach Lust und Laune entspannt oder aktiv. Hier eine kleine Auswahl:

Am und im Wasser

Freibäder gibt es in allen Bezirken, und zahlreiche Badeseen in und um Berlin laden zum Schwimmen, Sonnenbaden am Sandstrand sowie Wassersportfans ein. Die beliebtesten Seen sind der Wannsee (West) und der Müggelsee (Ost). Voll im Trend liegt das Steh-Paddeln oder SUP (Stand Up Paddling). Man kann aber auch ein Kanu mieten und über den Landwehrkanal paddeln (www.kajakberlintours.de). Wer lieber motorisiert über die Spree schippert: Bei »Spreeboote« an der Ausflugsgaststätte Hafenküche in der Rummelsburger Bucht kann man u.a. ein Boot mit Grill mieten; Grillgut und Picknickkorb stehen auch bereit (www.spreeboote.de).

Parks und Gärten

Picknickkörbe nach Wunsch packt »Picnic Berlin« (www.picnic-berlin.com) – direkt am Neuköllner Eingang Oderstraße zum weiten Tempelhofer Feld. Berlin hat rund 2500 öffentliche Grünanlagen: Volksparks, die zu Sport und Spiel einladen, herausragende Gartendenkmale wie der Schlossgarten Charlottenburg oder der Botanische Garten, moderne Gartenkunstwerke wie der Britzer Garten und die Gärten der Welt, aber auch kleine Oasen mitten im Kiez. Dazu gehört der Körnerpark, der einen noblen Privatgarten im Stil des frühen 20 Jahrhunderts repräsentiert. Beim »Sommer im Park« gibt es hier von Juni bis August Sonntagskonzerte »umsonst & draußen«, dazu Kaffee und Kuchen oder ein Glas Wein aus dem »Zitronencafé«.

Terrassen und Biergärten

Von den beliebten Strandbars an der Spree mussten inzwischen einige ihren Platz räumen. Ersatz fand die Partyszene auf den Dächern der Stadt. Kultstatus hat der »Klunkerkranich« auf dem Parkdeck eines Einkaufszentrums in Neukölln mit DJs oder Livemusik und mit weitem Blick über Berlin. Statt mit Holzbänken lockt das (Parkhaus-)»Deck5« in Prenzlauer Berg mit schicken Lounge-Möbeln. Den schönsten Sonnenuntergang kann man von beiden Locations aus genießen.

Biergärten haben in Berlin eine lange Tradition. Neu in der Stadt ist »Stone Brewing World Bistro & Gardens« auf dem Gelände des ehemaligen Gaswerks Mariendorf im Marienpark mit großem Garten und 65 verschiedenen Craft-Bieren.

30 Oberbaumbrücke
Am grünen Strand der Spree

Die Oberbaumbrücke überspannt die Spree zwischen Kreuzberg (West) und Friedrichshain (Ost) und verbindet die 28 Jahre durch die Mauer getrennten Stadtteile. Gemeinsam bilden sie seit 2001 den kleinsten Berliner Bezirk Friedrichshain-Kreuzberg. An beiden Ufern hat sich die junge kreative Szene Freiräume erobert – bis Investoren auch die letzten wilden Stellen »verschönern«.

East Side Gallery

Zwischen Ostbahnhof und Oberbaumbrücke erstreckt sich die East Side Gallery, die größte Open-Air-Galerie der Welt. Der mit 1,3 Kilometern längste erhaltene Abschnitt der Grenzanlagen der Berliner Mauer wurde 1990 von Künstlern aus aller Welt bemalt. Die insgesamt 105 Kunstwerke vermitteln kritisch, satirisch, hoffnungsvoll Botschaften zu Themen wie Freiheit, Mauern oder Menschenrechte.

Witterung und extremer Vandalismus hatten den Wandgemälden im Lauf der Zeit zugesetzt. 2009 kamen die meisten Künstler noch einmal nach Berlin, um zum 20. Jahrestag des Mauerfalls ihre Werke auf saniertem Grund zu wiederholen. Als Sinnbild für die Teilung der Stadt steht die East Side Gallery unter Denkmalschutz. Das hat viele Besucher aber nicht davon abgehalten, sich auf den Wandgemälden mit »Ich-war-hier«-Sprüchen zu verewigen. Auch nach der Sanierung zeigten sich schnell wieder Schmierereien auf den Kunstwerken. Jetzt hält ein Zaun die Besucher auf Abstand.

Mitte: Farbenfrohes wohnen in Kreuzberg
Unten: Eines der bekanntesten Motive der East Side Gallery

Die Oberbaumbrücke verbindet Kreuzberg (rechts) mit Friedrichshain (links).

Einfach gut !

Arena für Sport und Show

Kurz vor der Oberbaumbrücke öffnet ein Loch in der Mauer den Durchgang zum »East Side Park« auf dem ehemaligen Grenzkontrollweg und hinunter zum Schiffsanleger an der Spree mit Blick auf die Oberbaumbrücke. Richtung Norden erhebt sich die Mercedes-Benz-Arena. In der riesigen Halle haben das Basketballteam »Alba Berlin« und der Eishockey-Bundesligaverein »Eisbären« Heimrecht. Und wenn nicht sportlich gekämpft wird, ist der »Ring frei« für Rockkonzerte und Showveranstaltungen mit bis zu 17 000 Zuschauern.

Oberbaumbrücke

Wie eine märkische Festung mit Türmen, Zinnen und Wehrgängen ragt die Oberbaumbrücke aus der Spree und bildet südöstlich ein Eingangstor zur Berliner Innenstadt. Mit dem »Oberbaum« konnte ursprünglich an dieser Zollmauer die Zufahrt über die Wasserstraße versperrt werden. Erbaut wurde die Brücke 1895/96 in schönster märkisch-neogotischer Backsteinarchitektur, geschmückt mit Mosaiken und den Wappen märkischer Städte. 1902 ratterte der erste U-Bahn-Zug Berlins über die Hochbahn auf der zweiten Ebene

FÜR PARTY FANS

Am Schlesischen Tor war einst die (West-Berliner) Welt zu Ende. Nicht viel spielte sich ab rund um den U-Bahnhof und auf der Schlesischen Straße. Heute tobt das alternative Leben im Wrangelkiez, den die Wrangelstraße parallel zur Schlesischen durchquert. Die Gegend ist längst in Konkurrenz getreten zu Friedrichshain und Prenzlauer Berg, was die Zahl der Kneipen, Bars und Clubs angeht. Billig essen kann man hier, zur Happy Hour auch billig trinken und in vielen Clubs Party feiern. Der Kiez hat 24 Stunden geöffnet. Und wer doch einmal müde wird. Es gibt auch mehrere Hostels in der Schlesischen Straße. Ungewöhnlich schick für diese Gegend ist der Watergate Club mit seiner einzigartigen Lage am – und auf dem Wasser. Wer allerdings zu schick angezogen ist, kommt nicht rein. Auch das ist Kreuzberg.

Watergate
Falckensteinstraße 49, 10997 Berlin-Kreuzberg, Tel. 030/61 28 03 94, www.water-gate.de

der Brücke. Im April 1945 wurde der Mittelteil auf Befehl Hitlers gesprengt, um den Vormarsch der Roten Armee aufzuhalten. Nach provisorischem Wiederaufbau Anfang der 1950er-Jahre wechselten Fußgänger zwischen Ost- und West-Berlin, bis der Mauerbau 1961 die Verbindung unterbrach.

1994/95 wurde die Oberbaumbrücke in voller ziegelroter Schönheit rekonstruiert. Über sieben Bögen spannt sich die 128 Meter lange Brücke. Den Mittelteil, Durchfahrt für Schiffe aller Art, ersetzte der spanische Stararchitekt Santiago Calatrava durch eine unauffällig elegante Stahlkonstruktion. Die Spitze der beiden Türme zieren die Wappentiere Berliner Bär, von der Stadt aus gesehen links, und der Brandenburgische Adler. Von der nordwestlichen Brückenseite schweift der Blick frei auf die Skyline der Innenstadt, von der Kuppel des Berliner Doms über die Türme von Stadthaus und Rathaus bis zum Fernsehturm. Am schönsten ist das Panorama bei Sonnenuntergang.

Auf der anderen Brückenseite rollt oben die U-Bahn, während unter diesem Viadukt Fußgänger einen Kreuzgang mit eindrucksvollem Gewölbe durchstreifen. Am nordöstlichen Spreeufer haben sich entlang der Stralauer Allee in den alten Lagerhäusern am ehemaligen Osthafen Medien- und Mode-

Oben: Wohnen in Kreuzberg ...
Mitte: ... genießen beim »Türken um die Ecke«
Unten: »Molecule Man« – Eisenskulptur von Jonathan Borofsky

Oberbaumbrücke

unternehmen angesiedelt. Das ehemalige Eierkühlhaus direkt an der Brücke, in dem tatsächlich Eier gelagert wurden, ist Hauptsitz von »Universal Music«. Ein Stück weiter zieht der avantgardistische Neubau des Design- und Musikhotels »nhow« die Blicke auf sich. Der Turmaufbau erinnert an einen Hafenkran und scheint über dem Gebäude zu schweben. Am Südostufer bilden die »Treptowers« und die Skulptur des »Molecule Man« den markanten Blickpunkt. Die Terrasse unterhalb der Brücke, die auf dem Wasser zu schwimmen scheint, gehört zum »Watergate Club«.

Mehr Kreuzberg

Der Wrangelkiez am Schlesischen Tor grenzt an den Bezirk Treptow-Köpenick und bildet das östliche Ende von Kreuzberg. Der ehemalige Westbezirk hat noch viel mehr spannende Ecken, die es zu entdecken gibt. Die U-Bahn-Linie 1 durchquert ihn in ganzer Breite.

Multikulturell geht es in der Oranienstraße mit vielen bunten Geschäften und populären Bars, Kneipen, Restaurants zu. Idylle kann man zu beiden Seiten des Landwehrkanals finden. Besonders beliebt: das Planufer zwischen Kottbusser Damm und Urbanhafen. Vom Kottbusser Damm Richtung Südosten ist das Maybachufer, schon im Bezirk Neukölln gelegen, berühmt für seinen »Türkenmarkt«. Mit einer großer Kneipendichte wartet die Bergmannstraße zwischen der Markthalle am Marheinekeplatz und dem großbürgerlichen Mehrdingdamm auf. Bleibt noch der Kreuzberg, mit 66 Metern die höchste natürliche Erhebung im inneren Stadtgebiet. Oben Schinkels Nationaldenkmal von 1821 und eine schöne Sicht über die Stadt, zu Füßen ein Wasserfall, der dadurch überrascht, dass er nachts und im Winter das Rauschen einstellt.

Infos und Adressen

ESSEN UND TRINKEN

Von Pizza bis Thai-Food und Sushi: In der Schlesischen Straße befindet sich fast in jedem Haus ein Restaurant, eine Bar, eine Kneipe.

Aldemir. Vor der Eisdiele stehen die Schleckermäuler Schlange. Im Basilikum nebenan gibt es schnelle italienische Imbissküche. Falckensteinstraße 7. 10997 Berlin-Kreuzberg

Riogrande. Deutsch-österreichische Küche und dazu herrliche Aussicht auf die Spree. May-Ayim-Ufer 9, 10997 Berlin-Kreuzberg, Tel. 030/61 07 49 81, www.riogrande-berlin.de

ÜBERNACHTEN

Eastern Comfort – Swimming Hostel. Übernachten in netten kleinen Kabinen; Blick auf Oberbaumbrücke und die Skyline von Mitte. Das Schwesterschiff Western Comfort liegt gleich dahinter. Mühlenstraße 73, 10245 Berlin-Friedrichshain, Tel. 030/66 76 38 06, www.eastern-comfort.com

Nhow, NH Hotel. Designhotel. Mutig in Form und Farbe, außergewöhnlich in Architektur und Design. Große Terrasse mit Restaurant und Bar an der Spree. Stralauer Allee 3, 10245 Berlin-Friedrichshain, Tel. 030/290 29 90

KULTUR

Radialsystem V. Das ehemalige Pumpwerk an der Spree bietet Raum für alte Musik und neue Medien, zeitgenössischen Tanz und Musiktheater der Zukunft, für bildende Kunst und experimentelle Formate. Holzmarktstraße 33, 10243 Berlin-Friedrichshain, Tel. 030/28 87 88 50, www.radialsystem.de

31 Badeschiff und Arena
Der coolste Ort Berlins

Baden in der Spree? Wer dabei die Nase rümpft, hat das Badeschiff noch nicht erlebt! Ein zum großzügigen »infinity«-Pool umgebauter Lastkahn, zumindest ein Teil davon, liegt fest verankert im Fluss und vermittelt das Gefühl, mitten in der Spree zu schwimmen. Dabei ist das Wasser swimmingpool-blau und absolut sauber.

Sightseeing im Wasser

Zieht man seine Bahn Richtung Osten, schwimmt man direkt auf den Molecule Man zu. Die 30 Meter hohe Metallskulptur von Jonathan Borofsky steht in der Spree und vereint drei Figuren, die je nach Blickwinkel zu zweien oder zu einer verschmelzen. Die Skulptur steht vor den Treptowers, einem Ensemble aus mehreren Bürotürmen an der Elsenbrücke; einer ragt 125 Meter hoch heraus. Am nördlichen Spreeufer, dem ehemaligen Osthafen gegenüber, fällt der Blick auf die einstigen Speichergebäude, von denen einige heute als Fernsehstudios genutzt werden. Und im Westen erhebt sich der Fernsehturm hinter der Oberbaumbrücke – Sightseeing beim Schwimmen.

Das Badeschiff ist eine Berliner Attraktion. 2004 hatte es Premiere als Kunstprojekt, entworfen von Susanne Lorenz und der spanischen Architektengruppe AMP Arquitectos, das den Stadtraum bereichern sollte. Es blieb als einziger der damaligen Wettbewerbsbeiträge dauerhaft erhalten. Mit 32,5 Metern Länge, 8,2 Metern Breite und 2,08 Meter Tiefe bietet es ideales Schwimmvergnügen. Zwei über dem Wasser schwebende, mit Stegen verbundene Holzterrassen und ein Sandstrand am

Mitte: Eintauchen (fast) in die Spree: Badeschiff an der Arena
Unten: Fremde Kulturen ganz nah

Badeschiff und Arena

Ufer mit Liegestühlen und Open-Air-Bar bieten reichlich Platz zum Sonnenbaden und Partymachen. Zweimal in der Woche wird am frühen Morgen auf den Holzterrassen eine Yogastunde angeboten, und im »StandUpClub« (SUP) am Badeschiff kann man das Paddeln im Stehen trainieren. Erfahrene Paddler können auch mit einem Guide auf Tour über die Spree gehen.

Kulturort Arena Berlin

Das Badeschiff ist Teil der Arena Berlin in Treptow, ein außergewöhnlicher Veranstaltungsort auf dem Gelände einer ehemaligen Omnibus-Werkstatt. Die wurde seit den 1920er-Jahren betrieben, nach dem Mauerfall stillgelegt und Mitte der 1990er-Jahre neu belebt. Seither finden in der riesigen Halle, in der einst 280 Busse Platz fanden, große Veranstaltungen vom Rockkonzert bis zum Theaterspektakel statt. Einen kleineren Theaterraum und eine schicke Lounge gibt es im Glashaus. Im Club kann man feiern und abtanzen. Neben dem Badeschiff in der Spree liegt die ausrangierte »MS Hoppetosse«, eine populäre Partylocation an vielen Wochenenden.

Auf dem »Fuhrpark«, dem Außenbereich eines ehemaligen Autohauses zur Puschkinallee laden mit Gras überwachsene Autowracks und überdimensionale, ebenfalls begrünte Sitzbänke zum fröhlichen Relaxen ein. Unmittelbar am Flutgraben – die Grenze zwischen West- und Ost-Berlin verlief mitten hindurch – liegen sich die Szene-Bar Club der Visionäre in Treptow (Ost) und das Szenerestaurant »Freischwimmer« in Kreuzberg (West) gegenüber. Am »Freischwimmer« kann man Boote (Kanus, Kajaks und Tretboote) mieten.

Jenseits der Puschkinallee steht einer der drei letzten erhaltenen Wachtürme der DDR-Grenztruppen unter Denkmalschutz.

Infos und Adressen

Arena Berlin. Eichenstraße 4, 12435 Berlin-Treptow, Tel. 030/533 20 30, www.arena.berlin

Badeschiff. Mai–Sept. ab 8 Uhr, Mobil 0162/545 13 74

Club der Visionäre. Mo–Fr ab 14, Sa–So ab 12 Uhr. Am Flutgraben, 12435 Berlin-Treptow, Tel. 030/69 51 89 42, www.clubdervisionaere.com

Freischwimmer. Di –Fr ab 16, Sa–So ab 10 Uhr. Vor dem Schlesischen Tor 2a, 10997 Berlin-Kreuzberg, Tel. 030/61 07 43 09, www.freischwimmer.berlin

Hoppetosse – Partyschiff. Geöffnet je nach Veranstaltung

Frühsport an der Spree: Die Sonnenterrassen der Arena sind ein guter Ort für Yogaübungen.

TIERGARTEN/ CHARLOTTEN- BURG

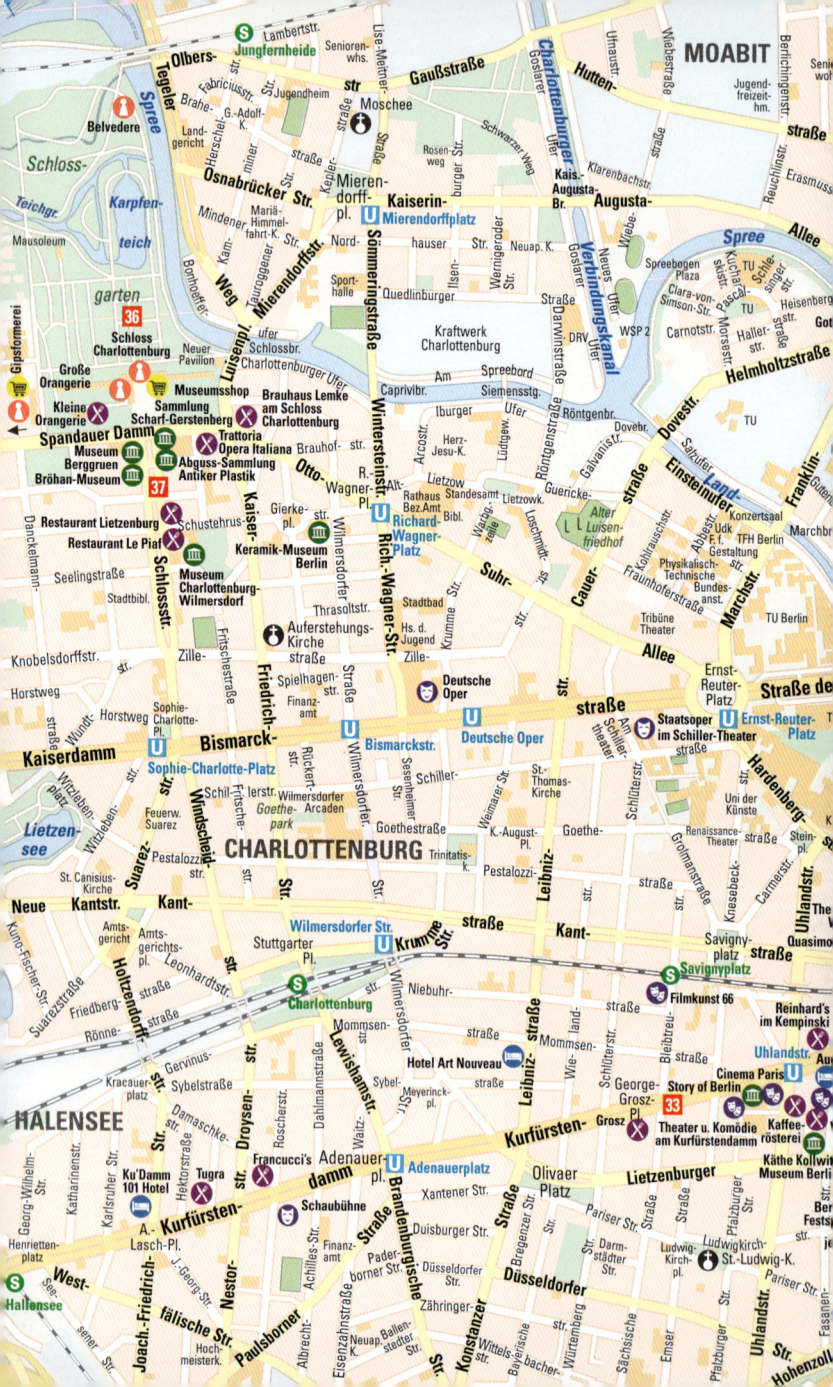

32 Gedächtniskirche
Wo die City West pulsiert – und sich neu erfindet

»Bei uns, um die Gedächtniskirche rum...«: Der Titelsong einer Revue von Friedrich Hollaender beschreibt den tosenden Mittelpunkt des Berliner Lebens in den Goldenen Zwanzigerjahren. Und genau das will die Gegend zwischen Bahnhof Zoo und dem KaDeWe wieder werden. Rund um die frisch sanierte Kaiser-Wilhelm-Gedächtniskirche auf dem Breitscheidplatz verändert das Zentrum der City West sein Gesicht.

Zwei Hochhäuser markieren die neue West-Berliner Skyline: beide 118 Meter hoch. Das »Zoofenster« beherbergt das Fünf-Sterne-Premium-Hotel »Waldorf Astoria Berlin«. Es ist das erste Hotel mit dem feinen Namen in Deutschland und verspricht höchsten Luxus vom Straßencafé-Restaurant »Roca«, dessen Name sich an das legendäre Romanische Café anlehnt, das in Hollaenders Lied besungen wird, über das Gourmet-Restaurant »Les Solistes« bis zum Wellnessbereich mit Pool und Sonnenterrasse. Je höher, desto teurer sind die luxuriösen Zimmer und Suiten. Wer es sich leisten kann, blickt – grandios – von der Präsidentensuite fast über ganz Berlin. Nicht viel mehr als einen Drink soll der Ausblick aus der rundum verglasten Skybar im gegenüberliegende »Upper West«-Hochhaus kosten, das 2017 seine Tore öffnet. Neben Geschäften und Büroräumen belegt das »Motel One« Flagship-Hotel rund 580 Zimmer auf 18 Etagen.

Europa-Center

»Nur« 103 Meter hoch ist das Europa-Center. Bei der Eröffnung 1965 wurde es als revolutionär ge-

Unten: Wahrzeichen der City West: Kaiser-Wilhelm-Gedächtniskirche
Bild Seite 174/175: Wie Urlaub: Im Ruderboot auf dem Neuen See im Tiergarten

Fast wie in Afrika: Giraffen vor dem Antilopen-
haus im Zoo Berlin.

feiert. Zum ersten Mal befand sich die
berühmte Berliner Mischung von Einkaufen, Arbeiten, Wohnen (im Palace-Hotel) und
Vergnügen unter einem Dach, vom Keller bis unter den weithin sichtbaren Mercedes-Stern.

Veränderungen im Inneren des Gebäudekomplexes
hat es immer wieder gegeben, geblieben sind im
Untergeschoss die Stachelschweine, die mit ihrem
munter politischen Kabarett auch bissig zubeißen
können. Ebenfalls tief unten freut sich das riesige
Erlebnislokal »Irish Pub« über großen Zulauf von
Publikum aller Altersklassen. Weitere Lokale und
Geschäfte finden sich auf insgesamt drei Etagen.
Ganz oben im Büroturm genießt das junge schi-
cke Partyvolk in der »Puro Sky Lounge« glänzende
Aussichten auf das nächtliche Berlin.

Eine außergewöhnliche Sehenswürdigkeit im Atrium ist die Uhr der fließenden Zeit, ein 13 Meter
hohes Gebilde mit wassergefüllten Glaskugeln, an
deren Wasserstand man – nach kurzer Beobach-
tung – die aktuelle Uhrzeit ablesen kann.

Die südlichen Eingänge des Europa-Center liegen
an der Tauentzienstraße, die bis zum KaDeWe am

Nicht verpassen

HAUPTSTADT-ZOO

Berühmt ist der Zoologi-
sche Garten Berlin seit der
Eröffnung 1844. Der älteste
Zoologische Garten Deutschlands
ist auch der artenreichste der Welt.
Highlights sind Raubtier-, Flusspferd-
und Nachttierhaus sowie das größte
Vogelhaus Europas. Im Zoo-Aquar-
ium sind Biotope für Haie, Piranhas
und die Fische der Korallenriffe nach-
gebildet. Berlin hat vieles doppelt:
Pendant im Osten ist der weitläufige
Tierpark Friedrichsfelde.

Zoologischer Garten Berlin
Täglich, im Sommer 9–18.30 Uhr,
im Winter 9–16.30 Uhr
Eingänge: Hardenbergplatz und
Elefantentor/Budapester Straße,
10787 Berlin-Charlottenburg,
Tel. 030/25 40 10, www.zoo-berlin.de

Zoo-Aquarium
Täglich 9–18 Uhr
Budapester Straße 32

Tierpark Berlin Friedrichsfelde
Am Tierpark 125, 10319 Berlin-
Friedrichsfelde, Tel. 030/51 53 10,
www.tierpark-berlin.de

Blick zum Europa-Center

Nicht verpassen

ZENTRUM DER FOTOGRAFIE

Das Werk Helmut Newtons (1920–2004) und seine »Private Properties« sind im Museum für Fotografie zu sehen. Außerdem werden wechselnde Ausstellungen aus dem reichen Fundus der fotografischen Sammlungen der Staatlichen Museen zu Berlin gezeigt. Die benachbarte Galerie C/O Berlin ist ein Ausstellungshaus für Fotografie und visuelle Medien, präsentiert renommierte Künstler und fördert junge Talente.

Museum für Fotografie/ Helmut Newton Stiftung.
Di–So 11–19, Do bis 20 Uhr
Jebensstraße 2,
10623 Berlin-Charlottenburg,
Tel. 030/31 86 48 56; 266 42 42 42,
www.helmutnewton.com
www.smb.museum

C/O Berlin im Amerika Haus
täglich 11–20 Uhr, Hardenbergstraße 22–24, 10623 Berlin,
Tel. 030/28 44 4 16 62,
www.co-berlin.org

Wittenbergplatz jede Menge weitere Einkaufsmöglichkeiten bietet. Westlich gelangt man vom Souterrain und vom Erdgeschoss aus auf den Breitscheidplatz und zum Weltkugelbrunnen, respektlos-berlinisch »Wasserklops« genannt, den der Künstler Joachim Schmettau mit allerlei witzigen Figuren bestückt hat und dessen flache Kaskaden im Sommer Kinder zu fröhlichem Planschen einladen. Im Winter findet auf dem Breitscheidplatz ein traditioneller Weihnachtsmarkt mit Budenzauber statt.

Lifestyle-Shopping: Bikini Berlin

Entlang der Nordseite entstand mit »Bikini Berlin« ein Einkaufszentrum der neuen Art: Lifestyle und Erlebnisraum, Urbanität und Natur, Geschichtsbewusstsein und Zukunftsvision in bester Harmonie. Zu finden sind exklusive Design-Shops und Modelabels, aber auch junge Kreative, die in kleinen hölzernen »Boxes« handgefertigte Mode, Schmuck, Accessoires, Taschen, Papeterie und Delikatessen anbieten. Durch eine große Glasfront im Erdgeschoss und von der begrünten Terrasse auf der Rückseite, zu der eine breite Außentreppe von der Budapester Straße führt, hat man beste Aussicht auf den Zoologischen Garten. Den Namen Bikini-

Gedächtniskirche

Haus erhielt der lang gestreckte Vorgängerbau, weil im zweiten Stock ein »Luftgeschoss« architektonisch Akzente setzte. Später wurde es geschlossen und eine Zeit lang als Kunsthalle genutzt. Das Bikini-Projekt schließt das Designhotel »25hours« mit den Szene-Hotspots »Monkey Bar« und Restaurant »Neni« sowie den Zoo-Palast ein. Das bedeutendste Premierenkino West-Berlins, 1957 von den Internationalen Filmfestspielen eröffnet, erfreut nun mit hochmoderner Technik und bequemen Kinosesseln.

Kaiser Wilhelm-Gedächtniskirche

Der Turm der historischen Kaiser-Wilhelm-Gedächtniskirche, Wahrzeichen des alten West-Berlin, ragt mahnend in den Himmel. Die Kirche wurde 1895 geweiht, erbaut auf Wunsch des Kaisers Wilhelm II. zu Ehren seines Großvaters, des ersten deutschen Kaisers Wilhelm I., der 1888 gestorben war. Bei einem Luftangriff am 22. November 1943 zerstörten Bomben das Kirchenschiff und die Spitze des Hauptturms brach ab.

1961 wurde nach langem Ringen um den Erhalt der Ruine und Streit über die moderne Architektur die neue Gedächtniskirche eingeweiht. Architekt Eugen Eiermann hatte vier Baukörper entworfen – Kirchenraum, Kapelle, Foyer und Glockenturm -, die den Turmstumpf, früher gern als »hohler Zahn« bezeichnet, in die Mitte nehmen. Spektakulär ist die Wabenfassade der Neubauten aus in Chartres gefertigten blauen Glasbausteinen. Die rund 16 000 Fensterelemente reflektieren das Licht nach innen und außen, abends durch Hinterleuchtung unterstützt, und schaffen im Inneren eine meditative Atmosphäre, besonders wirkungsvoll bei Kirchenkonzerten. Außer während Gottesdiensten steht die Kirche zur Besichtigung offen.

Oben: Altarraum der Gedächtniskirche
Unten: Detail der Gedächtniskirche

Im alten Turm wurde eine Gedenkhalle eingerichtet, die mit Architekturfragmenten, Fotos und Dokumenten an die Baugeschichte und die Zerstörung erinnert. Sie lässt auch erkennen, welche Pracht hier verloren ging.

Herz der City West

Der Breitscheidplatz und die davon abgehenden Straßen bilden das Herz der City West. »Hier handelt Berlin«, verkündet die Arbeitsgemeinschaft City West, die mit zahlreichen Aktionen wie Straßenfesten und attraktiver Weihnachtsbeleuchtung noch mehr Kauflustige anziehen möchte. Genügend Geschäfte sind im Umkreis vorhanden. Gebaut wird weiter.

Oben: Stimmungsvolles Licht und Ruhe im Kircheninneren ...
Mitte und unten: ... pulsierendes Großstadtleben draußen

Infos und Adressen

ESSEN UND TRINKEN

La Sepia. Fisch und Meeresfrüchte à la Spanien und Portugal. Marburger Straße 2, 10789 Berlin-Charlottenburg, Tel. 030/213 55 85, www.lasepia-berlin.de

Puro Berlin – Bar, Club, Sky Lounge. Do, Sa Party mit Aussicht und Live-Musik oder DJ (ab 22 Uhr). Europa Center, Tauentzienstraße 11, 10789 Berlin, Tel. 030/26 36 78 75, www.puroberlin.de, purothebar.de

Ranke 2. Urige Alt-Berliner-Kneipe mit Berliner und deutscher Küche. Täglich ab 9 Uhr geöffnet. Rankestraße 2, 10789 Berlin-Charlottenburg, Tel. 030/883 88 82

ÜBERNACHTEN

Waldorf Astoria Berlin. Hoch hinaus im Luxus: zeitlos-klassisch-elegant. Café-Restaurant »Roca«, Peacock Gallery Bar. Hardenbergstraße 28, 10623 Berlin-Charlottenburg, Tel. 030/814 00 00, www.waldorfastoria.com

Hotel Palace Berlin. Privat geführtes Luxushotel, Zimmer mit klassischer oder Design-Ausstattung. Großer Wellnessbereich mit Pool. Budapester Straße 45, Europa Center, 10787 Berlin, Tel. 030/250 20, www.palace.de

Die Uhr der fließenden Zeit im Europa-Center

Wohnliches zum Thema Lifestyle und Design gibt es im Stilwerk in der Kantstraße.

25hours Hotel Bikini Berlin. Vorne die Einkaufswelt, hinten der Zoo und dazwischen das angesagte Hotel. Hotspots auch für Nicht-Hotelgäste sind die »Monkey Bar« und das Restaurant »Neni«. Beide im Dachgeschoss mit Terrasse und Aussicht auf den Zoo und über die Stadt. Budapester Straße 40, 10787 Berlin, Tel. 030/12 02 210, www.25hours-hotels.com

KULTUR

Die Stachelschweine. Die Stacheln treffen immer noch. Kabarett-Theater im Europa-Center, Tauentzienstraße 9–12, 10789 Berlin-Charlottenburg, Tel. 030/261 47 95, www.diestachelschweine.de

ERHOLUNG/INFORMATION

Thermen am Europa Center. Über den Dächern Berlins mit Innen- und Außenpool, Saunen, Kosmetik-Anwendungen, Fitnessraum, Bistro, Dachterrasse. Nürnberger Straße 7, 10789 Berlin-Charlottenburg, Tel. 030/257 57 60, www.thermen-berlin.de

Tourist-Info Berlin. Europa Centor, Tauentzienstr. 9 (Erdg.). Mo–Sa 10–20 Uhr. 10789 Berlin-Charlottenburg, Tel. 030/25 00 25, www.visitberlin.de

33 Der Kurfürstendamm
Berlins beliebtester Bummelboulevard

Die City West liegt im Trend und mit ihr der Kurfürstendamm, salopp abgekürzt Kudamm. Er war nach dem Mauerfall in den Schatten der historischen Mitte geraten. Jetzt ist der Boulevard, zu Zeiten der geteilten Stadt glamouröses Schaufenster des Westens, wieder souverän zurück – und verändert sich weiter.

Der Kurfürstendamm ist Berlins beliebteste Bummel- und Shoppingmeile: Die Bürgersteige sind breit genug zum Flanieren, Geschäfte und Galerien, Kunst und Kommerz, Wohnen, Arbeiten, Gastronomie wechseln sich ab, und auch abends ist immer was los. Angelegt wurde der Kurfürstendamm vor 150 Jahren genau zu diesem Zweck: Sehen und Gesehenwerden.

Zur Geschichte des Kudamms

Reichskanzler Otto von Bismarck (1815–1898) hatte die Idee aus Paris mitgebracht: So etwas wie die Champs-Elysées sollte auch die Reichshauptstadt haben, einen repräsentativen Boulevard, breit genug für Pferdewagen, Reiter und Flaneure, die hinaus strebten ins Grüne. Einen »Churfürstendamm« gab es schon seit 1542, angelegt für Kurfürst Joachim II., damit der Herrscher auf dem Weg zu seinem Jagdschloss »im gruenen Wald« nicht im Sumpf stecken blieb.

Am 5. Mai 1886 fuhr die erste Dampfstraßenbahn vom Zoologischen Garten bis Halensee auf der 53 Meter breiten Straße, die zunächst noch spärlich von Landhäusern gesäumt war. Doch durch

Mitte: Markanter Prachtbau an der Ecke Kurfürstendamm/Leibnizstraße
Unten: Der Bummel über den Kudamm gehört zum touristischen Standard-Programm.

Das legendäre Café Kranzler kommt wieder!

die fortschreitende Industrialisierung
hatte der Aufstieg des Großbürgertums
bereits begonnen. Berlin dehnte sich in
Richtung Westen aus bis nach Charlottenburg, damals eine der reichsten Städte Preußens.
Es entstanden Villenkolonien in Westend und im
Grunewald, und am Kurfürstendamm wurden
prächtige Häuser gebaut: vier Stockwerke hoch,
mit Balkonen, Erkern, Säulen, Skulpturen und viel
Stuck verziert, mit repräsentativen Eingängen und
großzügigen Etagenwohnungen. Einige davon sind
heute Hotels.

1920 »schluckte« das neu geschaffene Groß-Berlin
auch Charlottenburg. Die selbstständige Stadt
wurde eingemeindet, zog Künstler und Bohème
an und entwickelte sich zum pulsierenden Zentrum der Goldenen Zwanzigerjahre. Die Theater,
Kabaretts, Uraufführungskinos, Kaffeehäuser und
Restaurants am Kurfürstendamm wurden legendär. Nach den Kriegszerstörungen waren von 235
Häusern nur 43 noch bewohnbar. Die Ruine der
Kaiser-Wilhelm-Gedächtniskirche wurde zum
Wahrzeichen West-Berlins, das langsam wieder
aufblühte. Der Neubau der Gedächtniskirche
(1961) und das Europacenter (1965) bildeten das
neue Zentrum.

Nicht verpassen

BERLINER FESTSPIELE

MaerzMusik, Theatertref-
fen, Musikfest Berlin, Internationales Literaturfestival, Jazzfest Berlin und mehr: Die Berliner
Festspiele sorgen im eigenen Haus
und außerhalb mit kreativen Köpfen
für ein anspruchsvolles Kulturprogramm rund ums Jahr. Zentrum der
Festivals ist das Haus der Berliner
Festspiele am südlichen Ende der
Meinekestraße. Wer nach leichterer
Kost sucht, wird gleich nebenan auf
dem Parkdeck im wunderbaren Spie-
gelzelt der Bar jeder Vernunft mit
wechselnden musikalisch-kabaret-
tistischen Programmen bestens und
niveauvoll bedient.

Berliner Festspiele
Schaperstraße 24,
10719 Berlin-Wilmersdorf,
Tel. 030/25 48 90,
www.berlinerfestspiele.de

Bar jeder Vernunft
Schaperstraße 24,
Tel. 030/885 69 20,
www.bar-jeder-vernunft.de

Flaniermeile Kurfürstendamm

Einfach gut !

OASE IN DER FASANENSTRASSE

Literarischer oder kulinarischer Genuss? Am besten
beides in der Gründerzeitvilla mit
lauschigem Garten. Das Literaturhaus Berlin lädt (nicht täglich) zu Lesungen, Gesprächen, Diskussionen
oder Vorträgen, gelegentlich auch zu
Kammermusik ein und präsentiert
Ausstellungen über Schriftsteller und
zu literarischen Themen. Die Buchhandlung »Kohlhaas & Company« im
Haus hat das passende Sortiment
dazu; außerdem eine große Auswahl
an Berlin-Büchern. Das Café-Restaurant im Haus serviert saisonale Bistro-
Küche, drinnen im Kaffeehaus-Am-
biente des eleganten Wintergartens,
im Sommer auch draußen in idyllischen Garten. Die Plätze dort sind allerdings heiß begehrt! Hier vergisst
man schnell, dass man sich in der
Großstadt befindet.

Literaturhaus Berlin.
Fasanenstraße 23,
10719 Berlin-Charlottenburg,
Tel. 030/887 28 60,
www.literaturhaus-berlin.de

Wintergarten.
Café-Restaurant im Literaturhaus,
Tel. 030/882 54 14

Die Mischung macht's

Westlich der Gedächtniskirche am Breitscheidplatz beginnt der Kurfürstendamm –
mit Hausnummer 11, weil die heutige Budapester
Straße nördlich der Gedächtniskirche bis 1925
Teil des Kurfürstendamms war. Gezählt werden
die Hausnummern von hier bis Halensee – drei-
einhalb Kilometer lang ist diese Ost-Südwest-
Achse – und von dort auf der südlichen Straßenseite weiter wieder zurück.

Vom Breitscheidplatz bis zur Uhlandstraße findet
sich die typische Kudamm-Mischung aus Kauf- und
Bekleidungshäusern, Hotels, Restaurants, Büros,
Cafés und zwischendrin die komfortable Astor
Filmlounge, eines der beiden letzten Kudamm-
Kinos. An der Joachimsталer Straße treffen die
Architektur der 1950er-Jahre und der Jahrtausend-
wende aufeinander. Unter Denkmalschutz stehen
die gläserne Verkehrskanzel über dem U-Bahnein-
gang, von der aus ein Polizist die Ampelanlage re-
gelte, und gegenüber das legendäre Café Kranzler.

Das Café mit der charakteristischen Rotunde, derzeit im Um- und Ausbau, verspricht eine vergrößerte Dachterrasse mit schönem Ausblick auf den
Kurfürstendamm. Den genießt man auch schräg
gegenüber von der Terrasse des Restaurants »44«
im Swissôtel. Das Hotel belegt einen großen Teil

Der Kurfürstendamm

des Kudamm-Ecks, das durch seine behäbige Rundung auffällt. Spitz zulaufend ragt hinter dem historischen Kranzler das Neue Kranzler-Eck von Stararchitekt Helmut Jahn in den Himmel. Aus dem gläsernen Hochhaus hat die »Berliner Morgenpost« das Geschehen bestens im Blick. Unten führt ein Durchgang zur Kantstraße und zum traditionsreichen Theater des Westens, das heute Musical-Bühne ist, und, auf halbem Weg rechts ab, zu einer ruhigen Piazza mit Bänken und zwei großen Volieren für exotische Vögel.

Abstecher in die Seitenstraßen

Die Kudamm-Seitenstraßen sind mit ihren Edelboutiquen, Galerien, Alt-Berliner Pensionen und ganz unterschiedlichen Restaurants selbstverständlicher Teil des Kurfürstendamms. Es lohnt sich also, links und rechts des Kudamms Abstecher zu unternehmen.

An der Kreuzung mit der Fasanenstraße behauptet sich Kempinski seit 1926, zunächst als Weinhaus und Restaurant. In den letzten Kriegswochen zerstört – die jüdische Familie Kempinski war schon früher emigriert –, wurde an gleicher Stelle 1952 das Hotel Kempinski eröffnet und zur ersten Adresse in West-Berlin. Im »Kempi« logierten sie alle, die Stars von Film, Show und Sport und Politiker wie Ronald Reagan. Das Terrassencafé »Reinhard's« am Kempi ist immer noch ein idealer Logenplatz zum Sehen und Gesehenwerden. Jüngst wurde das Hotel mit seiner abgerundeten Ecke unter »Ensembleschutz« gestellt, um einen möglichen Abriss durch neue Besitzer zu verhindern.

Wer der Fasanenstraße nach Süden folgt, findet mit dem Literaturhaus (s. S. 186), dem Käthe-Kollwitz-Museum und dem Auktionshaus Grisebach letzte Zeugen der frühen Bebauung am Kurfürs-

Oben: Herberge der Stars: Das Kempinski-Hotel an der Fasanenstraße
Unten: Galerie aus dem Viertel

tendamm, als noch Platz für Gärten zur Verfügung stand. Richtung Norden kommt man am Jüdischen Gemeindehaus vorbei, wo einst die Große Synagoge stand, und gelangt wieder zur Kantstraße. Hier bieten Delphi-Filmpalast, der Jazzkeller Quasimodo, die sympathische kleine Vagantenbühne und das prunkvolle Theater des Westens ein breites Angebot.

Bauprojekte im 21. Jahrhundert

Und noch eine abgerundete Ecke. An der Uhlandstraße liegt das »Maison de France«. Das französische Kulturinstitut hat eine umfangreiche Mediathek, veranstaltet Konzerte, Lesungen, Ausstellungen, zeigt im »Cinéma Paris« (nicht nur) französische Filme und bietet im Bistro köstliche französische Küche.

Im Kudamm-Karree im selben Block spielen zwei erfolgreiche Boulevard-Bühnen, und im Erlebnismuseum »Story of Berlin« wird die Geschichte Berlins mit moderner Multimediatechnik szenisch dargestellt.

Am Kudamm 195 entstand eine Glaspyramide mit gläsernem Turm. Trotz der edlen Neugestaltung des Büro-, Wohn- und Geschäftshauses blieb Bier's, die Imbissbude mit Kultcharakter, erhalten: Hier fährt der Snob mit dem Porsche vor und trinkt zur angeblich besten Currywurst in Berlin ein Glas Champagner. Nachbar ist das Haus Cumberland, 1912 als luxuriöses Boarding-House erbaut, später unter anderem von der Berliner Oberfinanzdirektion genutzt. Hinter der restaurierten historischen Fassade des riesigen Gebäudekomplexes Kurfürstendamm 193/194 gruppiert sich eine exklusive Wohnanlage um idyllische Innenhöfe. Im Vorderhaus sind Büros, Geschäfte und das Edel-Restaurant und Kaffeehaus »Grosz« eingezogen.

Oben: Gutes Theater: Schaubühne am Lehniner Platz
Unten: Spiegelndes Glas: Neues Kranzler Eck

Der Kurfürstendamm

Exklusive Shoppingmeile

Geheimtipp

Nicht nur die neuen Bewohner des Hauses Cumberland finden im Umfeld reichlich exklusive Modegeschäfte. Zwischen Bleibtreustraße und Olivaer Platz sind nahezu alle Top-Designer und Luxusmarken sowie exklusive Juweliere vertreten, von Armani und Dolce & Gabbana über Gucci bis Prada, von Bulgari über Cartier bis Piaget. George-Grosz-Platz und Schlüterstraße sowie Walter-Benjamin-Platz zwischen Wieland- und Leibnizstraße sind weitere wichtige Adressen für schicke Modeläden und stylische Restaurants. Wer günstiger einkaufen will, kann in der Giesebrechtstraße oder am Adenauerplatz nach Norden abbiegen zur Wilmersdorfer Straße mit ihren Kaufhäusern, Einzelhandelsgeschäften und einem Shopping Center.

Weiter südwestlich über den Kurfürstendamm: Am Lehniner Platz erregt die Schaubühne doppelte Aufmerksamkeit. Die Fassade ist eine originalgetreue Rekonstruktion des von Erich Mendelsohn 1927/28 errichteten Universum-Kinos. Im Inneren wurde Anfang der 1980er-Jahre für Peter Steins berühmtes Schaubühnen-Ensemble ein modernes Theater mit allen technischen Raffinessen eingebaut. 1999 hat eine neue Generation unter der künstlerischen Leitung von Thomas Ostermeier die Schaubühne übernommen. Inszeniert werden zeitgenössische Stücke und Klassiker, immer mit Blick auf aktuelle gesellschaftliche Fragen.

Im weiteren Verlauf bis zum Rathenauplatz im Ortsteil Halensee ist der Kurfürstendamm überwiegend großbürgerliche Wohnstraße. Von dort ist man schnell am Messegelände und dicht am Villenviertel Grunewald. Mit einem Bus der Linien 19 oder 29 gelangt man bequem zum Ausgangspunkt am Breitscheidplatz zurück.

EXQUISITER KAFFEEGENUSS

Darf es ein bisschen mehr sein? Mehr an Qualität und Geschmack und, nun ja, auch ein bisschen mehr beim Preis? Dann ist die Berliner Kaffeerösterei genau richtig. Der Duft von frisch geröstetem Kaffee weist den Weg zum prachtvoll restaurierten, um 1900 erbauten »Uhlandschloss«. Im gern besuchten, gemütlichen Kaffeehaus kann man aus vielen Kaffeespezialitäten wählen, aber auch Tee oder Trinkschokolade bestellen und – wenn schon Genuss, dann richtig – ein köstliches Stück hausgemachte Torte genießen. Die WLAN-Nutzung fürs Internet kommt gratis dazu. Im Laden nebenan werden die besten Kaffeesorten aus aller Welt – 80 sind ständig im Angebot – langsam geröstet und zur Verkostung frisch aufgebrüht. Seine Lieblingssorte kann man dann ebenso mit nach Hause nehmen wie exotische Schokoladekreationen und exklusive Delikatessen. Die passenden Accessoires für den gehobenen Kaffeegenuss zu Hause findet man hier auch.

Berliner Kaffeerösterei.
Uhlandstraße 173/174,
10719 Berlin-Charlottenburg,
Tel. 030/88 67 79 20

Infos und Adressen

SEHENSWÜRDIGKEITEN

Käthe Kollwitz Museum Berlin. Das zeichnerische und grafische Werk der Künstlerin (1867–1945) sowie Wechselausstellungen. Täglich 11–18 Uhr. Fasanenstraße 24, 10719 Berlin-Charlottenburg, Tel. 030/882 52 10, www.kaethe-kollwitz.de

Story of Berlin. 800 Jahre Berliner Geschichte in einer Erlebnisausstellung mit 23 interaktiven Bildern. Inklusive: Führung durch einen originalen Atomschutzbunker unter dem Kudamm-Karree. Täglich 10–20 Uhr. Kurfürstendamm 207/208, 10719 Berlin-Charlottenburg, Tel. 030/88 72 01 00, www.story-of-berlin.de

Das Reinhard's im Kempinski

ESSEN UND TRINKEN

Alt Berliner Biersalon. Kneipenname und Standort haben seit 100 Jahren Tradition, das Konzept geht mit der Zeit, aktuell: Oldie-Rock, Pop, Jazz (Do–Sa live) und Karaoke. Wer kein Eisbein mag: Es gibt auch Nachos. 24 Stunden geöffnet. Kürfürstendamm 225, 10719 Berlin-Charlottenburg, Tel. 030/884 39 90, www.altberlinerbiersalon.de

Balthazar. Surf und Turf ist eine der Spezialitäten von Küchenchef Holger Zurbrüggen, der auf moderne deutsche Küche setzt. Edle Atmosphäre. Täglich 18-23 Uhr. Kurfürstendamm 160, Berlin-Wilmersdorf, Tel. 030/89 40 84 77

Francucci's Ristorante. Pasta aus der eigenen Manufaktur und andere frisch zubereitete Köstlichkeiten: Der familiäre Italiener gegenüber der Schaubühne hat Kultcharakter. Kurfürstendamm 90, 10709 Berlin Charlottenburg, Tel. 030/323 33 18, www.francucci.com

Café Kranzler. Soll nach Umbau wiedereröffnen – derzeit geschlossen

Reinhard's im Kempinski. Bei gutem Wetter sind die Stühle auf der Straße heiß begehrt. Frühstück, Lunch, Snacks, Torte … Kurfürstendamm 27, 10719 Berlin-Charlottenburg, Tel. 030/20 45 45 45

Restaurant Tugra. Speisen wie die Sultane: beste türkische Küche in edlem Ambiente. Kurfürstendamm 96, 10709 Berlin-Charlottenburg, Tel. 030/ 323 40 27, www.restaurant-tugra.de

ÜBERNACHTEN

H10 Berlin-Kudamm. Alt und Neu geschickt verbunden: raffinierte Loft-Zimmer im historischen Schulgebäude, modernes Ambiente im Neubau. Restaurant, Bar, Beauty-Salon. Joachimstaler Stra e 31–32, 10719 Berlin-Charlottenburg, Tel. 030/322 92 23 00, www.h10hotels.com

Hotel Art Nouveau. 22 geschmack- und stilvolle Altbauzimmer, individuell in Größe und Ausstattung. Leibnizstraße 59, 10629 Berlin-Charlottenburg, Tel. 030/327 74 40, www.hotelartnouveau.de

Hotel Augusta. So wohnte man großbürgerlich am Kurfürstendamm: nobel-nostalgischer Charme. Fasanenstraße 22, 10719 Berlin, Tel. 030/883 50 28, www.hotel-augusta.de

Hotel am Steinplatz. Design und Ausstattung im opulenten Stil der Goldenen Zwanziger. Mit Restaurant & Bar sowie Spa. Am Steinplatz 4, 10623 Berlin, Tel. 030/55 44 44 40, www.marriot.de

SOFITEL BERLIN KURFÜRSTENDAMM. Minimalistisches Design, moderne Kunst, französisches Flair und speisen wie in Frankreich. Augsburger Straße 41, 10789 Berlin-Charlottenburg, Tel. 030/800 99 90, www.sofitel.com

Kempinski Hotel Bristol Berlin. Elegant modernisiert; Wellnessbereich mit großem Pool. Kulinarisches: Haute Cuisine im Kempinski Grill, leichte Brasserie-Küche im Reinhard's; Cocktails in der Bristol-Bar. Kurfürstendamm 27, 10719 Berlin, Tel. 030/88 43 40, www.kempinskiberlin.de

Kudamm 101 Hotel. Schickes Design-Hotel. Kurfürstendamm 101, 10711 Berlin-Halensee, Tel. 030/520 05 50, www.kudamm101.com

Swissôtel Berlin. Edle Ausstattung. Zimmer zum Teil mit Kudammblick. Küchenchef André Egger lädt ein zu einer kulinarischen Reise durch die Schweiz. Gestressten Reisenden verspricht ein exklusives Schlafkonzept »deep sleep«. Augsburger Straße 44, 10789 Berlin-Charlottenburg, Tel. 030/22 01 00, www.berlin.swissotel.com

KULTUR

Schaubühne. Kurfürstendamm 153, 10709 Berlin-Wilmersdorf, Tel. 030/89 00 23, ticket@schaubuehne.de, www.schaubuehne.de

Theater und Komödie am Kurfürstendamm. Kurfürstendamm 206/209, 10719 Berlin-Charlottenburg, Tel. 030/88 59 11 88, karten@komoedie-berlin.de, www.komoedie-berlin.de

Theater des Westens. Musical-Bühne. Kantstraße 12, 10623 Berlin-Charlottenburg, Tel. 01805/44 44, www.stage-entertainment.de

KINOS

Astor Filmlounge. Bequeme Ledersessel mit Fußhockern und Getränkeservice. Kurfürstendamm 225, 10719 Berlin-Charlottenburg, Tel. 030/883 85 51, www.berlin.astor-filmlounge.de

Cinema Paris. Auf französische Filme spezialisiert. Kurfürstendamm 211, 10719 Berlin-Charlottenburg, Tel. 030/881 31 19, www.yorck.de

Delphi. Riesige Leinwand für großes Kinovergnügen. Kantstraße 12a, 10623 Berlin-Charlottenburg, Tel. 030/312 10 26, www.delphi-filmpalast.de

Filmkunst 66. Bleibtreustraße 12, 10623 Berlin-Charlottenburg, Tel. 030/882 17 53, www.filmkunst66.de

Mittagessen open air

MUSIKCLUB

Quasimodo. Hier sind die Größen des Jazz, Soul, Latin, Blues und vielversprechende Newcomer live zu erleben. Kantstraße 12a, 10623 Berlin-Charlottenburg, Tel. 030/31 80 45 60, www.quasimodo.de

OPERNHÄUSER (ETWAS WEITER WEG)

Deutsche Oper. Berlins größtes und modernstes Opernhaus (1961 eröffnet). Pflegt das klassische Repertoire und das zeitgenössische Musiktheater. Bismarckstraße 35, 10627 Berlin-Charlottenburg (voraussichtlich bis Spielzeitende 2017; danach wieder Unter den Linden), Tel. 030/34 38 43 43, www.deutscheoperberlin.de

Staatsoper im Schiller-Theater. Anspruchsvolles Musiktheater unter Leitung von Generalmusikdirektor Daniel Barenboim und Intendant Jürgen Flimm. Bismarckstraße 110, 10625 Berlin-Charlottenburg, Tel. 030/ 20 35 40, www.staatsoper-berlin.de

34 KaDeWe
»Kaufrausch« des Westens

Ein Kaufhaus als Touristenattraktion: Das gibt es in London, New York, Paris – und natürlich in Berlin! Das KaDeWe gehört zu den Top Ten der beliebtesten Ziele, die Berlin-Besucher ansteuern. Im Kaufhaus des Westens kann man in einen Kaufrausch verfallen oder einfach nur schauen, staunen, träumen ... und sich manchen Traum gleich erfüllen.

Die wichtigsten Fakten: größtes Warenhaus des Kontinents, 1907 eröffnet, heute 60 000 Quadratmeter Verkaufsfläche, bis zu 2000 Mitarbeiter, an normalen Tagen rund 50 000 Besucher und vor Feiertagen sehr viele mehr.

Damit Einkaufen Lust macht, kann man Garderobe und Gepäck abgeben, sich in einer der Beauty Lounges das Make-up auffrischen lassen oder gleich einer Schönheitsbehandlung unterziehen. Man kann Theaterkarten kaufen, die nächste Reise buchen, sich professionell die Schuhe putzen lassen und auf einer Leseinsel schmökern.

Einkaufen wird zum Erlebnis

Vor allem kann und soll man hier nach Herzenslust einkaufen. Die Entdeckungsreise durch die Welt des Luxus beginnt im grandiosen Lichthof, in dem in häufigem Wechsel Waren spektakulär inszeniert werden, weil sie gerade aktuell sind oder bekannt gemacht werden sollen. Im Erdgeschoss präsentieren sich zudem internationale Luxusmarken in edel gestalteten Shops auf dem »Luxusboulevard«. Verführerische Düfte weisen den Weg zur riesigen Parfümerie- und Kosmetikabteilung.

Mitte: Größtes Kaufhaus auf dem Kontinent: Das KaDeWe am Wittenbergplatz
Unten: Süße Verführung in der Schlemmeretage

KaDeWe

Auf der ersten Etage finden die Herren, auf der zweiten die Damen alles für das modische Outfit. Rund 200 Labels bieten ihre aktuelle Mode an, vom Freizeitlook über den Business-Dress bis zur Abendgarderobe, alle Accessoires eingeschlossen. Auf der dritten Etage kann man die Kinder modisch einkleiden. Auf Etage Vier dreht sich alles um Schöner Wohnen. Hier gibt es auch jede Menge Berlin-Souvenirs, mit und ohne KaDeWe-Logo. Kultur und Entertainment, gemeint sind Bücher, DVDs, CDs, Computer, Digital Lifestyle, Spielwaren und Ähnliches mehr sind auf Etage Fünf vereint.

Feinschmeckeretage im Sechsten

Mit der sechsten Etage schließlich ist der Höhepunkt im KaDeWe erreicht: Auf der Feinschmeckeretage eröffnet sich ein Schlemmerparadies! Für Besucher mit wenig Zeit ist sie oft einziges Ziel im Haus und direkt mit dem Aufzug zu erreichen. Über 100 Köche und etwa 40 Konditoren und Bäcker sorgen für das leibliche Wohl der Kunden. An mehr als 30 Ständen gibt es vom Barhocker bis zu gemütlichen Kaffeehausecken mehr als 1000 Sitzplätze. Geboten werden Gaumenfreuden aus aller Welt: Berliner Bulette und Currywurst zur Berliner Weiße ebenso wie Austern mit Champagner.

Der Streifzug durch die Verkaufsabteilungen mit insgesamt 34 000 Produkten ist ein sinnlicher Genuss. Hier duftet es nach frischem Brot und köstlichem Gebäck. Dort verströmen Kaffee und Schokolade ihre feinen Aromen. Etwas kräftiger macht sich die Käseabteilung bemerkbar, während in der Fischabteilung allenfalls ein Hauch von Fischgeruch zu spüren und damit Frische garantiert ist.

Präsentiert werden all die Köstlichkeiten zum Anbeißen verführerisch. Wer da nicht schwach wird ...

Infos und Adressen

KaDeWe. Mo–Do 10–20, Fr 10–21 Uhr, Sa 9.30–20 Uhr. Tauentzienstraße 21–24, 10789 Berlin-Schöneberg, Tel. 030/212 10, www.kadewe.de

ESSEN UND TRINKEN

Le Buffet im Wintergarten KaDeWe, 7. Etage.
Es geht noch höher hinaus als Etage 6. Auf der siebten befindet sich eine riesige Cafeteria. Die Plätze am verglasten Ausblick auf Wittenbergplatz und Tauentzienstraße sind fast immer besetzt. Hier kann man sich Frühstück, Lunch oder frühes Abendessen an verschiedenen Kochstationen zubereiten lassen und sich an opulenten Buffets für Salate, Gemüse, Beilagen und Dessert selbst bedienen. Die Teller vom Buffet werden nach Gewicht berechnet.

ÜBERNACHTEN

Ellington Hotel Berlin. Mit dem Charme der späten 20er-Jahre, Hommage an Duke Ellington; sonntags Jazz-Brunch. Ruhiger Innenhof. Nürnberger Straße 50–55, 10789 Berlin-Charlottenburg, Tel. 030/68 31 50, www.ellington-hotel.com

35 Der Tiergarten
Die grüne Lunge Berlins

Vom Kudamm bis zum Bundeskanzleramt, von der Spree bis zum Landwehrkanal, vom Schloss Bellevue bis zum Potsdamer Platz: So lassen sich grob Lage und Ausdehnung des Tiergartens umreißen. Die Straße des 17. Juni führt einmal mitten hindurch, vier Kilometer lang vom Brandenburger Tor im Osten bis zum Ernst Reuter Platz im Westen; der Park endet kurz davor am Charlottenburger Tor. Längs wird er nur einmal von Straßen gekreuzt, am Großen Stern mit der Siegessäule in der Mitte.

Der Tiergarten, die grüne Lunge Berlins, bietet in vielen unterschiedlichen Abschnitten Gelegenheit, die reine Berliner Luft zu atmen, den Park sportlich zu durchwandern, mit dem Fahrrad zu erkunden oder geruhsam zu flanieren. Mit 210 Hektar ist der Tiergarten die zweitgrößte innerstädtische Parkanlage, übertroffen nur vom weiten Tempelhofer Feld, dem rund 300 Hektar großen ehemaligen Flughafengelände.

Ursprünglich gingen im Tiergarten die Kurfürsten auf die Jagd, bevor Peter Joseph Lenné das Waldstück im 19. Jahrhundert zum Landschaftspark umgestaltete. In der Kaiserzeit spazierten die Berliner sonntags »bis in die Puppen«. Damit war die »Siegesallee« gemeint, die von 32 Marmor-Skulpturen und Figurengruppen der königlichen Ahnen gesäumt war. Nach dem Zweiten Weltkrieg waren diese Statuen zum großen Teil zerstört, die restlichen wurden eingegraben. Die Bäume wurden abgeholzt, um als Brennholz zu dienen und um auf den großen Flächen Kartoffeln und Gemüse anzu-

Mitte: Die »Goldelse«, wie die Siegesgöttin Viktoria vom Volksmund genannt wird, schwebt auf der Siegessäule.
Unten: Frühling im Tiergarten

bauen. 1949 begann die Wiederaufforstung. Heute finden sich im Tiergarten viele schattenspendende Bäume, reizvolle Spazierwege, Wasserläufe, Rasenflächen, Liegewiesen, Hecken, Sträucher, Seen, Brücken, kleine Inseln, immer wieder Bänke und zahlreiche Denkmäler. Auch Tiere fühlen sich im Tiergarten wohl. Allein 40 Vogelarten sind hier heimisch.

Elefanten, Löwen, Affen, wie sie anderswo Tiergärten bevölkern, finden sich in Berlin im Zoologischen Garten, den König Friedrich Wilhelm IV. Mitte des 19. Jahrhunderts in der südwestlichen Ecke des Tiergartens nahe dem Kurfürstendamm anlegen ließ. Es ist der einzig abgesperrte Bereich. Zugänge liegen am Hardenbergplatz gegenüber vom Bahnhof Zoo und an der Budapester Straße.

Für Spaziergänger, Radfahrer, Jogger und Nordic Walker ist nördlich des Landwehrkanals der Neue See beliebtes Ziel. Auf der nahe gelegenen großen Liegewiese etwas weiter nördlich lassen Sonnenhungrige gern alle Hüllen fallen.

Siegessäule

Mitten auf dem Großen Stern, auf den fünf Straßen zuführen, erhebt sich die Siegessäule. Um die

Einfach gut !

BIERGARTEN IM TIERGARTEN

Ein warmer Sommerabend, die Sonne versinkt langsam hinter den Bäumen. Auf einem von Grün gesäumten See ziehen ein paar Ruderboote leise plätschernd ihre Bahn. Es ist einfach schön an dem kleinen See zu sitzen, bei einem Bier oder Wein, mitten in der Großstadt und doch weit weg von aller Hektik. Nur die Nachbarn aus den Gehegen im Zoo mischen sich manchmal lautstark ein. Im Biergarten kann man unter Kastanienbäumen dicht am Wasser oder auf einer Holzterrasse sitzen und zum Bier, Leberkäs, Brezen oder Pizza verzehren. Das Restaurant am Neuen See serviert feine Küche. Die Bootsvermietung ist gleich nebenan. Kinder buddeln im großen Sandkasten.

Café am Neuen See.
Im Sommer täglich ab 8 Uhr (am Wochenende ab 9 Uhr). Das Restaurant hat auch im Winter geöffnet. Lichtensteinallee 2, 10787 Berlin-Tiergarten, Tel. 030/254 49 30,
www.cafe-am-neuen-see.de

Mittelinsel sicher zu erreichen, sollte man an diesem verkehrsreichen Platz die Unterführungen
nutzen. Als noch die Love Parade mit mehr als einer Million Raver über die Straße des 17. Juni zog,
war die Siegessäule zentraler Mittelpunkt der Mas-
senparty. Der jährliche Umzug zum Christopher
Street Day endet immer noch am Großen Stern.
Auch andere Feste und Feiern lieben diese Kulisse.

Eine Feier, wie sie Kaiser Wilhelm I. liebte, gab es
zur Einweihung des Nationaldenkmals 1873, damals noch auf dem Königsplatz, wo heute der
Reichstag steht. 1939 wurde die Säule an ihren
heutigen Standort versetzt, um Platz zu machen
für Albert Speers und Hitlers Vision von der
»Reichshauptstadt« Germania.

In Auftrag gegeben wurde die Siegessäule zur
Erinnerung an drei Siege Preußens: 1864 im
Deutsch-Dänischen Krieg, 1866 über Österreich
und 1870/71 gegen Frankreich, was die Gründung
des Deutschen Reiches zur Folge hatte. Reliefdar-
stellungen am Sockel und ein glitzerndes Mosaik-
bild nach einem Entwurf von Anton von Werner
in der Rotunde erinnern an diese Ereignisse. Die
vergoldeten Ornamente am Säulenschaft sind er-
beutete Geschützrohre. Obenauf, in rund 60 Metern Höhe, scheint die Siegesgöttin Viktoria zu

Der Tiergarten

schweben. Sie hält einen Lorbeerkranz und Siegeszeichen in der Hand. Ihre üppige Vergoldung brachte ihr den Namen »Goldelse« ein. Bei der letzten Restaurierung 2011 wurden 1,2 Kilogramm Blattgold für das neue Outfit benötigt.

Unter dem wehenden Rock der Goldelse befindet sich eine Aussichtsplattform in 50 Metern Höhe; 285 Stufen führen hinauf. Von oben genießt man eine herrliche Rundumsicht über das weite grüne Meer des Tiergartens, das in allen Richtungen an dicht bebaute »Ufer« stößt.

Schloss des Bundespräsidenten

Im nördlichsten Zipfel des Tiergartens liegt Schloss Bellevue, der Amtssitz des Bundespräsidenten. Erbaut wurde das Schloss 1785 für Prinz August Ferdinand von Preußen, den jüngsten Bruder Friedrichs des Großen. Gleich daneben verbirgt sich hinter Bäumen das elegant-unauffällige Bundespräsidialamt.

Eine stille Oase, nicht weit von der Altonaer Straße entfernt, ist der Englische Garten, der 1950 auf Anregung des britischen Stadtkommandanten und mit britischen Pflanzenspenden, auch aus dem Königshaus, angelegt wurde. Das Teehaus im Englischen Garten bietet neben Café, Biergarten und Restaurant auch ein Kulturprogramm mit Open-Air-Konzerten.

Nordwestlich schließt sich das Hansaviertel an, das zur Internationalen Bauausstellung (IBA) 1957 modernes Bauen und Wohnen im Westen demonstrierte, durchaus im gewollten Kontrast zu den Neubauten an der Stalinallee in Ost-Berlin (s. S. 164). Auf dem IBA-Gelände entstand 1960 auch das Haus der West-Berliner Akademie der

Nicht verpassen

MIT HERZ UND VERNUNFT

Witz plus Herz plus Vernunft gleich GRIPS: So könnte man das Erfolgsrezept des Kindertheaters seit 40 Jahren auf eine Formel bringen. Mutmach-Theater nennt es sein Erfinder Volker Ludwig. Mit GRIPS sind schon mehrere Generationen von Kindern aufgewachsen, und die bleiben dem Theater als Jugendliche und Erwachsene treu. GRIPS spielt längst für alle und begeistert immer wieder neu mit Uraufführungen, aktuellen Themen, einem engagierten Ensemble und bewährten Spielformen.

Das berühmteste Kinder- und Jugendtheater der Welt verbirgt sich in einem Mini-Einkaufszentrum aus den späten 1950er-Jahren, ist aber leicht zu erreichen: Zwei S-Bahnstationen vom Hauptbahnhof oder eine U-Bahn-Station vom Bahnhof Zoo entfernt

GRIPS Hansaplatz.
Altonaer Straße 22,
10557 Berlin-Tiergarten

Eine zweite Spielstätte gibt es in Mitte:
GRIPS Klosterstraße
Klosterstraße 68, 10179 Berlin-Mitte,
Tel. 030/39 74 74 77,
www.grips-theater.de

Künste mit Ausstellungshalle und Veranstaltungs-
räumen mitten im Grünen.

Beitrag und Geschenk der US-Amerikaner zur IBA
war die Kongresshalle mit der ungewöhnlichen
Dachkonstruktion im nordöstlichen Teil des Tiergartens an der Spree. 1980 stürzte das Dach ein;
das Symbol der deutsch-amerikanischen Freundschaft wurde wieder aufgebaut. Seit 1989 empfängt hier das »Haus der Kulturen der Welt« Künst-
Künstler und Denker aus allen Erdteilen zum Kul-
turaustausch und zum globalen Dialog. Noch ein
Geschenk an Berlin: Zur 750-Jahrfeier 1987 wurde das Carillon im schlanken Turm neben dem
Haus der Kulturen der Welt eingeweiht. Das größte Glockenspiel Europas ist regelmäßig zu hören.
Und zwischen Glockenspiel und Kanzleramt erfreut das Tipi allabendlich mit »Kleinkunst« auf
höchstem Niveau.

Denkmäler und Ruhezonen

Größtes Denkmal im Park ist das Sowjetische
Ehrenmal nahe dem Brandenburger Tor, das 1945
von der Roten Armee angelegt wurde. Südlich der
Straße des 17. Juni breitet sich das größte zusam-
menhängende Stück Tiergarten aus. Es stößt im
Süden an den Potsdamer Platz, das Kulturforum
und westlich anschließend an das Botschaftsviertel und überrascht hinter jeder Wegbiegung
mit idyllischen Gartenbereichen und gut einem
Dutzend Statuen und Denkmälern. Das Mozart-
Haydn-Beethoven-Musikerdenkmal erstrahlt frisch
restauriert in blendend weißem Marmor und
goldbekränzt am restaurierten Goldfischteich.
Gegenüber beäugt eine bronzenen Amazone zu
Pferd die Wiesenlandschaft. Dieser südöstliche
Gartenteil wurde wiedergewonnen, seit der Tier-
gartentunnel den Nordsüdverkehr unter die Erde
verbannt hat.

Oben: Das Sowjetische Ehrenmal
soll an die getöteten Rotarmisten
erinnern: 80 000 Soldaten waren
bei der Eroberung Berlins gefallen.
Unten: Idyllische Bootsfahrt durch
den Tiergarten

Infos und Adressen

SEHENSWÜRDIGKEITEN

Akademie der Künste. Veranstaltungen, wechselnde Ausstellungen, Café und Buchladen. Täglich 11–20 Uhr; Ausstellungen Di–So 11–20 Uhr. Hanseatenweg 10, 10557 Berlin-Tiergarten, Tel. 030/200 57 20 00, www.adk.de

KPM-Welt der Königlichen Porzellan-Manufaktur Berlin. Beim Rundgang durch den ältesten Handwerksbetrieb Berlins kann man bei der Bemalung und Vergoldung zusehen und anschließend kostbare Stücke erwerben. Mit kleinem Café. Mo–Sa 10–18 Uhr. Wegelystraße 1, 10623 Berlin-Tiergarten, Tel. 030/39 00 90, www.kpm-berlin.de

Siegessäule. Eine wirklich lohnende Aussicht. April–Okt. Mo–Fr 9.30–18.30, Sa–So 9.30–19, Nov.–März Mo–Fr 10–17 Uhr, Sa–So 10–17.30 Uhr. Straße des 17. Juni/ Großer Stern, 10785 Berlin

ESSEN UND TRINKEN

Teehaus im Englischen Garten. Café und Restaurant mit Terrasse. In den Sommerferien Konzerte im Park. Tägl. ab 11 Uhr; Konzertsommer Juli–Aug. Sa–So. Altonaer Straße 2, 10557 Berlin-Tiergarten, Tel. 030/39 48 04 00, www.teehaus-tiergarten.com

Schleusenkrug. Beliebter Biergarten mit Gaststube direkt an der Tiergartenschleuse. April bis Okt. tägl. 10–24 Uhr; im Winter Mo–Fr 11–18, Sa, So 10–19 Uhr. Müller-Breslau-Straße 1, 10623 Berlin-Charlottenburg, Tel. 030/313 99 09, www.schleusenkrug.de

ÜBERNACHTEN

Pestana Berlin Tiergarten. Modernes Haus am Rande des Tiergartens im Botschaftsviertel. Mit Restaurant und Bar. Stülerstraße 6, 10787 Berlin-Tiergarten, Tel. 030/311 75 90 00, info.berlin@pestana.com, www.pestana.com

Haus der Kulturen der Welt, im Vordergrund eine Skulptur von Henry Moore

36 Schloss Charlottenburg
Königliche Zeitreise durch drei Jahrhunderte

Es ist der größte und prächtigste Palast in Berlin: Schloss Charlottenburg fasziniert durch harmonische Architektur, opulente Raumausstattungen, kostbare Kunstschätze und eine reiche Gemäldesammlung. Einen ganz eigenen Charme strahlt der reizvolle Schlossgarten aus.

Der Anfang war bescheiden als »Lusthaus Lietzenburg« für Kurfürstin Sophie Charlotte. Als sich ihr Gemahl, Kurfürst Friedrich III., 1701 zum »König Friedrich I. in Preußen« krönte, ließ er repräsentativ an- und ausbauen. Nach dem Tod der Königin wurde das Schloss in Charlottenburg umbenannt und die Ansiedlung unter dem gleichen Namen zur Stadt erhoben. Friedrich I. nutzte das Schloss bis zu seinem Tod 1713 als Sommerresidenz.

Sein Sohn Friedrich Wilhelm I., der »Soldatenkönig«, kam nur gelegentlich hierher. Dessen Sohn, Friedrich II., später der Große genannt, ließ von seinem Lieblingsarchitekten Georg Wenzeslaus von Knobelsdorff 1740–1747 den Neuen Flügel anbauen. Die königlichen Nachfolger ließen für sich oder ihre Gemahlinnen im jeweiligen Zeitgeschmack ausgestattete Wohnungen einrichten.

Mitte: Schloss Charlottenburg mit Ehrenhof
Unten: Einladung zur Musik bei Hofe: Residenz Konzerte

Im Zweiten Weltkrieg erlitt das Schloss in den Bombennächten von 1945 schwere Zerstörungen. 1950 begann der Wiederaufbau. Erst nach 1990 gelangten schließlich originale Kunstwerke und Ausstattungsstücke aus anderen Schlössern und Depots wieder zurück nach Charlottenburg.

Rundgang im Stadtteil Charlottenburg

A Schloss Charlottenburg

B Ehrenhof

C Neuer Pavillon

D Spreeuferweg

E Broderie-Parterre

F Karpfenteich

G Luiseninsel

H Belvedere

I Englischer Landschaftspark

J Mausoleum

K Große Orangerie

L Kleine Orangerie

M Museum Berggruen

N Bröhan-Museum

O Sammlung Scharf-Gerstenberg

P Gipsformerei

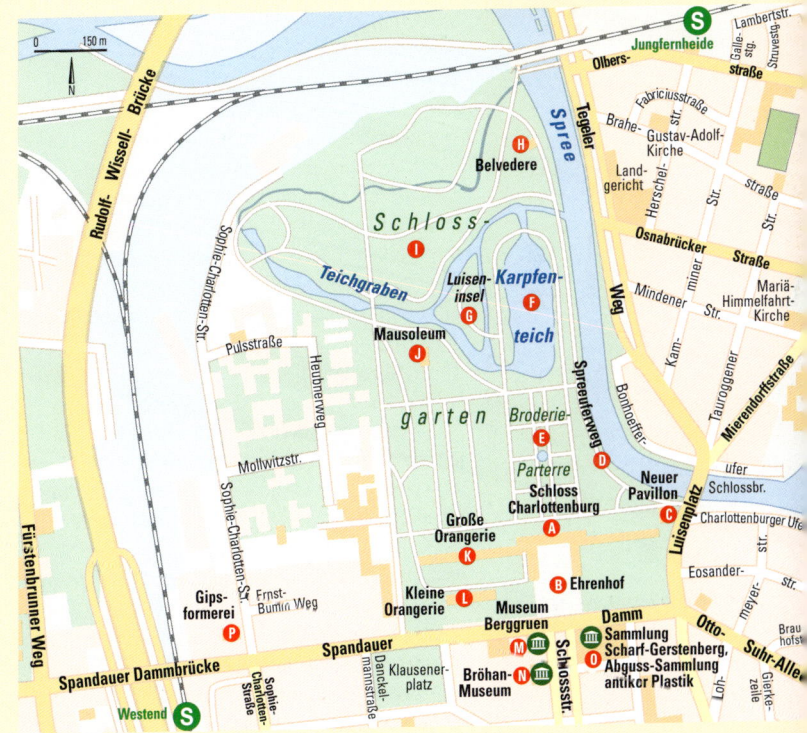

Geheimtipp

Das Alte Schloss

Im Ehrenhof empfängt der Große Kurfürst die Besucher. Das bronzene Reiterstandbild hatte König Friedrich I. bei Andreas Schlüter in Auftrag gegeben, um die Verdienste seines Vaters zu würdigen. Der Rundgang im Ursprungsbau, dem Alten Schloss, beginnt mit einem Überblick auf die Bau- und Wiederaufbaugeschichte und führt durch ein barockes Gästeappartement in die Prunkgemächer von Sophie Charlotte und Friedrich I. Gläsernes Schlafgemach, Gartensalon, Audienzzimmer, rote Damastkammer: Von Raum zu Raum scheint sich die Opulenz zu steigern. Einzigartig ist das Porzellankabinett, dekoriert mit rund 2700 Einzelstücken chinesischer und japanischer Herkunft.

Im oberen Stock spiegeln die Wohnräume Friedrich Wilhelms IV. (1795–1861) und der Königin Elisabeth den Zeitgeschmack Mitte des 19. Jahrhunderts wider. Ein Schmuckstück ist die Bibliothek des Königs. Höhepunkt im Obergeschoss ist der Bereich »Kronschatz und Silberkammer« mit prunkvollem Tafelgerät, zarten Porzellanen, den Kroninsignien der Hohenzollern und der Sammlung kostbarer Tabakdosen Friedrichs des Großen.

Der Neue Flügel

Im Obergeschoss befinden sich die glanzvollen Rokoko-Festsäle Friedrichs des Großen, die Weiße und die Goldene Galerie, sowie östlich anschließend die Wohnung des Königs mit der größten Sammlung französischer Malerei des 18. Jahrhunderts außerhalb Frankreichs, darunter Meisterwerke von Antoine Watteau. In der westlichen Zimmerflucht des Neuen Flügels führt der Rundgang durch teils authentisch, teils museal ausgestattete Wohnräume der Könige Friedrich Wilhelm II. und Friedrich Wilhelm III. sowie der Königin Luise.

Schloss Charlottenburg

Schloss Charlottenburg von der Gartenseite

Der Neue Pavillon

Wohnkultur des frühen 19. Jahrhunderts unter Friedrich Wilhelm III. vermittelt der Neue Pavillon am Westende des Schlossgartens. Das Sommerhaus im Stil einer italienischen Villa, nach einem Entwurf von Schinkel 1824/25 erbaut, präsentiert sich nach der Restaurierung als »Juwel der Schinkelzeit«. Herausragend ist auch die Gemäldesammlung mit Hauptwerken von Caspar David Friedrich, Eduard Gaertner und Carl Blechen.

Schlossgarten und Mausoleum

Beim Spaziergang durch den Schlossgarten gelangt man vom Parterre, der Gartenpartie im französischen Barockstil, in einen weitläufigen Landschaftsgarten nach englischem Vorbild. Romantische Zwischenstationen sind der Karpfenteich und die Luiseninsel. Das Mausoleum, das König Friedrich Wilhelm III. in Form eines antiken Tempels für seine Gemahlin errichten ließ, bewahrt mit dem Grabmonument für die jung verstorbene Königin Luise (1776–1810) ein Meisterwerk des Bildhauers Christian Daniel Rauch.

Infos und Adressen

SEHENSWÜRDIGKEITEN

Schloss Charlottenburg. Stiftung Preußische Schlösser und Gärten Berlin-Brandenburg (SPSG). Di–So 10–18, im Winter bis 17 Uhr, Sonntags Führungen für Kinder und Familien. Veranstaltungen: Tel. 0331/969 42 00. Spandauer Damm 20–24, 14059 Berlin-Charlottenburg, Tel. 030/32 09 10, www.spsg.de

Im Schlossgarten
Belvedere. KPM-Porzellansammlung des Landes Berlin. April–Okt.: Di–So 10–18 Uhr

Neuer Pavillon. April–Okt.: Di–So 10–18, Nov.–März: Di–So 12–16 Uhr

ESSEN UND TRINKEN
Kleine Orangerie. Gerichte für den kleinen Hunger und auch Menüs für Gruppen. Spandauer Damm 20, 14059 Berlin-Charlottenburg, Tel. 030/322 20 21, www.kleineorangerie.de

Brauhaus Lemke am Schloss Charlottenburg. Zum hausgebrauten Bier gibt es Deftiges. Luisenplatz 1, 10585 Berlin-Charlottenburg, Tel. 030/30 87 89 79, täglich ab 11 Uhr

VERANSTALTUNGEN
Berliner Residenz Konzerte. Musiker und Gesangssolisten in originalgetreuen Kostümen spielen Werke aus Barock und Frühklassik; auch mit Menü und/oder touristischem Programm (Schlossbesichtigung, Schifffahrt). Tel. 030/25 81 03 50, www.residenzkonzerte.berlin

Weihnachtsmarkt. Dauert am längsten (Ende Nov.–26. Dez.) und ist einer der schönsten Weihnachtsmärkte Berlins.

37 Museen in Charlottenburg
Klassische Moderne und fantastische Welten

Nofretete wohnt hier schon lange nicht mehr. Die alte Dame aus Ägypten, weltberühmt als »schönste Berlinerin«, hat sich mitsamt ihrem Hofstaat dauerhaft auf der Museumsinsel eingerichtet, den Berliner Goldhelm plus Sammlung für Vor- und Frühgeschichte aus Charlottenburg mitgenommen – und im Museumsquartier am Schloss Charlottenburg Platz gemacht für Meisterwerke der Klassischen Moderne.

Als Kasernen nebst Stallungen für die Leibgarde des preußischen Königs Friedrich Wilhelm IV. (1795–1861) von August Stüler erbaut, dienen die beiden Kopfbauten am Nordende der Schlossstraße seit den 1960er-Jahren als Museumsgebäude. Im östlichen Stülerbau war zu West-Berliner Zeiten das Ägyptische Museum, im westlichen die Antikensammlung untergebracht. Reichtum und Vielfalt im heutigen Museumsquartier Charlottenburg ist vor allem Privatsammlern und deren engen Beziehungen zu Berlin zu verdanken.

Museum Berggruen

Der westliche Stülerbau bietet wirkungsvollen Raum für die herausragende Sammlung der klassischen Moderne, die Heinz Berggruen (1914–2007) zunächst als Leihgabe seiner Geburtsstadt Berlin überlassen hatte. »Picasso und seine Zeit« lautete der Titel der ersten Präsentation, mit 100 Bildern von Picasso aus allen Schaffensperioden, 60 von Paul Klee, dazu Arbeiten von Henri Matisse, da-

Unten: Viel Platz für Kunst und Kultur bieten heute die Stülerbauten, in denen einst die Offiziere der Gardes du Corps untergebracht waren, hier das Museum Berggruen.

Museum Charlottenburg-Wilmersdorf in der Villa Oppenheim

runter einige der berühmten Scherenschnitte, sowie plastische Ensembles von Alberto Giacometti im Dialog mit afrikanischen Skulpturen. Um auch neu erworbene Werke zeigen zu können, wurde ein Nebengebäude am Spandauer Damm zu einer intimen Galerie umgebaut und mit einem Glaspavillon mit dem Stülerbau verbunden: Im Garten begrüßen riesigen Skulpturen von Thomas Schütte die Besucher.

Bröhan-Museum

Im Nebenhaus in der Schloßstraße überrascht hinter der Fassade eines weiteren einstigen Kasernengebäudes ein Schatzkästchen des Jugendstils. Offizieller Name dieser nach ihrem Gründer und Stifter benannten Sammlung: »Bröhan-Museum – Landesmuseum für Jugendstil, Art déco und Funktionalismus (1889–1939)«. Karl H. Bröhan (1921–2000) hatte anlässlich seines 60. Geburtstags seine Privatsammlung der Stadt Berlin geschenkt.

Die Sammlung umfasst Gebrauchskunst und dekoratives Kunsthandwerk des französischen und belgischen Art nouveau, des deutschen und skandinavischen Jugendstils sowie Ensembles des französischen Art déco. Im dritten Obergeschoss ist

Geheimtipp

WOHNEN IN CHARLOTTENBURG

Das älteste erhaltene Wohnhaus Charlottenburgs stammt von 1712, wurde um 1800 umgebaut und 1983 beinahe – illegal – abgerissen. Im Hinterhaus, mit idyllischem Garten, hat sich das Keramik-Museum Berlin eingemietet. Nobles Wohnen repräsentiert die 1881/82 im Stil der Neorenaissance erbaute Villa Oppenheim, heute Sitz des Museums Charlottenburg-Wilmersdorf. Die Ausstellung »Westen!« zeichnet den Weg des Bezirks von der Residenz zur City West nach.

Keramik-Museum Berlin
Fr–Mo 13–17 Uhr
Schustehrusstraße 13, 10585 Berlin-Charlottenburg, Tel. 030/321 23 22, www.keramik-museum-berlin.de

Museum Charlottenburg-Wilmersdorf in der Villa Oppenheim. Mit nettem Café.
Di–Fr 10–17, So 11–17 Uhr
Schlossstraße 55, 14059 Berlin-Charlottenburg, Tel. 030/902 92 41 06
www.villa-oppenheim-berlin.de

jeweils ein Kabinett dem belgischen Jugendstil-künstler Henry van de Velde und dem Wiener Secessionskünstler Josef Hoffmann gewidmet. Hier werden auch Sonderausstellungen gezeigt.

Im Erdgeschoss, dies ein besonderer Reiz des Museums, werden kunsthandwerkliche Objekte zusammen mit Möbeln, Teppichen, Gemälden und Skulpturen als wohnliche Raumensembles präsentiert. Sie geben einen großartigen Eindruck vom Lifestyle jener Zeit. Ein weiteres Sammelgebiet – überwiegend in der Bildergalerie im zweiten Obergeschoss – sind Gemälde und Pastelle der Berliner Secession, in der sich 1898 die fortschrittlich eingestellten Künstler der Reichshauptstadt organisierten. Wichtige Vertreter sind Karl Hagemeister, Willy Jaeckel, Walter Leistikow, Franz Skarbina und Hans Baluschek.

Sammlung Scharf-Gerstenberg

Auf der anderen Straßenseite, in Nofretetes ehemaliger Residenz, die einfühlsam umgebaut und modernisiert wurde, taucht der Besucher ein in »Surreale Welten«. Gemälde, Skulpturen, Arbeiten auf Papier, von Tuschzeichnungen bis zur Fotografie – rund 250 Werke lassen in seelische Abgründe blicken, geben Albträumen eine Gestalt und fördern das Unbewusste zutage.

Der Streifzug durch 250 Jahre fantastische Kunst beginnt mit Piranesis bedrohlichen Kerkerlandschaften und Goyas Interpretation menschlicher Torheiten und endet mit Gerhard Altenbourgs und Horst Janssens beklemmenden Seelenlandschaften. Mit dem Fantastischen und Surrealen haben sich die großen Künstler aller Epochen befasst: Max Klinger, Odile Rendon, Pablo Picasso, Joan Miró, Jean Dubuffet, Salvador Dalí, René Magritte, Paul Klee, Max Ernst, Man Ray ... Mehr als 50

Oben: Schatzkästchen des Jugendstils: das Bröhan-Museum.
Unten: Blick in das Bröhan-Museum, das viele Kostbarkeiten des Art Déco und der Berliner Secession zeigt.

Museen in Charlottenburg

Künstler sind vertreten. In ihren Werken, die dämonische oder magische Wirkung entfalten, begegnet man Schreckensgestalten und fantasievollen Fabelwesen, schaurigen Visionen, absurden Situationen und hoffnungsvollen Utopien.

Der Stülerbau mit seiner runden Raumstruktur findet eine Erweiterung im angeschlossenen Marstall. An das Ägyptische Museum, den vorherigen Nutzer, erinnern hier noch das Kalabscha-Tor und im Filmsaal die Säulen des antiken Sahuré-Tempels. Beide Monumentalarchitekturen wirken wie surrealistische Ergänzungen der Sammlung Scharf-Gerstenberg, eine weitere Privatsammlung in Obhut der Nationalgalerie. Im kleinen Museumscafé hinter einer großen Glaswand oder bei schönem Wetter auf dem Vorplatz mit Durchblick zum Schloss Charlottenburg kann man bei Kaffee und Kuchen oder einem Snack eine Pause einlegen.

Abguss-Sammlung antiker Plastik

Unmittelbarer Nachbar der Sammlung Scharf-Gerstenberg ist die Abguss-Sammlung antiker Plastik. Rund 2000 Abgüsse griechischer und römischer Skulpturen dienen der Forschung und Lehre im Fach Klassische Archäologie der Freien Universität. Doch empfangen die Götter und Helden der Antike, in nackter Schönheit oder mit charakteristischen Attributen versehen, auch alle interessierten Besucher. Allerdings nur von Donnerstag bis Sonntag.

Gipsformerei

Kunstrepliken, die den originalen Plastiken, Reliefs und anderen Kunstwerken zum Verwechseln ähnlich sehen, fertigt die Gipsformerei der Staatlichen Museen (Sophie-Charlotten-Straße 17/18). Absoluter Verkaufshit ist Nofretete.

Infos und Adressen

SÜDWESTEN

HOHENGATOW

Lieper Bucht

Im Euleng.

Breitehornweg

Kladower Damm

Lindwerder

Kleine Steinlanke

Havelchaussee

Fischerhüttenweg

Klinik für anthroposophisch erweiterte Heilkunst

Breitehorn

Berliner Forst

Fischerhüttenweg

Verbindungschaussee

Havel

Schwanenwerder

Rettungsstation

Große Steinlanke

Gr. Fenster

Havelchaussee

AVUS

see Paul-Ernst-Park

Terrassenstraße

Klare Lanke

Wannseebadweg

Schlachten-

Am Schlachten-

41 Pfaueninsel

Große Breite

Strandbad Wannsee

Schlachtensee

straß

Marinesteig

Altvaterstraße

Ahrenshoop

Krottnauer Str.

Bergengruenw.

Dubrowstr.

Großer

Am Großen Wannsee

Haus Sanssouci

Heckeshorn

Wannseebadweg

Am Schlachtensee

Martenhorn-

Schopenhauerstraße

Tewsstraße

Niklasstraße

Zeile

Wasgenst.

Haus der Wannseekonferenz

Spanische Allee

Spanische

NIKOLASSEE

weg

Reh-

Lückhofstraße

Schopenhauerstr.

Von-Luck-Straße

Kurst.

Allee

Wannsee

Am Beelitzhof

Nikolassee

Normannenstr.

Beskiden-

Potsd

Liebermann-Villa am Wannsee

40 **WANNSEE**

P.-Friedrich-Leopold-Str.

wiese

Potsdamer Chaussee

Wasgenst.

Ussbalgnallee

Mochow. Weg

Benschallee

Am Sandwerder

Borussenstr.

Alemannen-

Nikolas- see

Waldfriedhof

Am Rohrgarten

Literarisches Colloquium Berlin

Kronprinzessinnen-

Walthariastr.

Lohengrinstr.

Zehlendorf

Königsweg

Adam-Kuckhoff-Pl.

42 Schloss, Kirche St. Peter und Paul

Glienicker Brücke

Anleger Fahrgastschiffe, Fähre nach Kladow

Wannsee

Nibelungenstr.

Dreilinden-

str.

Quantzstraße

Wolfs

Königstr.

Loretta am Wannsee

43 Kleist-Grab

Potsdamer Chaussee

Katteweg

Königsweg

Meisenbusch

Karl-Marx- Str.

Fährhaus auf der Pfaueninsel

Blockhaus Nikolskoe, Kirche St. Peter und Paul

Bismarckstr.

Jahnsdorfer Damm

An der Stammbahn

Im Dickicht

Pötzwald

Wendemark

Hohe Kiefer

Blockhaus Nikolskoe, Moorlake

Klein Glienicke und Park Babelsberg

Kurfürstenweg

Berliner Forst

R.-Breitscheid- Str.

E.-Thälmann-

Schleusen- weg

Märkische Heide

Steinweg

Im Walde

Karl-Marx-Str.

Fuchs-

Jäger

38 Museen in Dahlem
Vom Culinarium zur »Brücke«

Tschüss Museen Dahlem: Ethnologisches Museum und Museum der Asiatischen Kulturen schließen ihre Türen und bereiten die Schätze ihrer reichen Sammlungen für den Umzug ins Humboldt Forum am Schlossplatz in Mitte vor. In Dahlem bleibt das Museum Europäischer Kulturen zurück. Doch im Umkreis gibt es weitere Museen.

Im Bruno-Paul-Bau, dem ältesten Gebäude des großen Museumskomplexes, widmet sich das Museum Europäischer Kulturen mit der Dauerausstellung »Kulturkontakte« der Alltagskultur und den Lebenswelten in Europa vom 18. Jahrhundert bis heute. Dabei werden historische Ereignisse mit aktuellen Themen verknüpft.

Landgut und Museum

Gegenüber dem U-Bahnhof Dahlem-Dorf lädt die Domäne Dahlem zu einer Zeitreise durch die Kulturgeschichte der Ernährung ein und lässt im Culinarium an interaktiven Installationen den Weg der Nahrung »Vom Acker bis zum Teller« verfolgen. Highlight der Dauerausstellung im Herrenhaus von 1560 ist ein Kaufmannsladen mit einem virtuellen Kaufmann, der aus der Zeit von 1900 bis 1930 erzählt. Workshops, Handwerkstage und Marktfeste beleben das Freilandmuseum für Agrar- und Ernährungskultur mit ökologischem Schwerpunkt auf dem Gelände eines einstigen Ritterguts.

Brücke Museum

Mit rund 400 Gemälden und Tausenden von Handzeichnungen, Aquarellen, Holzschnitten und an-

Mitte: Landleben in der Großstadt: Die Domäne Dahlem hat eine lange Geschichte.
Unten: Plakat am Brücke-Museum
Bild Seite 208/209: Märchenhaft: Das Schloss auf der idyllischen Pfaueninsel.

Museen in Dahlem

deren Originalgrafiken sowie Skulpturen aus Holz, kunsthandwerklichen Arbeiten und Dokumenten besitzt das Brücke-Museum die weltweit umfangreichste Sammlung dieser Künstler-Vereinigung, die zum Wegbereiter des Expressionismus wurde.

Ernst Ludwig Kirchner, Fritz Bleyl, Erich Heckel und Karl Schmidt-Rottluff, damals Architekturstudenten, gründeten die »Brücke« 1905 in Dresden. Später schlossen sich Max Pechstein, Emil Nolde sowie Otto Mueller an. 1911 übersiedelte die »Brücke« nach Berlin, doch bereits 1913 gingen die Künstler wieder eigene Wege. Aus der umfangreichen Sammlung komponiert das Brücke Museum, idyllisch am Rande des Grunewalds gelegen, immer wieder neue Ausstellungen zu Leben und Werk der Künstler. Im benachbarten Kunsthaus Dahlem steht die Kunst der deutschen Nachkriegsmoderne in Ost und West im Mittelpunkt der Ausstellungsaktivitäten.

Nobel wohnen am Grunewald

In Dahlem, dem vornehmen Ortsteil von Zehlendorf, haben Botschafter ebenso ihre Residenzen inmitten gepflegter Gartenanlagen wie der Bundespräsident seine Dienstvilla. Etliche der einstigen Landhäuser beherbergen heute Institute und Fachbereiche der Freien Universität Berlin, die vor allem an der Habelschwerdter Allee mit der »Rost- und Silberlaube« auf sich aufmerksam machen. Zum großflächigen Campus Dahlem gehört auch der Botanische Garten etwas weiter östlich zwischen Königin-Luise-Straße und Unter den Eichen. Der Gartenspaziergang wird zu einer botanischen Reise um die Welt mit Stationen in unterschiedlichen Lebensräumen. In den Gewächshäusern und im Großen Tropenhaus werden 22 000 Pflanzenarten kultiviert: Sie sorgen das ganze Jahr über für blühende und duftende Erlebnisse.

Infos und Adressen

SEHENSWÜRDIGKEITEN

Botanischer Garten und Botanisches Museum Berlin-Dahlem.
Botanischer Garten: Täglich ab 9; Nov.–Jan. bis 16, Febr. bis 17, März/Okt. bis 18, Sept. bis 19, April/August bis 20, Mai–Juli bis 21 Uhr. Botanisches Museum: Täglich 10–18 Uhr. Königin-Luise-Straße 6–8, 14195 Berlin-Dahlem, Tel. 030/ 83 85 01 00, www.botanischer-garten-berlin.de

Brücke Museum. Mi–Mo 11–17 Uhr. Bussardsteig 9, 14195 Berlin-Dahlem, Tel. 030/831 20 29, www.brueckemuseum.de

Museum Europäischer Kulturen.
Di–Fr 10–17, Sa, So 11–18 Uhr. Arnimallee 25, 14195 Berlin-Dahlem, smb.museum

Domäne Dahlem – Landgut und Museum. Di–Do 10–17 Uhr. Königin-Luise-Straße 49, 14195 Berlin-Dahlem, Tel. 030/666 30 00, www.domaene-dahlem.de

ESSEN UND TRINKEN

Luise. Gemütliches Restaurant mit großem Biergarten. König-Luise-Straße 40–42, 14195 Berlin-Dahlem, Tel. 030/ 841 88 80, www.luise-dahlem.de

ÜBERNACHTEN

Seminaris Campus Hotel Berlin.
Takustraße 39, 14195 Berlin-Dahlem, Tel. 030/557 79 70

EINKAUFEN

Im Hofladen auf der Domäne

39 Jagdschloss Grunewald
Beliebtes Ausflugsziel im Wald

Hundefreunde dürfen ihren Lieblingen freien Lauf lassen, an der Badestelle Bullenwinkel ist FKK angesagt. Jogger, Nordic Walker und Spaziergänger ziehen ihre Bahnen: Einmal um den Grunewaldsee herum ist das Sonntagsvergnügen vieler Berliner. Einige legen unterwegs eine Pause im romantischen Schlosshof ein, andere steuern gezielt das Jagdschloss mit seiner hochkarätigen Cranach-Ausstellung an.

Mitten im Grunewald, stadtnah und doch fern vom Großstadtlärm, liegt das Jagdschloss Grunewald am gleichnamigen See, das älteste der königlich-preußischen Schlösser in Berlin und das einzige aus der Renaissance-Zeit. Joachim II. (1505–1577), sechster Kurfürst in Brandenburg und passionierter Jäger, legte 1542 den Grundstein für das Wasserschloss »Zum gruenen Wald«, das von einem Wassergraben umgeben war.

Bedeutende Cranach-Sammlung

Jüngst wurde das Jagdschloss sorgfältig saniert und unauffällig technisch modernisiert. Die Schlossräume bieten nun den passenden Rahmen für die hochrangige Sammlung mit rund 30 Cranach-Gemälden. Eben jener Kurfürst Joachim II. hatte sie bei dem damaligen Star-Maler Lucas Cranach d. Ä. in Auftrag gegeben. Der beschäftigte auch seinen Sohn, Lucas Cranach d. J., und eine ganze Cranach-Werkstatt, um die Residenz des aufstrebenden brandenburgischen Herrschers am heutigen Schlossplatz standesgemäß auszustatten. Rund 50 Jahre lang arbeiteten die Cranachs für

Mitte: Romantik am Wasser: Jagdschloss Grunewald
Unten: Manchmal treffen sich hier auch Falkner, um ihre Vögel zu präsentieren.

Jagdschloss Grunewald

das Kurfürstentum Brandenburg. Das Altersporträt Joachims II. – der jüngere Cranach malte es 1570 – begrüßt nun die Besucher in der Hofstube im Erdgeschoss, die schon bei Restaurierungen 1973 ihr Renaissance-Aussehen zurückerhielt. Im Obergeschoss sind die Passions- und Exemplumstafeln der beiden Cranachs und ihrer Werkstatt besonders zu beachten. Letztere gemahnen in detailfreudiger Ausmalung an die Tugenden, an die sich (nicht nur) ein Herrscher halten sollte. Zwischen den großen Tafelgemälden und anderen Porträts findet sich Joachim noch einmal, dargestellt von Lucas Cranach d. Ä. um 1520 als junger Kurprinz.

Weitere Gemälde von altdeutschen und altniederländischen Künstlern vermitteln zudem einen repräsentativen Eindruck vom Kunstschaffen am Berliner Hof des 16. Jahrhunderts. Und im zweiten Obergeschoss kann man in einer Art Herrschergalerie alle kennenlernen, die Kurfürsten und Könige im Porträt, mit »Kurhut und Krone«. Natürlich findet im Jagdschloss, das die Hohenzollern von der Renaissance bis in das frühe 20. Jahrhundert nutzten, auch die Jagd künstlerische Beachtung, als Motiv auf Gemälden und in herausragenden kunsthandwerklichen Arbeiten.

Im Jagdzeugmagazin auf der gegenüberliegenden Hofseite sind Jagdtrophäen, Waffen und andere nützliche Dinge für die Jagd ausgestellt. Erklärt wird unter anderem, wie eine Parforcejagd ablief. Eine Dokumentation erzählt von der Baugeschichte des Jagdschlosses Grunewald und zeigt Ausgrabungsfunde, die in den 1970er-Jahren aus dem einstigen Wassergraben geborgen wurden.

Der romantische Schlosshof ist im Sommer oft Schauplatz für Theater und andere Veranstaltungen. Am zweiten Adventswochenende findet hier ein »märchenhafter Weihnachtsmarkt« statt.

Infos und Adressen

SEHENSWÜRDIGKEITEN

Jagdschloss Grunewald und Jagdzeugmagazin. Nov./Dez. und März Sa, So und Feiertag, 10–16, Führungen um 11, 13, 15, April–Okt. Di–So 10–18 Uhr. Hüttenweg 100 (am Grunewaldsee), 14193 Berlin-Grunewald, Tel. 030/ 813 35 97, www.spsg.de

Nahe gelegen:
AlliiertenMuseum. Zur Geschichte der Westmächte in Berlin (1945–1994). Zu den Ausstellungsobjekten gehört das originale Wachhäuschen vom Kontrollpunkt Checkpoint Charlie. Do–Di 10–18 Uhr, Eintritt frei. Clayallee 135 – Outpost, 14195 Berlin-Zehlendorf, Tel. 030/18 19 90, www.alliiertenmuseum.de

ESSEN UND TRINKEN
Bistro-Café im Schlosshof

Paulsborn am Grunewaldsee. Traditionelle Ausflugsgaststätte mit Biergarten; beliebt ist der Sonntagsbrunch (10–16 Uhr). Wer will, kann in dieser Waldeinsamkeit auch übernachten. Hüttenweg 90, 14193 Berlin, Tel. 030/818 19 10, www.paulsborn.de

Idyllisch: Forsthaus Paulsborn

BERLIN
vom Wasser aus erleben

Vor allem an Schönwettertagen ist eine Rundtour mit dem Schiff die angenehmste und spannendste Art, die Stadt zu erkunden.

Spree und Havel, verbindende Kanäle und ganze Seenketten: Rund 200 Kilometer schiffbare Wasserstraßen umrunden und durchziehen Berlin. Ein ideales Revier für Wassersportler und stille Genießer, die ganz entspannt die Sehenswürdigkeiten der Hauptstadt an sich vorüberziehen lassen möchten. Zum Wasser hin zeigt sich die Hauptstadt von ihren schönsten Seiten.

Die kürzeste Stadtkern- oder City-Spreefahrt dauert gerade mal ein Stunde, führt durch die alte und die neue Mitte der Stadt und an allen wichtigen Sehenswürdigkeiten vorbei. Nehmen wir zum Beispiel ein Schiff ab Moltkebrücke, gleich neben dem Kanzleramt, für eine Fahrt auf der Spree Richtung Osten. Links setzt sich der gläserne Bau des Hauptbahnhofs attraktiv ins Bild, am rechten Ufer zieht der Capitol Beach vorbei. Dort bleibt bei schönem Wetter kein Liegestuhl frei.

Nach Norden öffnet sich der Humboldthafen, bevor die Spree in großem Bogen nach rechts den Spreebogenpark umarmt. Kurz vor dem Reichstag legt sich das »Band des Bundes« über die Spree und verbindet durch einen Steg in luftiger Höhe das Paul-Löbe-Haus mit dem Elisabeth-Lüders-Haus. Vorbei am ARD-Hauptstadtstudio, rechts, und RTL, links, nimmt das Schiff Kurs auf den Bahnhof Friedrichstraße. Unter der Weidendammer Brücke hindurch, und das Bode-Museum erhebt sich wie eine Festung auf der Museumsinsel aus dem Wasser. Der Kupfergraben rechts ist nur bis zum Zeughaus schiffbar, links geht es auf der Spree weiter bis zum Berliner Dom und zum Nikolaiviertel.

Unter den Brücken Berlins

Wer sich drei Stunden Zeit für eine Brückenfahrt nimmt, wird in der Mühlendammschleuse auf das richtige Niveau gebracht und schippert dann weiter auf der Spree südöstlich, vorbei an Kreuzberg rechts und Friedrichshain links, mit Blickwechseln zwischen Neubauten und historischen Industrieanlagen. Kurz hinter der Oberbaumbrücke, noch vor dem Badeschiff und der »Molecule Man«-Skulptur, zweigt der Landwehrkanal ab. Der führt zwischen Kreuzberg und Neukölln vorbei an lauschig grünen Uferbereichen wieder in Richtung Westen: Deutsches Technikmuseum, Potsdamer Platz, Neue Nationalgalerie sind die wichtigsten Sehenswürdigkeiten, bevor das Schiff den Tiergarten durchquert – links der Zoo, rechts der Neue See – und im Industriegebiet von Moabit wieder die Spree erreicht. Noch ein Stück weiter Richtung Westen gelangt man zum Schloss Charlottenburg.

Ausflugfahrten, die einen halben oder ganzen Tag dauern, führen zum Beispiel über die Spree bis nach Köpenick und zum Müggelsee, über den See und um die Müggelberge herum. Vom Ortsteil Tegel im Nordwesten Berlins fahren Schiffe die Havel entlang bis Wannsee im Südwesten und weiter bis Potsdam. Wer sich in Potsdam auf ein Schiff begibt, sollte sich die »Schlösserfahrt« nicht entgehen lassen, vorbei an einigen der schönsten Schlösser und Gärten in der unter dem Schutz der UNESCO stehenden Potsdam-Berliner-Kulturlandschaft.

40 Wannsee
Wasser und Kultur

Längst muss nicht mehr halb Berlin, das ehemalige West-Berlin, »nüscht wie raus nach Wannsee«, sobald bei sommerlicher Hitze die Lust auf einen Sprung ins kühle Nass aufkommt. Badeseen gibt es im Umland reichlich. Doch Wannsee steht immer noch für Badevergnügen in der Großstadt. Aber nicht nur das. Der vornehme Stadtteil im Bezirk Steglitz-Zehlendorf im Südwesten Berlins lockt mit reizvollen Spazierwegen, Kultur und Geschichte.

Der Große Wannsee ist eine große Ausbuchtung der Havel, die sich nach Südwesten verengt zum Kleinen Wannsee und über weitere Seen bei Babelsberg wieder Anschluss an die Havel findet. Auf diesem Weg macht sie den Ortsteil Wannsee zur Insel. Rudervereine bevorzugen den Kleinen Wannsee als Trainingsstrecke, Segelboote und andere Jachten haben ihren Liegeplatz am Großen Wannsee. Ausflugsschiffe starten zu Seenrundfahrten von der Anlegestelle gegenüber dem S-Bahnhof Wannsee. Auch die Fähren von und nach Kladow im südlichen Spandau legen hier an.

Strandbad Wannsee

Über 100 Jahre alt und immer noch heiß geliebt: Das Strandbad Wannsee ist eine Berliner Institution. 1200 Meter lang und bis zu 80 Meter breit ist der feine Sandstrand im »größten Binnenbad Europas«. Wer vom Eingangsgebäude dem Wasser zustrebt, wird oberhalb der Wannseeterrassen erst einmal staunend den Blick über das Wasser auf die umliegende hügelige, wald- und wasserreiche Landschaft genießen: Sehn'se, auch det is Berlin –

Mitte: Rundfahrten auf dem Wannsee sind beliebt.
Unten: An heißen Sommertagen kann es im Strandbad Wannsee ganz schön voll werden.

die reinste Sommerfrische! An heißen Tagen kommen bis zu 30 000 Menschen und finden Platz in Strandkörben, auf Liegestühlen, den mitgebrachten Decken sowie auf Spiel- und Liegewiesen und verschiedenen Sportflächen. Man kann Boote und Surfbretter mieten, über eine Riesenrutsche ins Wasser gleiten, im flachen Wasser planschen und etwas weiter draußen wunderbar schwimmen.

Unter Denkmalschutz stehen die lang gestreckten Ziegelbauten aus den 1930er-Jahren mit ihren Sonnendecks, Garderobenhallen und Verkaufsständen. Gastronomisch sind vor allem Wurst, Burger und Bier gefragt.

Liebermann-Villa am Wannsee

Am westlichen Ufer der Wannseebucht entstand nach 1863 eine noble Villenkolonie für reiche und erfolgreiche Berliner. Industrielle, Verleger oder der Arzt Ferdinand Sauerbruch ließen sich in der »Kolonie Alsen« großzügige Landhäuser errichten. Gefragter Architekt war Paul Otto Baumgarten (1873–1946).

Ihn engagierte auch der Maler Max Liebermann für den Bau seiner Villa am Wannsee. Zusammen

Einfach gut !

ESSEN, TRINKEN UND DIE SEELE BAUMELN LASSEN

Ausruhen im Liegestuhl, einen kühlen Drink griffbereit und den Blick schweifen lassen über den Wannsee mit seinem regen Schiffsverkehr hinweg bis an das gegenüberliegende Ufer: Das Loretta hat sich einen tollen Platz gesichert und neue Sichtachsen geschaffen. Wie es sich für einen richtigen Biergarten gehört, gibt es unter schattigen Bäumen auch Holzbänke und -tische und am Selbstbedienungskiosk bayrisch-deftige Kost und süffiges Bier, aber auch Kaffee, Kuchen und Eis. Und am Fuß des terrassierten »Aussichtshügels« lädt ein gemütliches, modern gestyltes Restaurant ein. Hier ist die Küche bayrisch-österreichisch.

Loretta am Wannsee.
Kronprinzessinnenweg 260,
14109 Berlin-Wannsee,
Tel. 030/80 10 53 33,
www.loretta-berlin.de

mit dem Gartenreformer Alfred Lichtwark entwarf Liebermann das umgebende Gartenkunstwerk mit Blumen- und Nutzgarten zur Straße sowie Hecken- quartieren und Birkenallee, die eine weite, zum See hin abfallende Wiesenfläche rahmen. In seinem »Schloss am See« verbrachte Liebermann von 1910 bis zu seinem Tod 1935 viele Sommer und ließ sich vom Blick über den Garten auf den See zu zahlreichen Gemälden inspirieren. Einige sind in der aufwendig sanierten Liebermann-Villa dauer- haft ausgestellt. Daneben gibt es wechselnde Aus- stellungen zu Liebermanns Werk und Epoche. Die Besucher flanieren gern durch den zauberhaften Garten und genießen den schönen Blick von der Terrasse. Dazu kann man sich Kuchen oder Torte aus dem »Café Max« schmecken lassen.

Haus der Wannseekonferenz

Eine großbürgerliche Villa in traumhafter Lage, von einem schattigen Park umgeben, ebenfalls von Paul Otto Baumgarten 1914/15 für die Industriel- len-Familie Marlier erbaut, erlangte als Ort der Wannseekonferenz traurige Berühmtheit. Am 20. Januar 1942 wurde im damaligen Gästehaus der Sicherheitspolizei auf höchster Führungsebene der Nationalsozialisten die »Endlösung der Judenfrage« entschieden und die organisatorische Durchfüh- rung geplant. Der historische Konferenzraum ist Mittelpunkt der Dauerausstellung »Die Wannsee- Konferenz und der Völkermord an den europäi- schen Juden«. Sie dokumentiert die Geschichte der Verfolgung und schließlich Ermordung der euro- päischen Juden zwischen 1933 und 1945.

Oben: Das »Schloss am See« des Malers Max Liebermann
Unten: Hinter diesen repräsentati- ven Mauern wurde die »Endlösung der Judenfrage« beschlossen.

1992, zum 50. Jahrestag der Konferenz, wurde in der Villa eine Gedenk- und Bildungsstätte eröff- net. Auch 25 Jahre später gehört die neukonzi- pierte ständige Ausstellung zu den vielbesuchten Gedenkorten Berlins.

Infos und Adressen

SEHENSWÜRDIGKEITEN

Haus der Wannseekonferenz. Täglich 10–18 Uhr. Am Großen Wannsee 56–58, 14109 Berlin-Wannsee, Tel. 030/805 00 10, www.ghwk.de

Liebermann-Villa am Wannsee. April–Sept. Mi–Mo 10–18, Do, So 10–19, Okt.–März Mi–Mo 11–17 Uhr. Colomierstraße 3, 14109 Berlin-Wannsee, Tel. 030/80 58 59 00, www.liebermann-villa.de

Kleist-Grab. Am S-Bahnhof Wannsee (Ladenzeile außerhalb) kann man sich einen Audioguide ausleihen. Zu hören sind Auszüge aus Vernehmungsprotokollen und aus den Abschiedsbriefen des Dichters und seiner Freundin Henriette Vogel, die sich am 21. November 1811 am Kleinen Wannsee das Leben nahmen. Bismarckstraße 2–4, 14109 Berlin-Wannsee

Literarisches Colloquium Berlin. Die Gründerzeitvilla hat edle Räume, ist umgeben von einem herrlichen Garten und erlaubt einen großartigen Blick über den Wannsee – zugänglich bei Veran-

Ein beliebtes Ausflugsziel: das Blockhaus Nikolskoe; 1818 ließ es Friedrich Wilhelm III. errichten.

staltungen. Am Sandwerder 5, 14109 Berlin, Tel. 030/816 99 60, www.lcb.de

Strandbad Wannsee. Bootsverleih, Strandkörbe, FKK-Bereich, Wasserrutschen. Mo–Fr 10–19, Sa–So 8–20 Uhr. Wannseebadweg 25, 14129 Berlin-Nikolassee, Tel. 030/22 19 00 11, www.berlinerbaeder.de/baeder/strandbad-wannsee

ESSEN UND TRINKEN

Haus Sanssouci. Schöne Villa mit edlem Ambiente auch im Garten. Gehobene Küche. Am Großen Wannsee 60, 14109 Berlin-Wannsee, Tel. 030/805 30 34, www.haussanssouci.de

Restaurant Seehaase. Türkisch-mediterrane Küche und deutsche Klassiker direkt am Wasser. Am Großen Wannsee 58–60, 14109 Berlin, Tel. 030/80496474, www.restaurant-seehaase.de

Wannseeterrassen. Traditionelle Ausflugsgaststätte, die nach einem Brand 2001 wieder aufgebaut und 2015 eröffnet wurde. 500 Sitzplätze auf dor Terrasse (350 weitere im Haus) mit herrlichem Blick auf den Wannsee und die Havel. Wanncee-badweg 35, 14129 Berlin, Tel. 030/80 90 82 18, www.wannseeterrassen.berlin

Der Wannsee ist auch ein beliebtes Ausflugsziel für Motoradfahrer.

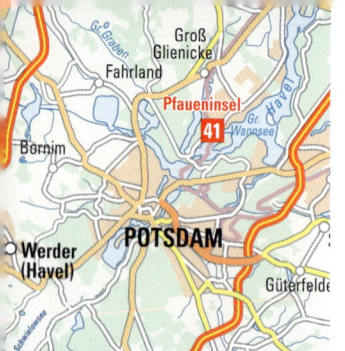

41 Die Pfaueninsel
Ein Stück vom Paradies

Berlin? Großstadt? Verkehr? Lärm? Nichts von alledem ist auf der Pfaueninsel zu spüren. Die idyllische Insel in der Havel im Südwesten Berlins war Refugium preußischer Könige und ist beliebtes Ausflugsziel der Berliner, egal zu welcher Jahreszeit. Gut eine Stunde dauert der Spaziergang um die autofreie Insel. Aber da sind auch noch das Schloss, die anderen Parkbauten, die Gärten, die Aussichten, die Wasserspiele, die unberührte Natur und die Pfauen natürlich.

Eine Minute, kaum länger dauert die Überfahrt mit der Fähre – und schon ist man in einer anderen Welt! Ganz wie es der Gartenkünstler Peter Joseph Lenné beabsichtigte, wird man gelockt »auf Schlängelpfade, die überallhin führen und nirgends«, schrieb Theodor Fontane 1880. Fast 100 Jahre zuvor, 1793, hatte König Friedrich Wilhelm II., Nachfolger Friedrichs des Großen auf dem preußischen Thron, die 67 Hektar große Insel erworben. An der Südwestspitze, in Sichtbeziehung zum Marmorpalais, seiner Residenz im Neuen Garten in Potsdam, ließ der König ein romantisches Schlösschen errichten, das aussah wie ein verfallenes römisches Landhaus. Der Ruinenstil war gerade groß in Mode.

Märchenschloss zum Träumen

Das Schloss steht dicht am Ufer. Von hier schweift der Blick über die Havel bis zum Neuen Garten und ins Inselinnere bis zur großen Fontäne. Die steinerne Fassade des weißen Schlosses entpuppt sich bei näherem Hinsehen allerdings als Malerei.

Mitte: Romantik im Ruinenstil: das Schloss auf der Pfaueninsel
Unten: Eine Ente, kein Pfau: Das Borkenhäuschen befindet sich am Fähranleger noch auf dem Festland.

Das Wappentier der Pfaueninsel in voller Pracht

Sogar der Durchblick zum Garten ist reine Illusion. Im Inneren setzt sich die märchenhafte Romantik fort: Einzigartig ist das »Otaheitische Kabinett«. Der runde Raum spiegelt mit illusionistischer Malerei vom Fußboden bis zur imitierten Bambuskuppel den Traum vom tropischen Paradies. Gemalte Ausblicke neben den realen Fensterdurchblicken versetzen das entfernte Marmorpalais in eine Fantasielandschaft, umgeben von Palmen und Papageien. Eine elegante Wendeltreppe führt in das Obergeschoss und in den prächtigen Festsaal mit seiner hölzernen Verkleidung und opulenten Deckengemälden, mit Marmorkamin und Kronleuchtern. Für die in großen Teilen erhaltene Inneneinrichtung war Gräfin Lichtenau verantwortlich, die Mätresse des Königs Friedrich Wilhelm II., der bereits 1797 starb.

Königliches Landleben

Sein Nachfolger, Friedrich Wilhelm III. und dessen Gemahlin, die noch heute populäre Königin Luise, hielten sich mit ihrer Kinderschar häufig im Sommer auf der Insel auf und bewohnten das Schloss. Die Strohhüte in einem Vitrinenschrank sind original aus Luises Besitz. Das Königspaar liebte das

Nicht verpassen

NATUR ZU ALLEN JAHRESZEITEN

Die Pfaueninsel ist mit ihrem uralten Baumbestand, unberührter Ufervegetation und seltenen Vogelarten ein einzigartiges Naturschutzgebiet und anerkanntes »Fauna-Flora-Habitat der Europäischen Union«. Sie ist zudem ein Gartenkunstwerk in Obhut der Stiftung Preußische Schlösser und Gärten Berlin-Brandenburg (SPSG) und gehört seit 1990 als Teil der Potsdam-Berliner Kulturlandschaft zum UNESCO-Welterbe.
Kunstvoll angelegte Blumengärten in Schlossnähe erfreuen vom Frühjahr bis in den Herbst hinein das Auge. Doch am schönsten ist die Pfaueninsel im Juni, wenn im ältesten Rosengarten Preußens historische Rosensorten in voller Blüte stehen und die Luft mit ihrem Duft erfüllen.
Auch Landwirtschaft wird wieder betrieben. Im Sommer weiden Wasserbüffel auf den Feuchtwiesen. Schafe und Hühner leben nahe der Meierei. Apropos: Die Meierei ist nur im Sommer an den Wochenenden geöffnet.

Landleben und packte selbst gern mit an. Die populärste Anekdote: Bevor der König die Kühe melkte, wurden diese parfümiert. Das geschah an der Meierei am Nordende der Insel, die, ebenfalls dem Ruinenstil der Zeit folgend, an eine gotische Klosterruine erinnert.

Im Erdgeschoss mit Molkenstube und ehemaligem Kälberstall gibt eine Ausstellung Einblicke in die

GUT ZU WISSEN

SONNTAGS SIND ALLE DA!

Wenn die Sonne scheint, kommen sie alle, erst recht am Wochenende! Zwar hat die neue Fähre reichlich Kapazität und auf den »Schlängelpfaden« über die Pfaueninsel tritt man sich nicht gegenseitig auf die Füße, aber Stille und Einsamkeit muss man dann doch suchen. Und: Die Führungen im Schloss sind schnell ausgebucht. Wer also flexibel ist, sollte für den Besuch der Pfaueninsel lieber einen (auch trüben) Wochentag wählen.

Wichtiger Hinweis: Nur im Fährhaus gibt es die Tickets für den Schlossbesuch (Führung inklusive).

Oben: Eine Rast mit Blick auf die Havel
Unten: Luisentempel zum Gedenken an die populäre Königin Luise

Die Pfaueninsel

damals gepflegte »geschmückte« Landwirtschaft und in über 200 Jahre Inselgeschichte. In einem Kabinett erinnern Ausgrabungsfunde an das geheime Laboratorium des Alchemisten und Glasmachers Johann Kunckel (1635–1703), der Gold machen sollte und Rubinglas erfand. Der große Saal im Obergeschoss des Hauses verblüfft wieder durch seine illusionistische Malerei: Man glaubt sich in einen gotischen Festsaal versetzt, dessen spitz nach oben strebendes Gewölbe jedoch einem geschickten Theatermaler zu verdanken ist.

Nach Luises Tod 1810 ließ Friedrich Wilhelm III. ab 1822 die Insel von seinem Gartenmeister Lenné in einen Landschaftspark umgestalten und eine Menagerie für exotische Tiere anlegen. 1842 übergab sein Nachfolger, König Friedrich Wilhelm IV., die Tiere an den gerade entstehenden Berliner Zoologischen Garten. Eine historische Voliere beherbergt heute einheimische Hühnervögel. In der Voliere nebenan werden Pfauen aufgezogen. Seit 1795 auf der Insel heimisch, sind es heute rund 30, die frei umherstreifen und sich in diesem Paradies wohlfühlen.

Ungewöhnliche Architekturen

Weitere überraschende Parkbauten auf der Insel sind der Luisentempel zum Andenken an Königin Luise südlich der Meierei an einem Waldrand, das Kavalierhaus in der Inselmitte, dem Karl Friedrich Schinkel die abgetragene Fassade eines Danziger Patrizierhauses vorsetzte, der Beelitzer Jagdschirm am Ostufer, der mit Eichenborke verkleidet ist, sowie in der Nähe des Fähranlegers der Fregattenhafen, ein überdachtes Gebäude als Winterquartier für die Miniaturfregatte »Royal Louise«. Ein Nachbau der »Königlichen Luise« schippert in den Sommermonaten über die Gewässer der Berlin-Potsdamer Kulturlandschaft.

Infos und Adressen

SEHENSWÜRDIGKEITEN
Pfaueninsel. Nikolskoer Weg, 14109 Berlin-Wannsee, Tel. 030/80 58 68 30

Schloss. April–Okt. Di–So 10–17.30 Uhr. Besichtigung mit Führung. Letzter Einlass 30 Minuten vor Schließzeit. Tel. 0331/969 42 00, www.spsg.de Betriebszeiten der Fähre: Nov.–Feb. 10–16, März, Okt. 9–18, April, Sept. 9–19, Mai–Aug. 8–21 Uhr

Kirche St. Peter und Paul. 1834–1837 erbaute, beliebte Hochzeitskirche. Täglich 11–16 Uhr, Nikolskoer Weg 17, 14109 Berlin, Tel. 030/805 21 00, www. kirche-nikolskoe.de

ESSEN UND TRINKEN
Auf der Insel: Imbisswagen an der Liegewiese, Getränke und Nascherreien im Fährhaus.

Ausflugslokale auf dem »Festland«
Blockhaus Nikolskoe. 1819 auf königlichen Wunsch nach russischem Vorbild erbaut. Terrasse hoch oben über der Havel. Tägl. 11–20 Uhr (im Winter Mi und Do geschlossen). Nikolskoer Weg 15, 14109 Berlin-Wannsee, Tel. 030/805 29 14, www.blockhaus-nikolskoe.de

Historisches Wirtshaus Moorlake. Berlins »schönster Biergarten«, direkt am Wasser; gutbürgerliche Küche. Tägl. ab 10 Uhr (im Winter Mo und Di geschlossen). Moorlakeweg 6, 14109 Berlin-Wannsee, Tel. 030/805 58 09, www.moorlake.de

Wirtshaus zur Pfaueninsel. Biergarten am Wasser; Kaffee, Kuchen, saisonale Gerichte. Mi–So ab 10 Uhr, neben der Fähranlegestelle, Tel. 030/805 22 25, www.pfaueninsel.de

42 Glienicker Brücke
Auf allen Seiten schön

Was für eine Rundumsicht! Im Süden erhebt sich Schloss Babelsberg, ein Stück weiter im Uhrzeigersinn liegt Potsdam. Auf der nördlichen Brückenseite schweift der Blick weit über den Jungfernsee bis zur Heilandskirche von Sacrow. Und rundum: Wasser, Wälder, schöne Villen. Die Glienicker Brücke ist Mittelpunkt der Berlin-Potsdamer Kulturlandschaft, die unter dem Titel »Schlösser und Parks von Potsdam und Berlin« seit 1990 zum UNESCO-Welterbe gehört.

Weltberühmt wurde die Glienicker Brücke allerdings als Ort des Agentenaustauschs oder schlicht als Agentenbrücke. Tatsächlich fand dreimal ein Austausch der Spione statt: 1962, 1985 und 1986 wurden auf der Brücke an der Grenzlinie zwischen Ost und West gefangene Westagenten aus dem Osten gegen Ostagenten aus dem Westen in die jeweilige Freiheit entlassen. Kurioserweise liegt hier geografisch West-Berlin von Potsdam aus im Osten und Potsdam, damals DDR, im Westen.

Brücke der Einheit

Seit dem 17. Jahrhundert verbindet an dieser Stelle eine Brücke Berlin mit Potsdam. 28 Jahre lang war diese Verbindung über die »Brücke der Einheit«, wie sie in der frühen DDR hieß, oben und unten im Wasser mit Grenzsperren jeglicher Art undurchlässig gemacht. Heute kann man wieder an den Ufern entlang spazieren, mit Schiffen und Booten unter der Brücke durchfahren. Nur eines ist geblieben: die unterschiedliche Farbe, mit der Berlin und Potsdam ihre Brückenhälfte streichen.

Mitte: Mit dem Schiff unten durch: Die Glienicker Brücke verbindet Berlin mit Potsdam.
Unten: Beste Aussicht auf das Wasser: Pavillon »Große Neugierde« im Schlosspark Glienicke

Eine Villa und zwei Schlösser

Im ersten Haus rechts auf der Potsdamer Seite erinnert die glanzvoll sanierte Villa Schöningen mit ihrer Dauerausstellung »Spione, Mauer, Kinderheim – an der Brücke zwischen den Welten« an die deutsche Teilung und erzählt die Geschichte des Hauses, das mitten im Grenzgebiet lag. Ausstellungen mit zeitgenössischer Kunst und ein Skulpturengarten laden zum Besuch ein.

Die Schwanenallee vor dem Eingang führt weiter am Ufer des Jungfernsees entlang in den Neuen Garten Potsdam. Dort ist am Heiligen See das königliche Marmorpalais mit seinen klassizistisch ausgestatteten Räumen ebenso einen Besuch wert wie Schloss Cecilienhof, der Ort, an dem 1945 das Potsdamer Abkommen unterzeichnet – und damit die Teilung Deutschlands festgeschrieben wurde. Auf der Glienicker Brücke zurück Richtung Osten, also nach Berlin, begrüßt linker Hand die »Große Neugierde« die Besucher. Der Aussichtspavillon schließt den Park Glienicke zum Wasser hin ab. Ein weiteres Schmuckstück im Park ist die Löwenfontäne, eine zauberhafte Brunnenanlage mit zwei goldglänzenden wasserspeienden Löwen, die den idyllischen Rahmen für Schloss Glienicke bildet. Prinz Carl von Preußen (1801–1883) verwirklichte hier seinen Traum von einer italienischen Villa in südlich anmutender Landschaft.

Karl Friedrich Schinkel gab dem früheren Landgut seinen antiken Charakter. Von ihm stammt auch weitgehend das erlesene Mobiliar in den Sälen, die ihre kräftige Farbgebung zurückerhielten. Ein zweiter Ausstellungsteil ist den preußischen Hofgärtnern gewidmet. Königlicher Gartendirektor war für rund 60 Jahre Peter Joseph Lenné (1789–1866), der die Potsdam-Berliner Kulturlandschaft maßgeblich prägte. Den Anfang zu diesem »Preußischen Arkadien« machte er in Glienicke.

Infos und Adressen

SEHENSWÜRDIGKEITEN

Marmorpalais Neuer Garten. Mai–Okt. Di–So 10–18, Nov.–März Sa–So und Feiertage 10–16 Uhr (April bis 18 Uhr). Im Neuen Garten 10, 14467 Potsdam, Tel. 0331/969 42 00

Schloss Glienicke. April–Okt. Di–So 10–18, Nov.–März Sa–So und Feiertage 10–17, Sa–So 16 Uhr Kammerkonzerte im Gartensaal. Königstraße 36, 14109 Berlin, Tel. 0331/969 42 00, www.konzerte-schloss-glienicke.de

Schloss Cecilienhof. April–Okt. Di–So 10–18, Nov.–März Di–So 10–17 Uhr. Privaträume des Kronprinzenpaares: ganzjährig mit Führung: 10, 12, 14, 16 Uhr. Im Neuen Garten 11, 14469 Potsdam, Tel. 0331/969 42 00

Information für alle Schlösser: Letzter Einlass jeweils 30 Minuten vor Schließzeit, www.spsg.de

Villa Schöningen. Do–So 10–18 Uhr. Berliner Straße 86, 14467 Potsdam, Tel. 0331/200 17 41, www.villa-schoeningen.de

ESSEN UND TRINKEN

Meierei – Brauhaus. Im Neuen Garten 10, 14469 Potsdam, Tel 0331/704 32 11, www.meierei-potsdam.de

Lutter & Wegner im Schloss Glienicke Restaurant Remise & Weinhandlung. Königstraße 36 im Schloss Glienicke, 14109 Berlin-Wannsee, Tel. 030/805 40 00, www.schloss-glienicke.de

STADTRAND/ AUSFLÜGE

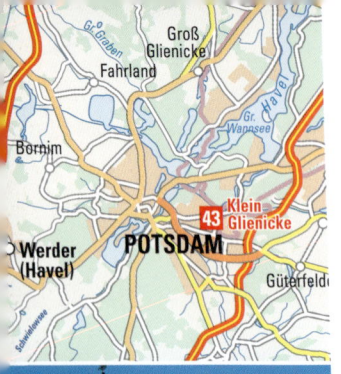

43 Klein Glienicke und Park Babelsberg
Was für eine Idylle – und was für eine Geschichte!

Man sieht nichts mehr davon und die Fantasie reicht nicht aus, sich vorzustellen, wie es war, das Leben »hinter der Mauer«, aber man muss daran erinnern: Die Berliner Mauer trennte nicht nur Ost- von West-Berlin und umgekehrt. Die Erfinder dieses Systems schafften es auch, ganze Ortsteile von der Außenwelt nahezu abzuriegeln und einzuschnüren zwischen Grenzsperren. Ein solcher Ort in der »Sondersicherheitszone« war Klein Glienicke. Heute ist das einstige Dorf Teil des UNESCO-Welterbes und ein bezauberndes Ausflugsziel zwischen Berlin und Potsdam.

Was Klein Glienicke – wieder – so reizvoll macht, war eine Idee des preußischen Prinzen Carl (1801–1883). Der Sohn von König Friedrich Wilhelm III. und der populären Königin Luise, Hausherr von Schloss Glienicke, liebte Italien und brachte von seinen Reisen antike Skulpturen und Architekturfragmente mit nach Preußen, die er in seinem Schlossgarten einbauen ließ. Und er mochte die Alpen.

Also ließ er den Böttcherberg, eine nahe gelegene, 66 Meter hohe Erhebung durch den Gartenkünstler Peter Joseph Lenné in ein märkisches Alpenland verwandeln, Felsformationen bauen, tiefe Schluchten modellieren, Wiesenflächen mit Gehölzen wechseln und Sichten freilegen mit Blick auf den gegenüberliegenden Babelsberg und das englisch anmutende Schloss seines Bruders, des

Bild Seite 228/229: Potsdams Wahrzeichen: Schloss Sanssouci
Mitte: Im Grenzgebiet fast verfallen, nach der Wiedervereinigung restauriert: Klein-Glienicker Kapelle
Unten: Schweizer Haus in Klein Glienicke
Bild Seite 232: Der Flatowturm im Park Babelsberg

Klein Glienicke

späteren Kaisers Wilhelm I. Von der Loggia Alexandra aus, 1869 zum Gedenken an die verstorbene Schwester Alexandra erbaut, konnte man beim Tee diese Aussicht genießen. Das geht heute auch, nur ohne Tee.

Beliebte Sommerfrische

Im Dorf Klein Glienicke, »im Tal« dazwischen, ließ Carl malerisch verteilt zehn Schweizer Häuser im alpenländischen Stil errichten; einige stehen heute noch, hübsch restauriert. Das Jagdschloss Klein Glienicke am westlichen Ende, seit dem 17. Jahrhundert im Besitz der Hohenzollern, überließ er seinem Sohn. Nach Carls Tod entwickelte sich das Dorf als Verlängerung der Villenkolonie Neubabelsberg auf der anderen Seite des Griebnitzsees zu einer beliebten Sommerfrische. Die Hauptstraße, damals Kurfürsten-, jetzt Waldmüllerstraße, sah fast aus wie in den Badeorten an der Ostsee. Die Schauspielerin Lilian Harvey hatte hier eine Villa.

Das märkische Dorf Klein Glienicke wurde 1939 als Teil von Babelsberg von der Stadt Potsdam eingemeindet. Das Jagdschloss Glienicke und das Schloss Glienicke nördlich der heutigen Königstraße gehörten zu Berlin. So blieb es auch nach der deutschen Teilung mit der absurden Folge, dass Klein Glienicke, das wie ein Schmetterling mit ausgebreiteten Flügeln nach West-Berlin hineinragt, ringsum eingemauert wurde, abgetrennt im Westen vom Jagdschloss und am Böttcherberg von den Häusern im West-Berliner Ortsteil Wannsee.

Einzig die schmale Parkbrücke über den Teltowkanal, seit 1906 das Verbindungsstück zwischen Griebnitzsee und Glienicker Lake und damit zur Havel, blieb als Zugang zu dieser Exklave erhalten: Nutzung ausschließlich mit Passierschein und Kontrolle inklusive.

HERRLICHER BIERGARTEN

Der Bürgershof in Klein Glienicke erfreute schon zu Kaisers Zeiten die Ausflügler aus Berlin und Potsdam. Damals vergnügten sich im Festsaal bis zu 1000 Gäste beim Tanz, und im Biergarten fanden noch mal so viele Platz. Manche reisten mit dem Dampfer oder einem Ruderboot an. Und wer nicht mehr nach Hause wollte oder konnte, fand im Hotel Bürgershof auch ein Bett für die Nacht. 1971 wurde das Gasthaus gesprengt, um die Grenzanlagen zu verbreitern. Seit 2004 werden im großen Biergarten und dem sehr viel kleineren Restaurant wieder Bier sowie deftige Speisen serviert, außerdem Kaffee, Kuchen und Cocktails. Am Wasser gibt es zusätzlich Liegestühle, Loungesessel und einen wunderschönen Blick auf das gegenüberliegende Dampfmaschinenhaus am Fuß von Schloss Babelsberg.

Bürgershof.
Täglich ab 12, am Wochenende ab 11 Uhr bis Sonnenuntergang. Nov.–März nur Sa/So. Waldmüllerstr. 4–5, 14482 Potsdam, Klein Glienicke, Tel. 0331/237 88 89, www.buergershof.de

Klein Glienicke

Viele der 500 Einwohner zogen weg. Einigen gelang die Flucht, die spektakulärste durch einen Tunnel, den eine Familie vom Keller ihres Hauses mit Kinderschaufeln zum Grundstück des Jagdschlosses baute. Kurioserweise verbirgt sich das Jagdschloss heute, als Fortbildungsinstitut genutzt, hinter einer hohen (Garten-)Mauer.

Der Berliner Mauerweg führt durch den Ort und gibt auf Informationsstelen in Wort und Bild Auskunft über Geschichte und einzelne Ereignisse. Sehenswert sind die aufwendig restaurierte Kapelle Klein Glienicke von 1881 und der Friedhof, der bis an die Königstraße reicht. Über die letzten Gräberreihen verlief die Mauer.

Der Park Babelsberg

Über die Parkbrücke gelangt man in den Park Babelsberg. Auch hier hatten Sperranlagen und Todesstreifen eine zerstörerische Schneise in die von Fürst Hermann von Pückler-Muskau gestaltete Gartenlandschaft geschlagen, doch wurde dieses Gesamtkunstwerk wiederhergestellt. So wandelt man wieder in »Preußens Arkadien«, zum Beispiel am Ufer entlang, durch die Rosentreppe hinauf in den »Pleasureground«, der mit Blumenbeeten das Auge erfreut und auf das mit Zinnen bewehrte Schloss zuführt. Wegen Sanierung ist das Schloss begrenzt zugänglich, doch allein der Ausblick vom Vorplatz über den sanft abfallenden Hang hinweg auf die Glienicker Brücke und die Berlin-Potsdamer Kulturlandschaft lohnt den Spaziergang. In den Sommermonaten kann man Pücklers Wassermusik lauschen, wenn an vielen Stellen rund ums Schloss Brunnen sprudeln und künstliche Wasserfälle rauschen. Und von der goldenen Terrasse am Schloss genießt man einen herrlichen Blick auf die Glienicker Brücke, die Havel und die Berlin-Potsdamer Kulturlandschaft.

Infos und Adressen

PREUSSENS
Arkadien

Schloss Babelsberg im romantischen Burgenstil

Mitten durch die Potsdam-Berliner Kulturlandschaft ging der Riss der deutschen Teilung. Monströse Sperranlagen sollten Fluchten verhindern und zerstörten das im 19. Jahrhundert sensibel geformte Gartenkunstwerk. Die wunderbare Heilung nach dem Ende des Kalten Krieges ist engagierten Gartendenkmalpflegern und Gärtnern zu verdanken.

UNESCO-Welterbe »Schlösser und Parks von Potsdam und Berlin«. Hinter der nüchternen Bezeichnung verbirgt sich eine einzigartige Kulturlandschaft zwischen den beiden Städten. Die 1990 ernannte Welterbestätte, mit mehr als 2000 Hektar eine der größten in Deutschland, umfasst neben Schloss und Park Sanssouci große Teile der Stadt Potsdam und die grandiose Landschaft zu beiden Seiten der Havel. Park Babelsberg, der Neue Garten und Park Sacrow auf der Potsdamer Seite, die Berliner Pfaueninsel und der Volks- und Schlosspark Glienicke, jeweils mit ihren Schlössern, rahmen die Havel sowie die von ihr gebildeten Seen und sind durch virtuos komponierte Sichtbeziehungen miteinander verbunden.

Ein Paradies mit italienischer Anmutung wünschte sich König Friedrich Wilhelm IV. (reg. 1840–1861), der »Romantiker auf dem Thron«, und lieferte dazu eigene Skizzen. Entworfen wurde das romantische Landschaftsgemälde von Peter Joseph Lenné, gestaltet von Lenné und Hermann Fürst von Pückler-Muskau. Die beiden genialen Gartenkünstler des 19. Jahrhunderts schufen – nicht miteinander, sondern parallel – ein Gesamtkunstwerk aus prachtvollen Gartenanlagen, verschönerter Natur und architektonischen Perlen, diese nach Plänen von Karl Friedrich Schinkel und Ludwig Persius. Die harmonische grenzenlose Weite mit ihren prä-

genden Bauwerken kann man heute am besten von der Goldenen Terrasse vor dem Schloss Babelsberg überblicken.

1990 bot sich noch ein ganz anderes Bild, hatte doch im ersten Jahr nach dem Mauerfall die Wiedergewinnung des »Preußischen Arkadien« gerade erst begonnen. Von 1961 bis 1989 verlief die deutsch-deutsche Grenze inmitten der Havel. Die Potsdamer Uferstreifen waren eingemauert. Immer perfekter wurden die Grenzanlagen ausgebaut. Man brauchte Platz für Mauer, Streckmetallzäune, Todesstreifen, Hundelaufanlagen, Kolonnenwege, Wachtürme. Schließlich waren über 35 Hektar der historischen Parklandschaft zerstört, verschandelt, nicht mehr wahrzunehmen.

»Dabei wurde Lennés grandiose Idee der ›Sichtachsen‹ pervertiert: Auch die Grenzer wollten ›Sichten‹, ein freies Sicht- und Schussfeld, um Fluchten zu verhindern«, schreibt Jens Arndt in seinem Buch *Gärtner führen keine Kriege. Preußens Arkadien und die deutsche Teilung.* Arndt lässt die Gärtner der damaligen Schlösserverwaltung zu Wort kommen, die versuchten, »ihre« Gärten vor der totalen Zerstörung zu bewahren. Umso leidenschaftlicher stürzten sie sich ab 1990 in die Wiederbelebung der geschundenen Landschaft. Heute sind die Wunden verheilt. Es ist eine Lust, durch Preußens Arkadien zu streifen.

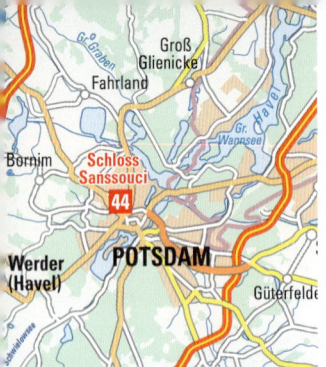

44 Schloss und Park Sanssouci
Ohne Sorgen genießen

Schloss und Park Sanssouci, Potsdams einzigartige Sehenswürdigkeiten, bilden das Kernstück der Schlösser und Parks von Potsdam und Berlin, die seit 1990 zum UNESCO-Welterbe gehören. Bedeutendster Schöpfer war der preußische König Friedrich II. (1712–1786), genannt »der Große«. Aber nicht nur er hat eindrucksvolle Spuren hinterlassen.

Schloss Sanssouci

»Sans souci«, ohne Sorge wollte Friedrich sein, als er 1744 den »Wüsten Berg« über Potsdam zum Bauplatz für sein Sommerschloss bestimmte. Der König ließ den Berg terrassieren, Wein und Obst für die königliche Tafel anbauen und auf der obersten Terrasse ein Lusthaus nach französischem Vorbild und eigenen Vorgaben errichten. Die Ausführung übergab er seinem Lieblingsarchitekten Georg Wenzeslaus von Knobelsdorff (1699–1753). Nach zwei Jahren Bauzeit war das Weinbergschloss 1747 fertig. Es hat nur zehn Wohnräume und zwei Prunksäle. Der erste, das Vestibül, ist ein majestätischer Empfangssalon mit mächtigen Säulen, Marmorfußboden, heiterer Deckenmalerei und Türen mit vergoldeten Verzierungen, ganz im Stil des Rokoko. Verschlungene C-förmige Rocaillen gaben dem Rokoko den Namen.

Friedrichs Wohnung

Der Rundgang durch die Privaträume im östlichen Schlossflügel beginnt in der Kleinen Galerie. Der

Unten: Der »betende Knabe« in einem Gittersalon neben Schloss Sanssouci

Schloss Sanssouci hoch über dem Weinberg

Nicht verpassen

lange schmale Gang mit üppiger Wand-
dekoration beherbergt unter anderem
Gemälde aus Friedrichs Sammlung französischer Maler wie Antoine Watteau, Nicolas
Lancret und Jean-Baptiste Pater sowie antike
Skulpturen. Am Ende des lang gestreckten Baus
liegt die Bibliothek, ein kreisrunder Raum mit kostbarer Zedernholzvertäfelung und Wandschränken
für Bücher. Dieser private Rückzugsort des Königs
ist nur bei Sonderführungen zugänglich.

Das Arbeits- und Schlafzimmer ließ sein Nachfolger Friedrich Wilhelm II. (1744–1794) im frühklas-
sizistischen Stil umgestalten. Dennoch kommt
man hier dem »Alten Fritz« ganz besonders nah.
An diesem Schreibtisch hat Friedrich der Große
gesessen, im grünen Sessel ist er am 17. August
1786 gestorben. In der Enfilade, der Zimmerflucht
auf der Gartenseite, folgt das opulent dekorierte
Konzertzimmer, in dem Friedrich, passionierter
Flötenspieler und Komponist, für ausgewählte
Gäste musizierte. Im anschließenden Audienz-
und Speisezimmer führte der König bei einem
ausgiebigen Mahl mit seinen Vertrauten philoso-
phische Gespräche.

KUNSTSCHÄTZE HINTER UNSCHEIN- BAREN MAUERN

Von außen ahnt man nicht,
welche Schätze das schlichte
Gebäude enthält. Doch wenn sich die
hohe Tür zum lang gestreckten Gale-
rieraum öffnet, bleiben die Besucher
voller Erstaunen und Bewunderung
stehen. An der über 80 Meter langen
Galeriewand hängen in zwei Reihen
übereinander und dicht an dicht
mehr als 100 Gemälde der französischen und italienischen Renaissance
sowie des flämischen und italienischen Barock, zum Teil aus der
Sammlung, die Friedrich der Große
angekauft hatte. Zu den herausragenden Werken gehören die Gemälde von Rubens, van Dyck, Reni und
Caravaggios »Der ungläubige Thomas«.

Bildergalerie
Mai–Okt. Di–So 10–18 Uhr,
Besichtigung ohne Führung.
Park Sanssouci, 14469 Potsdam

Rundgang Park Sanssouci

Wer vom Luisenplatz kommend den Eingang zum Park Sanssouci am Grünen Gitter wählt, gelangt durch das Atrium der **Friedenskirche**  in den reizenden **Marlygarten**  mit seiner sanft geschwungenen Wegeführung. Wieder auf dem Hauptweg, der schnurgerade auf Schloss Sanssouci zuführt, sollte man auf der Brücke innehalten: Der Blick auf das Schloss als Fotomotiv ist hier ideal, zum anderen lohnt der (Kamera-)Blick nach links auf das Chinesische Haus und die **Große Fontäne**  am Fuß des Weinbergs. Sie wird gerahmt von zwölf einzigartigen Marmorfigurengruppen, die das Französische Rondell bilden.

Von hier aus nach rechts ein Stück weiter auf dem Hauptweg Richtung Obelisk, gelangt man zur **Bildergalerie** . Im Innern des Gebäudes für die Gemäldesammlung Friedrichs des Großen führt eine Treppe auf die oberste Terrasse des Weinbergs, auf dem **Schloss Sanssouci**  thront. Rechts liegt die Gruft, die der König 1744 als seine letzte Ruhestätte bestimmt hatte, in der er aber erst 1991 beigesetzt wurde.

Das Schloss **Neue Kammern**  besitzt opulent ausgestattete Festsäle und Gästeappartements.

Mit Blick auf den Sizilianischen Garten (links) und durch den Nordischen Garten (rechts) ist das **Orangerieschloss**  nächstes Ziel. Zwei Pflanzenhallen rahmen den Mittelbau mit großartigen Schlossräumen, der von zwei Türmen gekrönt wird.

Man schreitet nun die Terrassenanlage hinunter, überquert die Maulbeerallee, erreicht die Hauptallee und hat nun das **Neue Palais**  mit seiner markanten Kuppel im Blick. Die Gartenseite rahmt ein mit Skulpturen geschmücktes Parterre. Der Eingang zum Schloss liegt auf der Westseite im Ehrenhof. Gegenüber schließt das Bauensemble aus Communs und Kolonnade den Park Sanssouci nach Westen ab.

Zurück führt der Weg am Freundschaftstempel vorbei durch die idyllischen Gartenräume Hippodrom und Dichterhain zum **Schloss Charlottenhof** , ein geniales Werk Karl Friedrich Schinkels. Der zauberhafte Rosengarten davor endet am Maschinenteich. Ein weiteres italienisch-romantisches Ensemble nach dem Wunsch Friedrich Wilhelms IV. sind die **Römischen Bäder** . Das **Chinesische Haus**  ist die preußische Interpretation der Chinamode zur Zeit Friedrichs des Großen.

Das Chinesische Haus im Park Sanssouci

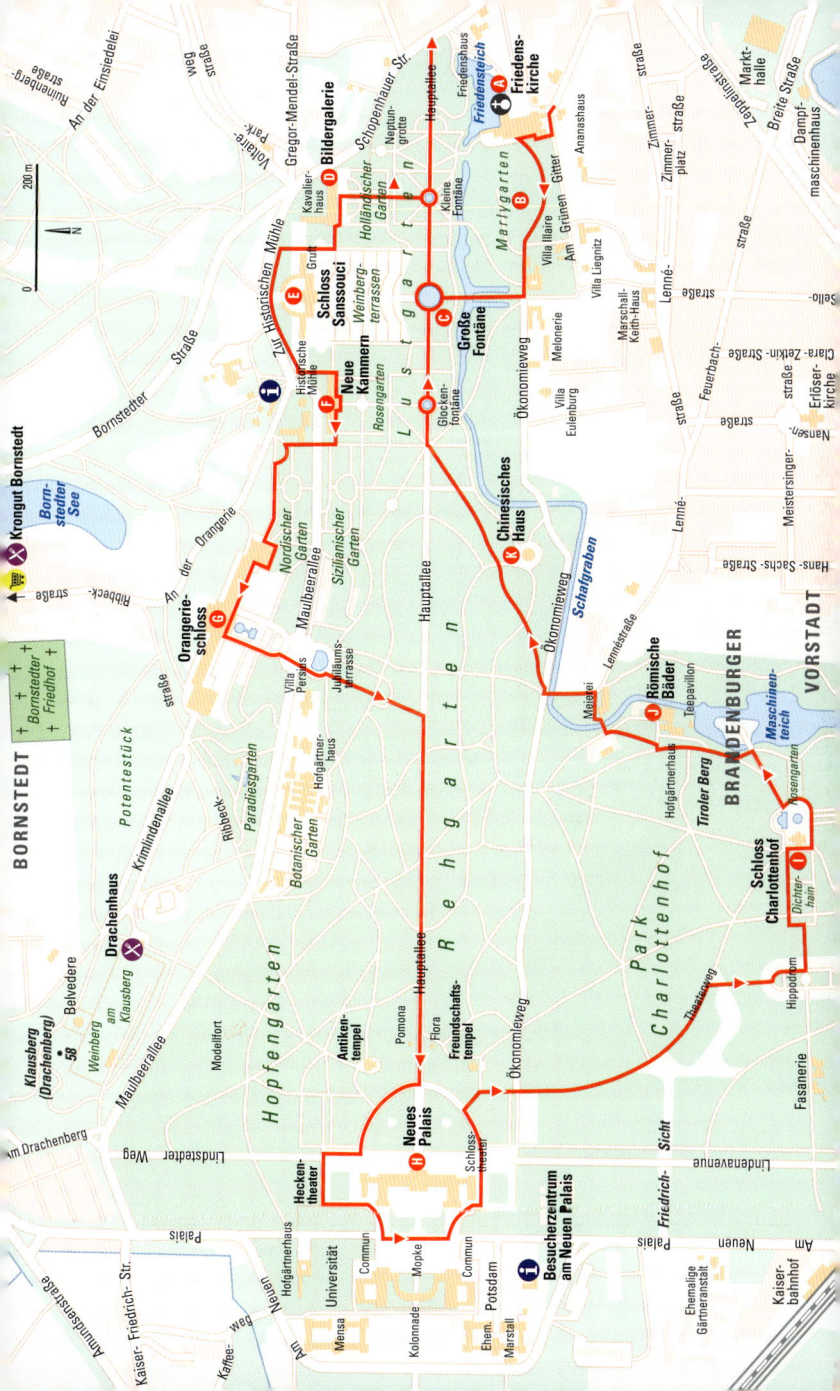

Architektonischer Höhepunkt des Schlosses ist der ovale Marmorsaal. Vom Fußboden aus farbigem Marmor über die korinthischen Säulenpaare bis zur überbordend gestalteten Kuppel ist der Festsaal ein Meisterwerk des friderizianischen Rokoko. Im Westflügel befinden sich vier Gästezimmer mit edlen Wandbespannungen, die König Friedrich Wilhelm IV. (1795–1861) und seiner Gattin Elisabeth (1801–1873) ab 1840 als Wohnung dienten. Besonders reizvoll ist das Voltairezimmer mit bunt bemalten Holzschnitzereien.

Park Sanssouci

Friedrich der Große mischte sich auch in die Gestaltung des Parks ein und schuf eine abwechslungsreich inszenierte Gartenwelt. Nach den Wünschen des Königs entstand am Fuß des Weinbergs das Französische Rondell. Zwölf Skulpturengruppen umgeben das Wasserbecken mit der Großen Fontäne, die bis zu 38 Meter in die Höhe schießen kann. Die Hauptallee durchzieht 2,5 Kilometer lang und schnurgerade den friderizianischen Garten vom Obelisken im Osten bis zum Neuen Palais am westlichen Ende.

Oben: Italien in Potsdam: Orangerieschloss aus der Zeit Friedrich Wilhelms IV.
Mitte und unten: Das gebaute Vermächtnis Friedrichs des Großen: Das Neue Palais im Park Sanssouci – er selbst hat kaum dort gewohnt. Blick auf den Ehrenhof und zur Gartenseite.

GUT ZU WISSEN

RICHTIG PLANEN SPART VERDRUSS

Generell gilt: 30 Minuten, bevor die Schlösser schließen, auch die kleinen, wird der letzte Besucher eingelassen. Für jedes Haus gibt es Einzeltickets, wer mehrere an einem Tag besichtigen möchte, dem sei das Ticket »sanssouci+« online (www.tickets.spsg.de) empfohlen. Es berechtigt zum Besuch aller Schlösser der SPSG in Potsdam an einem Tag, inkl. feste Einlasszeit im Schloss Sanssouci. Achtung: Montags ist Ruhetag in fast allen Schlössern – Ausnahme: das Neue Palais. Das hat dafür am Dienstag geschlossen.

Das Neue Palais

Geheimtipp

Zwischen 1763 und 1769 leistete sich
Friedrich der Große mit dem Neuen Palais
ein weiteres Schloss von repräsentativer
Pracht und enormen Ausmaßen. Baumeister waren
Johann Gottfried Büring, Heinrich Ludwig Manger
und Carl von Gontard, Architekt und Innenausstat-
ter war Friedrich selbst. Viele Räume, einschließlich der Königswohnung und der Festsäle wie dem
Marmorsaal mit seinem in Europa einmaligen Fußboden, sind original erhalten. Zum 300. Geburts-
tag Friedrichs des Großen im Jahr 2012 hat die
Stiftung Preußische Schlösser und Gärten Berlin-
Brandenburg (SPSG) darüber hinaus weitere Räume
saniert, restauriert und im Rahmen der Jubiläums-
schau »Friederisiko« zugänglich gemacht. Dazu
gehört das Untere Fürstenquartier mit original erhaltenen Seidentapeten in der Roten Damastkammer und mit dem ungewöhnlichen Lackkabinett.

Im späten 19. Jahrhundert bewohnte die kaiserli-
che Familie das Neue Palais und sorgte für einige
Umgestaltungen. Der prächtige Grottensaal im Erdgeschoss erhielt durch den Kaiser üppige Ergänzungen mit Korallen, Mineralien und Halbedelsteinen.

Italiensehnsucht

Friedrichs Park Sanssouci erfuhr ab 1826 Erweiterungen nach Süden. Kronprinz Friedrich Wilhelm
wollte hier seinen Traum von Arkadien verwirkli-
chen. Von Gartenkünstler Peter Joseph Lenné ließ
er sich den Park Charlottenhof anlegen und von
Karl Friedrich Schinkel ein Gutshaus im Stil eines
römischen Landhauses umbauen. Das Ensemble
der Römischen Bäder (1829–1840) ist ebenso Ausdruck seiner Italiensehnsucht wie die Friedenskirche (1844–1854) am Grünen Gitter und am nördlichen Ende des Parks die monumentale Anlage
von Orangerie und Orangerieschloss (1851–1864).

KAISERLICHES MUSTERGUT

Außerhalb des Parks
Sanssouci, aber nur wenige
Schritte entfernt, liegt im Dörfchen
Bornstedt, dessen Kirche und Kirch-
hof sehenswert sind, das Krongut
Bornstedt. Das idyllische Ensemble
am Bornstedter See war ab 1848
Mustergut der Hohenzollern und ab
1867 Wohnsitz des Kronprinzen
Friedrich Wilhelm, der 1888 Kaiser
Friedrich III. wurde, aber noch im selben Jahr starb. Heute lädt die italie-
nisch anmutende Anlage zur Erholung und zum Einkaufen ein. In den
ehemaligen Gehöften finden sich im
Königlichen Gutsladen regionale
Spezialitäten. Das Brauhaus serviert
deftige Speisen.
Das Potsdamer Zinnfiguren Museum
hat hier eine Bleibe gefunden, und
der Traditionsverein »Lange Kerls«
tritt einmal im Monat zum traditionellen Exerzieren an.

Krongut Bornstedt
Täglich ab 10 Uhr.
Ribbeckstraße 6/7, 14469 Potsdam,
Tel. 0331/55 06 50,
www.krongut-bornstedt.de

Infos und Adressen

SEHENSWÜRDIGKEITEN

Schloss Sanssouci. April–Okt. Di–So 10–18 Uhr, mit Audioguide, Nov.–März Di–So 10–17 Uhr. Eintrittskarten für Schloss Sanssouci (inklusive Audioguide) werden am jeweiligen Tag für eine bestimmte Einlasszeit verkauft (Kasse im Damenflügel, ab 10 Uhr). Die Tageskarte »sanssouci+« (19 €) gilt für alle Schlösser. Fotoerlaubnis: 3 € (für einen Tag in allen Schlössern). Park Sanssouci, Maulbeerallee, 14469 Potsdam

Schloss Sanssouci – Damenflügel. Die Räume im Erdgeschoss nutzten die Hofdamen der Königin Elisabeth (1801–1873); im Obergeschoss ist das »Traumzimmer« sehenswert. Mai–Okt. Sa–So und Feiertage 10–18 Uhr, Besichtigung ohne Führung

Schloss Sanssouci – Schlossküche inkl. Weinkeller. Kochmaschine, Kochtöpfe und -geräte, Backstube und Weinkeller geben einen lebhaften Eindruck vom Küchenalltag zur Zeit des Königs Friedrich Wilhelm IV. April–Okt. Di–So 10–18 Uhr, Besichtigung ohne Führung

Chinesisches Haus. Friedrichs großer Traum vom fernen China. Mai–Okt. Di–So 10–18 Uhr, Besichtigung ohne Führung

Bildergalerie. Siehe Seite 237

Friedenskirche. 1. Mai–1. Okt. Mo–Sa 10–18, So 12–18, Okt.–April Mo–Sa 11–16, So 12–16 Uhr.

Ägyptisch inspiriert: Skulptur im Park Sanssouci

Große Fontäne, umgeben vom Französischen Rondell

Park Sanssouci, Am Grünen Gitter 3, 14469 Potsdam

Historische Mühle. Das Mahlwerk ist bei gutem Wind in Betrieb. April–Okt. täglich 10–18, Nov., Jan.–März Sa–So 10–16 Uhr. Park Sanssouci, Maulbeerallee 5, 14469 Potsdam, Tel. 0331/ 550 68 51, www.historische-muehle-potsdam.de

Neue Kammern. Opulente Festsäle und reich ausgestattete Gästeappartements. April–Okt. Di–So 10–18 Uhr, Besichtigung mit Führung oder Audioguide, Park Sanssouci, Maulbeerallee

Neues Palais. April–Okt. Mi–Mo 10–18, Nov.–März Mi–Mo 10–17 Uhr, Dienstag geschlossen. Königswohnung: April–Okt. Mi–Mo 10–18 Uhr. (Besichtigung nur mit Führung). Park Sanssouci, Am Neuen Palais, 14469 Potsdam

Orangerieschloss. Sehenswert sind der Raffaelsaal mit über 50 Kopien von Gemälden Raffaels. Orangerieschloss: Besichtigung nur mit Führung.

April Sa–So und Feiertage 10–18, Mai–Okt. Di–So 10–18 Uhr. Park Sanssouci, An der Orangerie 3–5, 14469 Potsdam

Römische Bäder. Italien in Preußen: römischen Landhäusern nachempfunden mit Badehalle, Pergola und entzückenden Gärten am Wasser. Mai–Okt. Di–So 10–18 Uhr. Park Sanssouci

Schloss Charlottenhof. Karl Friedrich Schinkel schuf das klassizistische Schmuckstück 1826 für Kronprinz Friedrich Wilhelm IV. und seine Gattin Elisabeth aus Bayern. Mai–Okt. Di–So 10–18 Uhr, Besichtigung nur mit Führung. Park Sanssouci, Geschwister-Scholl-Straße 34a, 14471 Potsdam

ESSEN UND TRINKEN

Café-Restaurant Drachenhaus. Eine chinesische Pagode war Vorbild für das exotische Drachenhaus, das Friedrich der Große 1770 erbauen ließ; herrliche Terrassenplätze und regionale Küche. Maulbeerallee 4a, 14469 Potsdam, Tel. 0331/505 38 08, www.drachenhaus.de

Mövenpick Restaurant Potsdam Historische Mühle. Sehr schöne Atmosphäre drinnen und draußen auf der Sommerterrasse oder im Biergarten. Gute Küche (regional und international). Zur Historischen Mühle 2, 14469 Potsdam, Tel. 0331/ 28 14 93, www.moevenpick-restaurants.com

FESTLICHES HIGHLIGHT

Potsdamer Schlössernacht und Vorabendkonzert. Rund 450 Künstler lassen mit Musik, Tanz, Theaterspiel, Pferdedressur und originellen Überraschungen Atmosphäre und Zeitgeist, Geschichten und Anekdoten zum königlichen Preußen lebendig werden. Den krönenden Abschluss bildet ein spektakuläres Feuerwerk. 3. Wochenende (Fr Vorabend, Sa Schlössernacht) im August. Karten gibt es jeweils ab Dezember davor. www.potsdamer-schloessernacht.de

EINKAUFEN

Museumsshops. Bücher, Postkarten sowie hübsche und originelle Souvenirs in den Museumsshops im Schloss Sanssouci, Schlossküche (März–Okt.), Pavillon an der Historischen Mühle (März–Okt.) und im Besucherzentrum am Neuen Palais. Tel. 030/33 00 71 00, www.museumsshop-im-schloss.de

INFORMATION

Stiftung Preußische Schlösser und Gärten Berlin-Brandenburg. Tel. 0331/969 42 00, www.spsg.de; Führungen und Veranstaltungen: www.spsg.de/kalender

Besucherzentrum an der Historischen Mühle. April–Okt. 8.30–17.30, Nov.–März 8.30–16.30 Uhr. Mo geschl. An der Orangerie 1, 14469 Potsdam

Besucherzentrum am Neuen Palais. April–Okt. 9–18, Nov.–März 10–17 Uhr, Di geschl. Am Neuen Palais 3, 14469 Potsdam

Juno und der Pfau

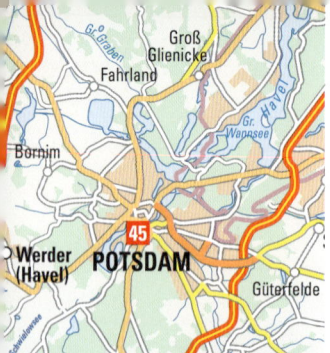

45 Potsdam
Die historische Mitte

Wer Schloss und Park Sanssouci besucht, sollte auch Zeit für einen Bummel durch Potsdam einplanen. Die brandenburgische Landeshauptstadt, von etlichen Berlinern gedanklich als sympathischer Vorort »eingemeindet«, ist eine attraktive, grüne, wasserreiche, weltoffene und kinderfreundliche Stadt und steckt voll preußischer und deutscher Geschichte.

Der Alte Markt

2014 begann eine neue Zeitrechnung in Potsdam: Damals bezog der Brandenburgische Landtag in der Mitte der Stadt ein Schloss. Der Neubau für das Landesparlament am Alten Markt steht genau da, wo Archäologen Baustrukturen aus fünf Jahrhunderten nachgewiesen haben und über drei Jahrhunderte die Hohenzollern residierten. Seine Vollendung erhielt das Stadtschloss unter Friedrich dem Großen und seinen Architekten Georg Wenzeslaus von Knobelsdorff in den Jahren 1744–1751.

1945 brannte das Potsdamer Stadtschloss aus, 1960 wurde die Ruine in der DDR abgeräumt. Zurück blieb ein weiter leerer Platz, bis nach der Wiedervereinigung der Wiederaufbau, ähnlich wie in Berlin, kontrovers und lange diskutiert wurde bis zum Kompromiss: außen eine Fassade wie von Knobelsdorff, innen ein moderner und funktionaler Verwaltungsbau, zugänglich auch für Besucher. Potsdam ist mit diesem Schlossbau dem in der Nachbarstadt Berlin um fünf Jahre voraus.

Schlossbau, Nikolaikirche, Altes Rathaus mit Knobelsdorff-Haus, heute Potsdam-Museum, bilden

Unten: Straßencafé in der Fußgängerzone Brandenburger Straße

Durchblick: Fortunaportal und Nikolaikirche

jetzt wieder ein würdevolles Ensemble in Potsdams historischer Mitte, ergänzt seit 2017 durch das Palais Barberini. Hinter der rekonstruierten Fassade des kriegszerstörten Palastes präsentiert das Museum Barberini in wechselnden Ausstellungen Meisterwerke aus der bedeutenden Kunstsammlung des IT-Pioniers und Potsdam-Förderers Hasso Plattner.

St. Nikolaikirche

Der Landtagsneubau auf dem alten Schlossgrundriss ist massig in der Ausdehnung, wird aber in der Höhe weit überragt von der gewaltigen Kuppel der St. Nikolaikirche, die nach Plänen von Karl Friedrich Schinkel 1850 fertiggestellt wurde. Nach den Kriegszerstörungen wurde beim Wiederaufbau der Innenraum völlig neu gestaltet. Nur die Malereien und Ornamente sind nach Schinkels Plänen rekonstruiert. 216 Stufen führen hinauf zum Kolonnadenumgang. Aus 50 Metern Höhe liegt einem die ganze Stadt Potsdam zu Füßen.

Altes Rathaus: Potsdam Museum

Das Alte Rathaus, 1753 von Jan Bouman erbaut, ist durch eine verglaste Eingangshalle mit dem

Nicht verpassen

POTSDAMS SCHÖNSTE AUSSICHT

Ein monumentales Aussichtsschloss im Stil einer italienischen Renaissance-Villa wünschte sich der begeisterte Italienliebhaber Friedrich Wilhelm IV. (1795–1861) hoch über Potsdam. Drei Stararchitekten – Ludwig Persius, Friedrich Stüler und Ludwig Ferdinand Hesse – nahmen sich ab 1847 der königlichen Pläne für das Belvedere auf dem Pfingstberg an. Doch nach dem Tod des Königs ließ sein Nachfolger, Wilhelm I., das Bauwerk unvollendet. Zur DDR-Zeit war die Anlage gesperrt, da von oben die Grenzanlagen einzusehen waren, und das Belvedere wurde dem Verfall überlassen. Inzwischen aufwendig saniert, kann man wieder die Aussicht über Potsdam, die Havellandschaft und bis nach Berlin genießen. Ganz in der Nähe lädt das »Restaurant am Pfingstberg« zu regionalen Spezialitäten ein.

Belvedere auf dem Pfingstberg. April–Okt. 10–18, Juni–Aug. 10–20, März, Nov. Sa–So 10–16 Uhr

Oben: Prächtige neobarocke
Potsdamer Villa
Mitte: Action-Show im Filmpark
Babelsberg
Unten: Giebel im Holländischen
Viertel

barocken Knobelsdorff-Haus verbunden. Nach aufwendiger Sanierung und Umgestaltung bietet das denkmalgeschützte Bauensemble dem Potsdam-Museum moderne Ausstellungsräume. Die 2013 eröffnete Dauerausstellung »Eine Stadt macht Geschichte« lädt zu einem Streifzug durch die Stadt- und Kulturgeschichte Potsdams ein, von der ersten Erwähnung 993 bis zur Gegenwart.

Filmmuseum Potsdam im Marstall

Der original erhaltene, prächtig restaurierte Barockbau zwischen dem Alten und dem Neuen Markt beherbergt das Filmmuseum Potsdam. Ursprünglich als Orangerie erbaut, diente er später als Stall für Reitpferde der Hohenzollern. Die Dauerausstellung ist der »Traumfabrik. 100 Jahre Film in Babelsberg« gewidmet. Wechselnde Ausstellungen widmen sich einzelnen Künstlern oder thematischen Schwerpunkten. Ein Kino gehört ebenso dazu wie ein Café mit Terrasse.

Am Neuen Markt

Der Neue Markt mit seinen original barocken, sorgfältig restaurierten Bürgerhäusern ist für viele Potsdams schönster Platz. Ein Gebäude allerdings gibt zu erkennen, dass es nicht aus der Zeit Friedrichs des Großen stammt. Der Neubau (Am Neuen Markt 5) nimmt aber in seiner Fassade die stilistischen Merkmale des Vorgängerbaus auf. Das Restaurant Waage in der Staatswaage von 1836 auf der Platzmitte lädt drinnen und draußen zu einer angenehmen Pause ein. Nach Westen schließt ein lang gestrecktes Gebäude mit großartigem Portal den Platz ab. In diesem prächtigen Bau waren die königlichen Kutschen und Pferde untergebracht. Der Rosselenker der Quadriga über dem Portal soll Friedrichs Leibkutscher darstellen. Der Kutschstall beherbergt das Haus der Brandenburgisch-Preußi-

Der Marstall beherbergt das Filmmuseum Potsdam.

Einfach gut !

schen Geschichte. Die Dauerausstellung im Erdgeschoss erzählt Geschichten aus Brandenburg-Preußen und über Land und Leute. 2011, 50 Jahre nach dem Mauerbau, kam ein Kapitel über »Alltag und Diktatur in der DDR« hinzu. Unter dem Dach werden wechselnde Ausstellungen gezeigt.

Das Zentrum

Der »Soldatenkönig« Friedrich Wilhelm I. (1688–1740) baute Potsdam zur Residenz- und Garnisonstadt aus, sein Sohn, Friedrich der Große (1712–1786) ließ die einfachen Häuser verschönern oder durch schmucke Bürgerhäuser ersetzen. In der Innenstadt zwischen Charlottenstraße im Süden und Hegelallee im Norden liegen sie zum Teil nebeneinander. Haupteinkaufsstraße und Fußgängerzone ist die Brandenburger Straße mit vielen kleinen Läden und netten Straßencafés.

Holländisches Viertel

Die roten Backsteinhäuser ließ der Soldatenkönig unter Leitung des niederländischen Baumeisters Jan Bouman (1706–1776) errichten, um holländische Handwerker nach Potsdam zu holen. 134 Häu-

DIE TRAUMFABRIK

4-D-Actionkino, Stuntshow im Vulkan, »interaktives XD-Erlebniskino der Extraklasse«: Für einige Attraktionen im Filmpark Babelsberg sind starke Nerven gefragt. Andere bringen Kinderaugen zum Leuchten. Schließlich werden auch jede Menge Fragen beantwortet: Wie arbeiten die »Traumwerker«? Wie entsteht eine Fernsehshow? Wie geht es zu am GZSZ-Außenset? Eine Medienstadt-Tour führt zu Original-Sets, -Requisiten und -Kulissen, und man kann sich selbst vor und hinter der Kamera erproben. Neu ist die interaktive Show »Die drei Musketiere in 3D – The Making of«. Der Filmpark Babelsberg bietet viele Attraktionen, Live-Shows und Mitmach-Aktionen. Alle Programmpunkte sind im Eintritt (Kinder: 14 €, Erwachsene: 21 €) enthalten.

Filmpark Babelsberg. Anfang April–Ende Okt. täglich 10–18, Sept. Di–Fr 10–17, Sa–So 10–18 Uhr. Besuchereingang: Großbeerenstraße, 14482 Potsdam-Babelsberg, Tel. 0331/721 27 50, www.filmpark.de

ser, verteilt auf vier Blocks, bilden ein außerhalb der Niederlande einzigartiges Bauensemble. Die einzelnen Grundstücke sind mit Vorderhaus und Fachwerk-Hofgebäude bebaut und haben einen kleinen Hof und einen Garten. Das Jan-Bouman-Haus (Mittelstraße 8) lädt zur Besichtigung ein. Nach aufwendiger Sanierung in den 1990er-Jahren sind in die nun wieder schmucken Häuser Boutiquen, Galerien, Cafés, Bars, Kneipen, Restaurants und Hotels eingezogen, die das Holländische Viertel zum beliebten Anziehungspunkt machen.

Russische Kolonie Alexandrowka

Preußisch-russische Freundschaft und Verbundenheit führte 1826 zum Bau der Russischen Kolonie Alexandrowka unmittelbar nördlich der Potsdamer Innenstadt. König Friedrich Wilhelm III. (1770–1840), der eine besondere Vorliebe für alles Russische hatte, bekam von seinem Freund Zar Alexander I. russische Sänger für sein Garderegiment zum Geschenk. Für sie ließ der preußische König nach Alexanders Tod zwölf Blockhäuser im russischen Stil erbauen, dazu ein dreizehntes für einen Aufseher. Die Häuser und ihre Nebengebäude waren von großen Gärten umgeben. Der Hausstand wurde den Sängern vom König geschenkt, dazu erhielt jeder eine Milchkuh und Kleinvieh.

Nördlich der Kolonie schließt sich der Kapellenberg an, auf dem für die Kolonisten die russisch-orthodoxe Alexander-Newski-Kirche errichtet wurde. 1999 wurde das Ensemble zusammen mit anderen Bereichen der Stadt Potsdam von der UNESCO zum Welterbe erklärt.

Über die Geschichte der Siedlung informiert das Museum Alexandrowka im Haus Nummer 2. Im Nachbarhaus Alexandrowka 1 serviert ein Gasthaus mit Teestube russische Speisen.

Oben: Blockhaus in der Kolonie Alexandrowka
Unten: Russische Spezialitäten kann man in der Kolonie Alexandrowka probieren.

Infos und Adressen

SEHENSWÜRDIGKEITEN

Haus der Brandenburgisch-Preußischen Geschichte. Di–Do 10–17, Fr–So und Feiertage 10–18 Uhr. Kutschstall, Am Neuen Markt 9, 14467 Potsdam, Tel. 0331/620 85 50, www.hbpg.de

Filmmuseum Potsdam. Di–So 10–18 Uhr. Marstall am Lustgarten, Breite Straße 1A, 14467 Potsdam, Tel. 0331/27 18 10, www.filmmuseum-potsdam.de

Museum Barberini. Täglich 11–19, Do bis 22 Uhr. Humboldtstraße 5/6, 14467 Potsdam, Tel. 0331/979 92-185, museum-barberini.com

Museum Alexandrowka. Di–So 12–16 Uhr. Russische Kolonie Nr. 2, 14469 Potsdam, Tel. 0331/817 02 03, www.alexandrowka.de

Potsdam Museum – Forum für Kunst und Geschichte. Di, Mi, Fr 10–17, Do 10–19, Sa, So,

Pause im Holländischen Viertel

Feiertage 10–18 Uhr. Am Alten Markt 9. 14467 Potsdam, Tel. 0331/289 68 68, www.potsdam-museum.de

KOMBITICKET MUSEUM. Das Ticket für 12 € gilt für 1 Erwachsenen und 2 Kinder für das Haus der Brandenburgisch-Preußischen Geschichte, Potsdam-Museum, Naturkundemuseum und Filmmuseum.

ESSEN UND TRINKEN

Schmiede 9. Nettes Bistro im Kutschstall-Ensemble neben dem Haus der Brandenburgisch-Preußischen Geschichte. Täglich ab 10 Uhr. Am Neuen Markt 9 a/b, 14467 Potsdam, Tel. 0331/62 64 84 40, www.kutschstall.de

Maison du Chocolat. Kreative Küche, köstliche Süßigkeiten. Benkertstraße 20, 14467 Potsdam, Holländisches Viertel, Tel. 0331/237 07 30, www.schokoladenhaus-potsdam.de

Restaurant Juliette. Moderne französische Küche in elegantem Ambiente. Täglich 12–15.30, 18–24 Uhr. Jägerstraße 39, 14467 Potsdam, Tel. 0331/ 20 17 91, www.restaurant-juliette.de

ÜBERNACHTEN

NH Voltaire Potsdam. Zimmer im historischen Palais zur Straße oder im Neubau zum lauschigen Innenhof. Friedrich-Ebert-Straße 88, 14467 Potsdam, Tel. 0331/231 70, www.nh-hotels.com

KULTURHIGHLIGHT

Musikfestspiele Potsdam Sanssouci. Die Schlösser und Gärten bieten den stimmungsvollen Rahmen für Konzerte, Musiktheater. Wilhelm-Staab-Straße 11, 14667 Potsdam, Tel. 0331/288 88 28, www.musikfestspiele-potsdam.de

INFORMATION

Touristeninformation: Am Luisenplatz 3. April–Okt. Mo–Fr 9.30–18, Sa–So 9.30–16, Nov.–März Mo–Fr 10–18, Sa–So 9.30–14 Uhr, Tel. 0331/27 55 88 99, www.potsdam.de, www.reiseland-brandenburg.de

46 Spandau
Älter als Berlin

JotWeDe – janz weit draußen, sagt der Berliner, wenn ihm ein Weg zu weit ist. Spandau liegt – etwa von Mitte aus gesehen – ganz schön weit entfernt, ist aber wie alle Berliner Bezirke mit öffentlichen Verkehrsmitteln gut zu erreichen. Ein Ausflug in den äußersten Westen Berlins führt in Berlins frühe Geschichte und kann ausgedehnt werden in die schöne Havellandschaft.

Spandau hat die größte Nord-Südausdehnung aller Berliner Bezirke und große Flächen, die mit Wald bedeckt sind; ein kleinerer Teil dient sogar noch der Landwirtschaft. Der Bezirk mit seinen neun Ortsteilen grenzt im Süden mit dem Dorf Kladow an die Stadt Potsdam und ist östlich durch die Havel teilweise vom restlichen Berlin abgeschnitten. Brücken und Fähren übernehmen problemlos die Anbindung. Es mag an dieser historischen Abgeschiedenheit liegen, dass die Spandauer am liebsten zu Hause bleiben. Wir fahren nach Berlin, sagen sie, auch wenn sie nur den Nachbarbezirk Charlottenburg-Wilmersdorf meinen. Zum täglichen Einkauf dagegen geht es »in die Stadt«.

Altstadt Spandau

»Die Stadt« meint die Altstadt Spandau, die am Zusammenfluss von Havel und Spree auf einer kleinen Insel liegt. Dafür sorgt der schmale Mühlengraben, der oberhalb der Schleuse Spandau aus der Havel nach Südwesten abbiegt, ziemlich parallel dem heutigen Altstädter Ring folgt, ein Stück unter den Häusern abtaucht und unter dem Lindensteg am Uferweg wieder in die Havel mün-

Mitte: St. Marien am Behnitz ist die zweitälteste katholische Kirche Berlins. Sie wurde 1847 erbaut und steht unter Denkmalschutz.

Wohnhaus im Spandauer Kolk

det. Das Rathaus mit seinem markanten Turm, 1910–1913 erbaut, liegt schon außerhalb der Altstadtinsel.

Spandau ist fünf Jahre älter als Berlin, sagen die Urkunden über die Verleihung der Stadtrechte, und darauf ist Spandau mächtig stolz. Die Häuser in der Altstadt sind jedoch überwiegend sehr viel jünger, denn das Zentrum wurde 1945 bei Luftangriffen schwer zerstört. Dazu gehörte auch der Turm der St. Nikolaikirche, der nach lang anhaltender Zwischenlösung erst 1989 seine barocke Turmhaube zurückerhielt. Mit 77 Metern ist er drei Meter niedriger als der Rathausturm.

Das Denkmal vor dem Hauptportal auf dem Reformationsplatz erinnert an Kurfürst Joachim II., der 1539 in St. Nikolai zum protestantischen Glauben übertrat und damit die Reformation in Brandenburg einführte. »Spandovia sacra – Heiliges Spandau« nennt sich das reformationsgeschichtliche Museum von St. Nikolai in einem mittelalterlichen Fachwerkhaus nebenan.

Ebenfalls am Reformationsplatz befindet sich der »Archäologische Keller«. Durch Glasscheiben blickt man auf die Reste einer Klosteranlage der Domi-

Nicht verpassen

LEBENDIGES MITTELALTER

Die breite Straße Am Juliusturm trennt die Altstadt Spandau von ihrem ältesten Siedlungsgebiet, der einstigen kleinen Insel Kolk oder Behnitz. Am nördlichen Ende zum Mühlengraben ist ein Stück historische Stadtmauer aus dem 14. Jahrhundert erhalten. Im 16. Jahrhundert verlieh Kurfürst Joachim II. den Bewohnern das Fischereirecht. Vier kopfsteingepflasterte Gassen durchziehen das Areal an der Spandauer Schleuse. Sie heißen Hoher Steinweg, Möllentordamm, Kolk und Behnitz. Die kleinen Fachwerkhäuser zwischen zweistöckigen Bürgerhäusern stammen aus dem 18. Jahrhundert. Unmittelbar Am Juliusturm steht die hübsch restaurierte katholische Kirche St. Marien am Behnitz. Im Alten Zollhaus gibt es Deftiges, von der Zollhausstulle bis zum Spandauer Fischerschmaus.

Restaurant Spandower Zollhaus
Mo–Fr 15–23, Sa, So ab 12 Uhr, Möllentordamm 1, 13597 Berlin-Spandau, Tel. 030/333 48 41, www.spandauer-zollhaus.de

Die Spandauer Zitadelle hat eine lange kriegerische Geschichte hinter sich gelassen und ist zum Kulturzentrum avanciert.

Geheimtipp

ROCK AROUND THE CLOCK

Von Pfingsten bis Anfang September: Das »Citadel Music Festival« hat sich zu einem der längsten Sommer-Festivals Berlins entwickelt. Seit 2006 finden im mittelalterlich gerahmten Hof der Spandauer Zitadelle Open-Air-Konzerte statt, die ein großes Publikum in die Festung locken. Das Programm reicht von Rock bis Klassik, von Pop bis Heavy Metal. Schlagerstars und sanfte Liedermacher treten ebenso auf wie Hardrocker mit Gothic-, Mittelalter- und Electro-Rock beim Zita Rock-Festival. Alles in allem eine bunte, auch laute Mischung, nicht an jedem Tag, aber bestimmt für viele etwas.

Citadel Music Festival
www.citadel-music-festival.de
www.trinitymusic.de

nikaner und auf einige Grabfunde. Die ältesten stammen aus dem 13. Jahrhundert.

Im 15. Jahrhundert erbaut wurde das Gotische Haus in der Breiten Straße, das als ältestes erhaltenes Wohnhaus Berlins gilt. Heute ist hier die Touristeninformation untergebracht. Außerdem kann man in den historischen Keller blicken, durch gotische Gewölbe streifen und eine Ausstellung des Stadtgeschichtlichen Museums über »Bauen und Wohnen in der Spandauer Altstadt« sehen. Spandaus Altstadtsanierung in den 1980er-Jahren galt als vorbildlich. Das Zentrum rund um die St. Nikolaikirche ist die größte Fußgängerzone Berlins, hat kleinstädtische Beschaulichkeit, schön restaurierte Fachwerkhäuser, enge Gassen, viele Geschäfte, Cafés, Restaurants und einige Kultureinrichtungen. Auf dem Marktplatz findet alljährlich der größte Weihnachtsmarkt Berlins statt. Zwischen März und Oktober bietet hier der Havelländische Land- und Bauernmarkt viermal pro Woche frische Produkte aus der Region an.

Slawischer Burgwall, askanische Burg, Festung in »italienischer Manier«; Kerkerzellen, Aufbewah-

Infos und Adressen

rungsort für den Reichskriegsschatz, »Heeresgasschutzlaboratorium«: So lassen sich in großen Zeitsprüngen die Nutzungsphasen der Spandauer Zitadelle vom 11. Jahrhundert bis 1945 beschreiben. Seit den 1980er-Jahren hat sich eine der am besten erhaltenen Renaissancefestungen Europas in kleinen Schritten in ein vielseitiges Kulturzentrum und einen Erlebnisort verwandelt.

Im Kommandantenhaus zeichnet die Ausstellung »Burg und Zitadelle« die Geschichte der Anlage bis in die Gegenwart nach. Zwischen 1550 und 1594 erhielt sie ihr Renaissance-Aussehen und die vier Bastionen. Archäologische Fundstücke der Vorgängerbauten werden im Foyer und am Westwall (Westkurtine) präsentiert. Der massige Juliusturm aus dem 13. Jahrhundert ist Spandauer Wahrzeichen und bietet herrliche Aussichten aus 30 Metern Höhe. Das Palas genannte Nebenhaus hat einen schön restaurierten gotischen Saal für Konzerte. Im Kellergewölbe serviert die Zitadellen-Schänke Deftiges nach Mittelalter-Art.

Im ehemaligen Zeughaus lädt das Stadtgeschichtliche Museum zu einem Streifzug durch die lange Geschichte Spandaus ein. In der Bastion Königin sind jüdische Grabsteine aufgestellt, in der Exerzierhalle zahlreiche Geschütze zu sehen. Eine besondere Attraktion ist der Fledermausschauraum, der über die Lebensweise dieser Tiere informiert. 10000 heimische Exemplare überwintern alljährlich in den Gewölben der Zitadelle und können bei Führungen beobachtet werden. Im ehemaligen Proviantmagazin wurden ausrangierte Berliner Denkmäler dauerhaft »enthüllt«. Sie prägten zu unterschiedlichen Zeiten das Stadtbild und waren nach politischen Umbrüchen oder dem Wandel ihrer Bedeutung entfernt worden. Jetzt erzählen sie vom Umgang der Deutschen mit ihrer wechselvollen Geschichte.

SEHENSWÜRDIGKEITEN

Museum »Spandovia sacra«. Kirchenschätze und Café. Geöffnet: Mi, Fr, Sa, So 15–18 Uhr. Reformationsplatz 12, 13597 Berlin-Spandau, www.nikolai-spandau.de

St. Nikolaikirche. Besichtigung: Mo–Fr 12–16, Sa 11–15, So 14–16 Uhr. Turmführungen: April–Okt. Sa 12.30, So 14.30 Uhr. Reformationsplatz, 13597 Berlin-Spandau

Zitadelle. Täglich 10–17 Uhr, Führung mit Audio-Guide. Am Juliusturm 64, 13599 Berlin-Spandau, Tel. 030/354 94 40, www.zitadelle-berlin.de

ESSEN UND TRINKEN

Brauhaus Spandau. Gasthaus mit Biergarten und Brauerei. Neuendorfer Straße 1, 13585 Berlin-Spandau, Tel. 030/353 90 70, www.brauhaus-spandau.de

Florida Eiscafé. Für den Eisgenuss reisen auch Berliner an. Klosterstraße 15, 13581 Berlin-Spandau, Tel. 030/331 56 66 und Altstädter Ring 1, 13597 Berlin-Spandau, www.floridaeis.de

ÜBERNACHTEN

Hotel Centrovital. Modernes Hotel auf einem ehemaligen Brauereihof. Mit großer Wellnessanlage, Pool und Fitnessstudio. Neuendorfer Straße 25, 13585 Berlin-Spandau, Tel. 030/81 87 50, www.centrovital-berlin.de

INFORMATION

Tourist-Information Berlin-Spandau. Mo–Sa 10–18 Uhr. Breite Straße 32, 13597 Berlin-Spandau, Tel. 030/333 93 88, www.spandau-tourist-information.de

47 Olympiastadion
Auch der Sport hat seine Geschichte

»Berlin, Berlin, wir fahren nach Berlin«: Den Schlachtruf kennt jeder Fußballfan, denn das Endspiel um den Pokal des Deutschen Fußballbundes findet alljährlich im Berliner Olympiastadion statt. Aber auch Leichtathleten kämpfen hier unter besten Bedingungen um Rekorde, und Stars wie Madonna oder die Rolling Stones und sogar der Papst haben schon die Tribünen gefüllt. Umgeben ist der perfekte Ort für spektakuläre Großveranstaltungen vom riesigen Olympiapark, der viel Geschichte zu erzählen hat.

Olympiastadion

Unvergesslich: Fußball-WM 2006, Leichtathletik-WM 2009 und das Eröffnungsspiel der Frauenfußball-WM 2011 haben das Berliner Olympiastadion weltweit bestens in Szene gesetzt. Im Fußballbundesliga-Alltag ist hier Hertha BSC Hausherr. Den ersten großen Auftritt hatte das Stadion bei den Olympischen Spielen 1936. Es wurde nach Plänen des Architekten Werner March in einer Mulde erbaut, was die Ausmaße der Sportstätte mit ursprünglich 100 000 Plätzen weniger monumental erscheinen lässt. 2004 wurde das historische Olympiastadion komplett saniert, restauriert und modernisiert. Jetzt hat es 74 500 Sitzplätze und ein spektakuläres Dach, das über dem Stadion zu schweben scheint, außerdem eine supermoderne, multifunktionale Technik und die charakteristische (Hertha-)blaue Kunststoffbahn. Fans können bei der Hertha-BSC-Tour unter anderem in das Allerheiligste der Spieler blicken.

Unten: Blick vom Glockenturm über das Maifeld zum Olympiastadion und weit nach Berlin hinein

Rundgang über das Gelände

Ⓐ Olympisches Tor/Osttor. Haupteingang

Ⓑ Tickets gibt es im Besucherzentrum links.

Ⓒ Olympiastadion Berlin. Knapp 75 000 Sitzplätze

Ⓓ Monumentalskulpturen

Ⓔ Maifeld. 1936 als »Aufmarsch«-Gelände genutzt

Ⓕ Schwimmstadion

Ⓖ Übergang zum Olympiapark und zum **Glockenturm**

Ⓗ Haus des Deutschen Sports/Sportmuseum Berlin. Im Lichthof wechselnde Ausstellungen

Ⓘ Waldbühne. Berlins schönste Freilichtbühne: Rock, Pop und Klassikkonzerte

Ⓙ Glockenturm und Langemarckhalle

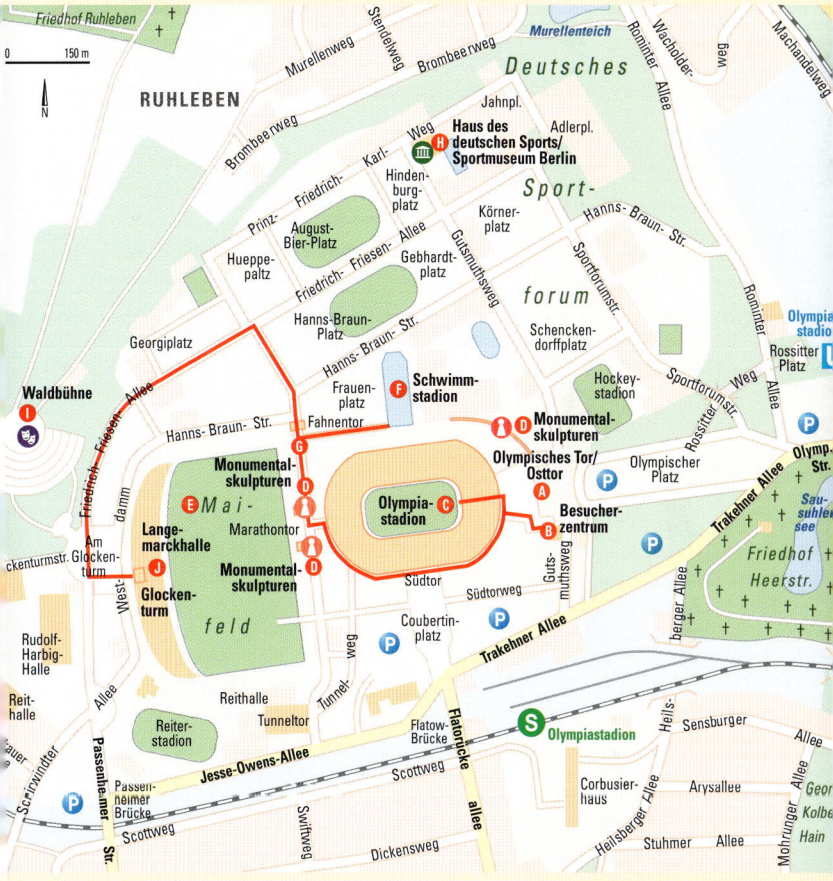

20 000 Zuhörer im Glück: Konzert der Berliner Philharmoniker in der Waldbühne

BERLINS SCHÖNSTE OPEN-AIR-BÜHNE

Gut zwei Stunden lang lauschen 22 000 Besucher in dem steil ansteigenden Amphitheater einem Konzert klassischer Musik und stimmen am Ende begeistert klatschend und pfeifend ein, wenn die traditionelle, inoffizielle Berlin-Hymne erklingt, Paul Linckes Gassenhauer »Das ist die Berliner Luft, Luft, Luft…« Das Saison-Abschlusskonzert der Berliner Philharmoniker in der Waldbühne, Europas schönster Freiluftbühne, ist Kult. Auch andere Stars der Klassikszene und Rockgrößen lieben den Auftritt in der stimmungsvollen Waldbühne. Erbaut wurde die Freiluft-Arena für die Olympischen Spiele 1936. Beim legendären Konzert der Rolling Stones 1965 demolierten Fans die Sitzbänke. 1982 erhielt die Bühne ihr heutiges Aussehen und eine moderne Technik.

Waldbühne
Am Glockenturm, 1453 Berlin,
Tel. 030/74 73 75 00,
www.waldbuehne-berlin.de

Der Olympiapark

Berlins größtes und schönstes Sportgelände vereinte schon zur Kaiserzeit Sportplätze für die körperliche Ertüchtigung des Volkes und eine Reitrennbahn zum Vergnügen der Reichen. In den 1920er-Jahren wurde daraus das Deutsche Sportforum. Die Nationalsozialisten gaben dem Areal dann für ihre Machtinszenierung zu den Olympischen Spielen von 1936 die monumentale Gestaltung.

Nach Kriegsende machten die Britischen Alliierten das Deutsche Sportforum zu ihrem weitgehend abgeschlossenen Hauptquartier. Aber einmal im Jahr strömten die Berliner zum Maifeld, um die feierliche Geburtstagsparade für die Queen zu erleben. Mit dem Abzug der Alliierten 1994 wurden sämtliche Hallen und Sportplätze wieder zugänglich. Sportvereine zogen ein; Hertha BSC baute ein modernes Trainingszentrum. Im Haus des Deutschen Sports gibt es Ausstellungen zur Sportgeschichte, bis 2019 das Sportmuseum in den Maifeldtribünen eröffnen soll.

Den weitläufigen Park durchzieht ein Geschichtspfad, der auf insgesamt 45 Informationstafeln Aus-

Olympiastadion

kunft gibt zur Vor- und Nutzungsgeschichte des Areals und einzelner Bauwerke. Auch die monumentalen Skulpturen wie »Der Zehnkämpfer« und »Die Siegerin« des Bildhauers Arnold Breker oder Georg Kolbes »Ruhender Athlet« werden in ihrem zeitgeschichtlichen Zusammenhang vorgestellt.

Ausstellung und Aussicht

In der Langemarckhalle unter der Maifeld-Tribüne am Glockenturm gibt die Dokumentationsausstellung »Geschichtsort Olympiagelände 1909–1936–2006« des Deutschen Historischen Museums mit Großfotos, Filmausschnitten, einer 3-D-Animation und Dokumenten einen eindrucksvollen Überblick auf markante Ereignisse der Berliner Sportgeschichte. Ein gläserner Aufzug bringt die Besucher zur Aussichtsplattform des 77 Meter hohen Glockenturms. Von oben schweift der Blick über den ganzen Olympiapark – Maifeld und Waldbühne liegen unmittelbar zu Füßen – und bei klarer Sicht bis nach Potsdam im Süden und weit im Osten bis zu den Müggelbergen.

GUT ZU WISSEN

BESICHTIGUNGSZEITEN ÜBERPRÜFEN

Wenn Hertha ein Heimspiel hat, ist das Olympiastadion für Besichtigungen geschlossen. Die einfache Regel kann man sich merken. Doch sind Einschränkungen auch an den Tagen vor und nach einem Spiel möglich. Gleiches gilt, wenn andere Sportereignisse oder Großveranstaltungen stattfinden. Auch das Wetter kann Einfluss haben. Es empfiehlt sich deshalb, kurzfristig Öffnungszeiten telefonisch oder im Internet zu überprüfen, um nicht vor verschlossenen Türen zu stehen.

Führungen sind sehr begehrt; man bucht sie am besten vorab im Internet: www.olympiastadion-berlin.de, Info-Hotline: 030/25 00 23 22

Infos und Adressen

SEHENSWÜRDIGKEITEN

Olympiastadion und Olympiapark. April–Okt. täglich 9–19, Aug. bis 20 Uhr, Nov.–März 10–16, im Winter 10–16 Uhr. Besucherzentrum mit Shop und Kasse. Führungen (u.a.): Highlights-Touren tägl. 11, 13, 15 (Sommer), 11 Uhr (Winter). Olympischer Platz 3, 14053 Berlin-Charlottenburg, Tel. 030/25 00 23 22, www.olympiastadionberlin.de

Deutsche Sport- und Architekturgeschichte im Olympiastadion und Olympiapark. März–Okt., So 11.30 Uhr. Hertha BSC-Tour. Mitte März–Ende Okt. Do 13.30, 1. Nov.–Mitte März, 1. Do im Monat 13.30 Uhr. Anmeldung: Tel. 030/28 01 81 18, tour@olympiastadion-berlin.de

Georg-Kolbe-Museum. Kunstoase mit Werken des Bildhauers Georg Kolbe (1877–1947). Im Garten; wechselnde Ausstellungen; reizendes Café-Restaurant. Di–So 10–18 Uhr. Sensburger Allee 25, 14055 Berlin-Charlottenburg, Tel. 030/304 21 44, www.georg-kolbe-museum.de

Glockenturm. Ausstellung zum Olympiagelände und Aussichtsturm. April–Okt. täglich 9–18 Uhr. Am Glockenturm 1, 14053 Berlin-Charlottenburg, Tel. 030/305 81 23, www.glockenturm.de

ESSEN UND TRINKEN

Der Hertha-Fan holt sich vor und nach dem Spiel eine Wurst und ein Bier an einer Imbissbude.

Ristorante Il Porto. Angerburger Allee 45, 14055 Berlin-Charlottenburg, Tel. 030/305 69 05, www.il-porto.de

48 Schloss Schönhausen
Geschichten aus 350 Jahren

Der schönste Rokokosaal in Berlin und ein lila Badezimmer, eine Sänfte der Gemahlin Friedrichs des Großen und der Schreibtisch des einzigen Präsidenten der DDR: Im Schloss Schönhausen im Norden Berlins haben verschiedene Epochen ihre Spuren hinterlassen. Das eher bescheidene Schloss in der Berlin-Potsdamer Kulturlandschaft war wiederholt wichtiger Schauplatz der deutschen Geschichte und Politik.

2009 eröffnete das aufwendig sanierte Haus im Bezirk Pankow als Museumsschloss. Die Dauerausstellung streift alle Epochen und setzt Schwerpunkte im 18. und im 20. Jahrhundert.

Das Schloss der Königin

Was Schloss Sanssouci für Friedrich den Großen (1712–1786) war, wurde Schönhausen für Elisabeth Christine (1715–1797). Als der Kronprinz 1740 König in Preußen wurde, schenkte er seiner ungeliebten Angetrauten das weit von Potsdam entfernte Schloss Schönhausen. Fast 60 Jahre lang verbrachte die Königin hier jeden Sommer, gab Empfänge und lud zu Hof- und Gartenfesten ein. Den oberen Festsaal, heute viel genutzter Veranstaltungsraum, ließ sie kunstvoll im friderizianischen Rokoko gestalten. Mit originalen Kaminen, Spiegelrahmen, dem Gartensaal und der »Cedernen Galerie« erinnern die Räume im Erdgeschoss an Elisabeth Christines Residenz. Möbel, Gemälde und kostbare Papiertapeten, die in Depots überlebten, kehrten an den ursprünglichen Standort zurück. Kunstwerke aus ihrem Besitz lassen zudem ein biografisches Bild der Königin entstehen.

Mitte: Malerisch angestrahlt: Schloss Schönhausen
Unten: Prachtvoll restauriert: Rokoko-Detail im Festsaal

Schloss Schönhausen

Streifzug durch die Geschichte

Während der Nazidiktatur fanden zunächst Kunstausstellungen im Schloss statt, von 1938 bis 1943 dienten die Räume als Depot für »entartete Kunst«. Fern von der Stadtmitte erlitt das Haus im Zweiten Weltkrieg kaum Schäden. Nach Gründung der DDR 1949 ließ der sozialistische Präsident Wilhelm Pieck im königlichen Ambiente seinen Amtssitz einrichten. 1960 konstituierte sich im prächtigen Festsaal der Staatsrat der DDR unter Walter Ulbricht. Danach wurde Schloss Niederschönhausen wie es damals hieß, Gästehaus der DDR-Regierung. Zum 40. Jahrestag der DDR im Oktober 1989 logierten hier Michail Gorbatschow und seine Frau Raissa. Nach dem Fall der Berliner Mauer wurden Nebengebäude des Schlosses zunächst zum Verhandlungsort des Runden Tisches und anschließend der »Zwei-plus-vier-Gespräche« mit den Alliierten, die der deutschen Einheit vorausgingen.

Repräsentation der DDR-Führung

Im Schloss sind die Originalmöbel, die 1950 eigens entworfen wurden, in das Amtszimmer Wilhelm Piecks im Obergeschoss zurückgekehrt. Aus der Zeit als Staatsgästehaus ist das Gästeappartement mit Herren- und Damenschlafzimmer erhalten. Besondere Attraktion ist ein Badezimmer – mit lila Kacheln, so wie es damals nicht nur in der DDR Mode war. Ein Empfangsraum ist im Pseudo-Barockstil der Honecker-Ära eingerichtet.

Weitere Ausstellungsräume präsentieren Teile der kostbaren Kunst- und Kunstgewerbesammlung der aus Ostpreußen vertriebenen Adelsfamilie Dohna-Schlobitten. Deren Vorfahren hatten um 1660 das Gut Schönhausen erworben. Eine Dokumentation in der alten Küche gibt einen Überblick über die Bau- und Nutzungsgeschichte von Schloss und Garten.

Infos und Adressen

SEHENSWÜRDIGKEITEN
Schloss und Garten Schönhausen. Nov.–März Sa–So, Feiertage, Besichtigung nur mit Führung: 10.30–15.30 stündlich und 16.15, April–Okt. Di–So 10–18 Uhr. Museumsshop im Schloss. Tschaikowskistraße 1, 13187 Berlin-Pankow, Info-Tel. 0331/969 42 00, www.spsg.de

Ausstellung »Pankower Machthaber im Schloss Schönhausen«. Torhäuser des Schlosses Schönhausen. Täglich 10–18 Uhr. Ossietzkystraße 44, 13187 Berlin-Pankow, www.pankower-machthaber.de

Majakowskiring. Die Landhäuser und Villen an der oval angelegten Ringstraße waren der Führungsriege der DDR, Botschaften und verdienten Eliten vorbehalten. Das »Städtchen« war abgeriegelt, bewacht und genoss eine privilegierte Versorgung. Inzwischen wurden Frei- und Gartenflächen zur Spielwiese für Architekten. Nicht jeder Neubau passt in die Villengegend.

ESSEN UND TRINKEN
Café Sommerlust. Im Schlossgarten Schönhausen. April–Okt. Di–So 10–18, März und Nov. Fr–So 12–17 Uhr. Tschaikowskistraße 1 / Am Westtor, 13156 Berlin-Pankow Tel. 0176/83 29 01 44, www.sommerlust.berlin

AKTIVITÄTEN
Schlossgarten und Schlosspark. Zum Schlossbesuch gehört auch ein Gang durch den kleinen ummauerten, in den 1950er-Jahren gestalteten Garten. Der übrige große Schlosspark ist Volkspark mit Spazierwegen, Liegewiesen und Spielplätzen am Fluss Panke entlang.

49 Köpenick
Ein falscher Hauptmann schreibt Weltgeschichte

Seine Fangemeinde reicht bis nach China. Das zeigen chinesische Reisegruppen, die wie viele Touristen aus aller Welt in der beschaulichen Altstadt von Köpenick den Spuren des berühmten Hauptmanns folgen. Doch nicht nur wegen seiner »Köpenickiade« lohnt der Ausflug in den äußersten Südosten Berlins. Am schönsten ist die Anreise auf dem Wasser.

Anreise auf der Spree

Treptow und Köpenick bilden als Treptow-Köpenick den flächenmäßig größten Bezirk Berlins und haben die geringste Bevölkerungsdichte. Es ist der waldreichste und damit der grünste Bezirk – und der wasserreichste. Der Müggelsee, der größte See Berlins, dazu weitere sechs Seen, die Flüsse Spree und Dahme sowie verbindende Kanäle durchziehen das Gebiet: ein Paradies für Wassersportler und Freizeitkapitäne. Auch mit dem Ausflugsschiff lassen sich entspannte Stunden auf dem Wasser erleben. Die Schiffe der »Stern und Kreisschiffahrt« starten im Hafen Treptow, der unmittelbar an den weitläufigen Park Treptow grenzt. Sie fahren nach Köpenick, rund um den Müggelsee und weit darüber hinaus in das Märkische Seenland.

Altstadt Köpenick

Der falsche »Hauptmann von Köpenick« hat 1906 die Stadt in die Schlagzeilen gebracht, die damals noch nicht zu Berlin gehörte. Aus dem Gefängnis entlassen, aber ohne Papiere und damit illegal in Berlin, besorgte sich der Schuster Wilhelm Voigt

Unten: Die vielen Kanäle von Köpenick nebst Müggelsee sind eine Enklave für Freizeitkapitäne.

Der Marktplatz von Köpenick

eine Hauptmannuniform, befahl in dieser respektheischenden Verkleidung einem Trupp Soldaten, ihn nach Köpenick zu begleiten, ließ das mächtige neue Rathaus besetzen, Bürgermeister und Kassenwart verhaften und beschlagnahmte die Stadtkasse – ein dreister Überfall, aber auch ein Geniestreich, über den ganz Deutschland lachte: Die Untertanenhaltung der Preußen war entlarvt. Weltberühmt wurden der Hauptmann und seine Köpenickiade durch Carl Zuckmayers 1931 uraufgeführte Tragikomödie, der bis heute diverse Verfilmungen folgten. Die wahre Geschichte des Schusters Voigt zeichnet eine kleine Ausstellung im Rathaus Köpenick nach. Neben Dokumenten und Fotos sind des Hauptmanns Uniform und der originale Tresor im ehemaligen Kassenraum zu sehen. Im Sommerhalbjahr tritt der Hauptmann auch selber auf, begleitet von seiner Garde.

Eine Bronzestatue des Hauptmanns steht immer vor dem Portal des Rathauses, das durch seine märkische Backsteinfassade und den hohen Turm beeindruckt. Sehenswert sind ebenso das imposante Treppenhaus, der schmucke Innenhof und der Ratskeller, in dem auch das Leibgericht des Wilhelm Voigt, geräucherte Schweinshaxe, serviert wird.

Geheimtipp

BÖLSCHESTRASSE – KUDAMM DES OSTENS

Auf ihren »Kudamm des Ostens« sind die Friedrichshagener stolz: Die Bölschestraße ist 1,25 Kilometer lang, führt vom S-Bahnhof Friedrichshagen zum Müggelpark am See und wird gesäumt von sanierten Häusern aus drei Jahrhunderten. Die eingeschossigen Kolonistenhäuser stammen aus der Zeit Friedrichs des Großen, der hier Maulbeerbäume für die Seidenraupenzucht anpflanzen ließ. Im 19. Jahrhundert entdeckte das Berliner Bürgertum die Sommerfrische am Müggelsee und ließ vornehme Landhäuser bauen; um 1890 wurde Friedrichshagen zum Refugium natursuchender Dichter und Lebenskünstler. Auch Wilhelm Bölsche (1861–1939) gehörte zum Friedrichshagener Dichterkreis. Heute laden Geschäfte und Cafés zum Flanieren ein.

Museum Friedrichshagener Dichterkreis im Antiquariat Brandel. Mi–Fr 12–18, Sa 9–12 Uhr, Scharnweberstraße 59, 12587 Berlin-Friedrichshagen, www.brandel-antiquariat.de

Blick auf den Müggelsee

Geheimtipp

DIE KLEINSTE BRAUEREI DEUTSCHLANDS

Lust auf ein kühles Bier nach dem Streifzug durch die Altstadt? Und darf es mal was Exotisches sein, vielleicht ein Kirsch-Chili-Bier oder ein babylonisches Bier? Oder soll es doch lieber ein Klassiker sein – dann wäre das frische Schlossplatz-Bier zu empfehlen. In der »Schlossplatzbrauerei Coepenick« werden diese Biere täglich frisch gebraut, mit Zutaten aus biologischem Anbau. Das Malz kommt aus Sachsen, der Hopfen vom Bodensee. Je nach Saison kommen weitere Spezialitäten und Raritäten hinzu wie Rauchbier, Märzen, Dinkelbier, Buchweizenbier oder Sake-(Reisbier). Die nach eigenen Angaben »kleinste Brauerei Deutschlands« sitzt mitten auf dem Schlossplatz in Köpenick, hat einen kleinen Innenraum mit Braukessel und eine große Terrasse. Deftige Berliner Speisen gibt es dazu.

Schlossplatzbrauerei Coepenick
Auf dem Schlossplatz/Grünstraße 24, 12555 Berlin-Köpenick,
Tel. 030/42 09 68 76,
www.schlossplatzbrauerei-koepenick.com

Die kleine Insel Köpenick ist schnell umrundet. Das Heimatmuseum in einem Fachwerkhaus von 1665 blättert die Geschichte Köpenicks von den Anfängen bis zur Gegenwart auf. Ein Kapitel gilt der »Waschküche Berlins«: Seit Henriette Lustig 1835 die erste Lohnwäscherei eröffnete, wurde in Köpenick Berlins schmutzige Wäsche gewaschen.

Fischerkietz

Und es wurden Fische gefangen. 1451 erhielten die Kietzer Fischer »ewige Fischereirechte«. Von der einstigen slawischen Fischersiedlung am Ostufer der Dahme, südlich der Müggelheimer Straße und durch den Kietzer Graben von der Altstadtinsel getrennt, haben sich in den kopfsteingepflasterten Straßen Kietz und Gartenstraße hübsch restaurierte niedrige Häuser mit hohen Satteldächern erhalten.

Schloss Köpenick

Auf einer eigenen kleinen Insel, der Schlossinsel südlich der Altstadt, bilden Schloss Köpenick, Schlosskapelle und Schlosscafé ein reizvolles Ensemble inmitten eines idyllischen Landschaftsparks. Das einzige original erhaltene Barockschloss Berlins, 1677–1689 erbaut, beherbergt nach aufwendiger Restaurierung eine Dependance des

Spaziergang in Köpenick

Ⓐ Schlossplatz

Ⓑ Köpenicker Rathaus

Ⓒ Luisenhain

Ⓓ St. Laurentius-Stadtkirche

Ⓔ Biergarten und **Restaurantschiff Ars Vivendi**

Ⓕ Katzengrabensteig

Ⓖ Bootsverleih Aquaris Wassertouristik Berlin

Ⓗ Wohnhaus Henriette Lustig

Ⓘ Heinmatmuseum Köpenick

Ⓙ Bürgerhäuser im Fischerkiez

Ⓚ Mutter Lustig Solarbootvermietung

Ⓛ Schlossinsel

Stadtrand/Ausflüge

Kunstgewerbemuseums der Staatlichen Museen zu Berlin. Präsentiert wird europäische Raumkunst aus Renaissance, Barock und Rokoko oder anders formuliert: Lifestyle vergangener Jahrhunderte.

In der Renaissance bevorzugte man Holz, vom Fußboden über intarsierte Wandvertäfelungen bis zur Kassettendecke, wie zwei begehbare Prunkstuben zeigen. Barock gab sich vor allem opulent, vom Prunktisch bis zu reich verzierten Kabinettschränken, von exotischen Kunstkammerstücken bis zu fantasievollen Tafelaufsätzen. Ein Höhepunkt ist das berühmte Große Silberbuffet aus dem Berliner Schloss, das vor einer verspiegelten Rückwand glänzt. Im anschließenden Spiegelkabinett aus Schloss Wiesentheid geben Zinn und Perlmutt verschiedenen Hölzern Glanz. Spektakulär ist der mit reichen Stuckaturen dekorierte Wappensaal: Üppiger geht es kaum.

Das Rokoko schließlich liebte es verspielt, von vergoldeten Wandpaneelen bis zur zarten Porzellanmalerei auf königlichem Tafelservice. Highlight dieser Epoche im Museum ist ein komplettes chinesisches Lackkabinett aus dem Palazzo Graneri in Turin: Farbenfrohe chinesische Figuren, Landschaften, Vögel und Pflanzen schmücken zitronengelbe Wand- und Türflächen.

Der Rundgang führt im linken Flügel vom Erdgeschoss bis ins zweite Obergeschoss und auf der rechten Seite wieder nach unten. Im Untergeschoss mit seinen Resten des Nordost-Turms aus dem Vorgängerbau sind Dokumente und Objekte zur Bau- und Siedlungsgeschichte der Schlossinsel ausgestellt. Und nach dem Rundgang gehts dann noch raus aufs Wasser: umweltfreundlich sind die historischen Tretboote, die man bei Mutter Lustig mieten kann. Ebenso umweltfreundlich sind auch die Solarboote nebenan.

Oben: Nah am Wasser gebaut: Schloss Köpenick, heute eine Dependance des Kunstgewerbemuseums
Unten: Üppige Barockdekoration im Wappensaal

Infos und Adressen

SEHENSWÜRDIGKEITEN

Heimatmuseum Köpenick. Di–Mi 10–16,
Do 10–18, So 14–18 Uhr. Alter Markt 1,
12555 Berlin-Köpenick, Tel. 030/902 97 33 51

Köpenicker Schloss/Kunstgewerbemuseum.
Di–So 11–18, im Winter Do–So 11–17 Uhr.
Schlossinsel 1, 12557 Berlin-Köpenick,
Tel. 030/266 42 42 42, www.smb.museum

Rathaus Köpenick. Täglich 10–17.30 Uhr.
Alt-Köpenick 21, 12555 Berlin-Köpenick,
Tel. 030/90 29 70

ESSEN UND TRINKEN

Köpenicker Seeterrassen. Kaffee, Kuchen,
regionale Speisen; idyllischer Garten am Wasser.
Müggelheimer Straße 1, 12555 Berlin-Köpenick,
Tel. 030/24 35 28 60

Ratskeller Köpenick. Gutbürgerliche Küche.
Fr, Sa Jazz/Theater; Alt-Köpenick 21, im Rathaus,
12555 Berlin-Köpenick,
Tel. 030/655 51 78, www.ratskellerkoepenick.de

Schlosscafé Köpenick. Ambitionierte Küche,
zauberhafte Terrasse am Wasser. Schlossinsel,
12557 Berlin-Köpenick, Tel. 030/65 01 85 85,
www.schlosscafe-koepenick.de

ÜBERNACHTEN

BEST WESTERN Hotel am Schloss Köpenick.
Mit herrlicher Terrasse am Fluss und eigenem

Frisch auf den Tisch: Havelzander

Entenfüttern im Park

Bootsanleger. Grünauer Straße 17–21, 12557
Berlin-Köpenick, Tel. 030/65 80 50,
www.koepenick.bestwestern.de

KULTUR

Köpenicker Rathaushof. »Der Hauptmann von
Köpenick – Das Musical«. Ende Juni bis Ende Aug.
(jeweils Fr–So). Weitere Auftritte des Hauptmanns
von Köpenick und unterschiedliche Programme:
www.tkt-berlin.de/hauptmann; Tickets:
030/230 99 30, www.hauptmann-musical.de

Schlossplatztheater. Alt Köpenick 31–33,
12555 Berlin-Köpenick, Tel. 030/651 65 16,
www.schlossplatztheater.de

SCHIFFFAHRT

Stern und Kreisschiffahrt. Puschkinallee 15,
12435 Berlin-Treptow, Tel. 030/ 536 36 00,
www.sternundkreis.de

INFORMATION

Touristinformation Köpenick. Mo–Fr 9–18.30,
Sa 10–13 Uhr. Alt-Köpenick 31–33, Am Schlossplatz, Tel. 030/655 75 50,
www.tkt-berlin.de

50 Marzahn-Hellersdorf
Gärten der Welt und Volkspark am Kienberg

Der IGA sei Dank. Die Internationale Gartenausstellung Berlin 2017 beschert der deutschen Hauptstadt für sechs Monate ein blühendes »Mehr aus Farben« und darüber hinaus durch bleibende Attraktionen ein »Mehr« an Erholung, Sport und Kultur im östlichsten Bezirk Marzahn–Hellersdorf.

Im Zentrum stehen die »Gärten der Welt«, eine der schönsten Parkanlagen Berlins, die längst nicht nur die Bewohner der umliegenden Großsiedlungen anzieht. Seit dem Jahr 2000 hat sich der Erholungspark Marzahn, zur 750-Jahrfeier Berlins 1987 als »Berliner Gartenschau« eröffnet, in eine einzigartige Parklandschaft mit reizvollen Themengärten verwandelt. Hier kann man vom Orient nach Korea, oder von Japan nach China reisen, einen christlichen und einen Renaissancegarten besuchen, sich einen Weg durch den Irrgarten bahnen und im Karl-Foerster-Staudengarten die einheimische Pflanzenvielfalt bewundern. Die Gartenbereiche ferner Welten wurden mit originalen Pflanzen und architektonischen Elementen der jeweiligen Regionen gestaltet und vermitteln in authentischer Atmosphäre Tradition und Symbolik der Gartenkunstwerke. Zwischen diesen stillen Oasen laden großzügige Spiel- und Liegewiesen sowie Gastronomie und temporäre Kulturevents zu Freizeitvergnügen und Erholung ein.

Die IGA machte nun eine Erweiterung der »Gärten der Welt« von 21 auf fast 45 Hektar möglich. Hinzugekommen ist ein Englischer Garten mit Streuobstwiese, Rosen- und Kräutergarten sowie einem Teehaus-Cottage. Die exotische Pflanzenwelt des

Die Gärten der Welt laden 2017 zur Internationalen Gartenausstellung »IGA Berlin« ein.
Oben: Italienischer Renaissancegarten – Giradino Segreto
Unten: Kirschblüte im Japanischen Garten

Marzahn-Hellersdorf

bisherigen Balinesischen Gartens kann sich in einem neuen großen, technisch modernen Tropenhaus bei ganzjährig gleichbleibenden Temperaturen optimal entfalten. Internationale Garten- und Landschaftskünstler haben eigene innovative Gartenkabinette gestaltet. Stimmungsvolle Wassergärten reihen sich an einer »Promenade Aquatica« aneinander. Junge Besucher können auf einem fröhlichen Wasserspielplatz toben. Eingebettet in die Rundgänge sind zahlreiche Pflanzenkompositionen aus Blumen, Gräsern und Stauden am Wegesrand.

Volkspark mit Aussicht

Das größte internationale Gartenfestival Deutschlands macht an den neuen Grenzen der »Gärten der Welt« nicht halt. Das gesamte IGA-Gelände umfasst rund 100 Hektar und schließt den neu entworfenen Kienbergpark ein, der das weitläufige Wuhletal und den 102 Meter hohen Kienberg verbindet. Die Aussicht von der »Wolkenhain« genannten Plattform geht Richtung Westen auf das Stadtpanorama Berlins, Richtung Osten in das brandenburgische Umland. Nach Ende der IGA wird der neue Volkspark mit Spazierwegen und Spielplätzen kostenlos zugänglich sein.

Ein weiteres Highlight ist Berlins erste Kabinen-Seilbahn, die Besucher von der U-Bahn-Station »Kienberg – Gärten der Welt« zunächst hinauf zur Aussichtsstation und dann hinunter zum Haupteingang der »Gärten der Welt« befördert. Die Fahrt auf der 1,5 Kilometer langen Strecke 25 Meter über dem Boden dauert nur fünf Minuten. Von der Bodenstation ist es nicht weit zum neu errichteten Besucherzentrum mit Ausstellung und Restaurant sowie zur Freilichtbühne mit Platz für 5000 Zuschauer, die in die grüne Landschaft modelliert wurde.

Infos und Adressen

SEHENSWÜRDIGKEITEN
IGA Berlin 2017 – Gärten der Welt.
13. April–15. Okt. 2017, täglich 9–20 Uhr, IGA-Haupteingang »Gärten der Welt«, Blumberger Damm 44, 12685 Berlin-Marzahn.

IGA-Haupteingang Kienbergpark (U 5: Kienberg – Gärten der Welt; Seilbahnstation), Hellersdorfer Straße 159,
www.iga-berlin-2017.de
www.gaerten-der-welt.de
www.gruen-berlin.de

Oben: Wasserspiele im Orientalischen Garten
Unten: Schweben mit Aussicht über die Gärten der Welt

REISEINFOS

Berlin A bis Z
Anreise, Auskunft, Einkaufen, Feste
und Festivals, Sportliches, Fundbüro,
Klima, Nachtleben, Notfallnummern,
Öffentlicher Nahverkehr, Öffnungs-
zeiten, Presse, Reisezeit, Stadt-
erkundungen, Taxi, Trinkgeld,
Welcome Card, W-Lan   **270**

Berlin für Kinder   **280**
und Familien

Kleiner Sprachführer   **285**

Links: »Rolling Horse« von Jürgen Goertz
auf der Terrasse des Hauptbahnhofs am
Europaplatz.

Der Berliner Hauptbahnhof

Anreise

Mit dem Flugzeug: Bis zur Eröffnung des neuen Flughafens Berlin Brandenburg Willy Brandt BER nahe Schönefeld im Südosten Berlins bleiben die Flughäfen Tegel und Schönefeld in Betrieb. Tel. 030/60 91 11 50, www.berlin-airport.de
Weiterfahrt in die City:
Berlin Tegel (TXL): Mit den Bussen 109 und X9 (Airport-Express) in die City-West; mit Bus 128 zum U-Bhf. Kurt-Schumacher-Platz, und mit TXL via Hauptbahnhof nach Mitte.
Berlin Schönefeld (SXF): Die schnellste Verbindung in die City ist der Airport-Express (30 Min. vom Bhf. Schönefeld zum Hauptbahnhof); auch S-Bahnen und Regionalzüge. Zum U-Bhf. Rudow verkehren Busse (X7), dann weiter mit der U7.

Für die Fahrt zwischen Flughafen und City (gültig in Bus und Bahn) gilt das Ticket für den Tarifbereich ABC.
Mit dem Auto: Alle Bundesautobahnen, die nach Berlin führen, münden in den Berliner Ring, von dem Zufahrten in die Innenstadt abgehen. Für Fahrten in der City, innerhalb des S-Bahn-Rings, wird eine grüne Umweltplakette benötigt.
Mit der Bahn: Der Hauptbahnhof liegt im Regierungsviertel, eine S-Bahn-Station vom Bahnhof Friedrichstraße, zwei U-Bahn-Stationen vom Brandenburger Tor entfernt.
Bahnauskunft: Tel. 0180/699 66 33, www.bahn.de
Mit dem Bus: Fernbusse haben den Zentralen Omnibusbahnhof ZOB am Messegelände in der City West zum Ziel (Masurenallee 4-6, Charlottenburg, Tel. 030/30 10 01 75, www.iob-berlin.de).

Auskunft

visitBerlin, die Berlin Tourismus & Kongress GmbH, betreibt die Berlin Tourist Infos im Hauptbahnhof, am Brandenburger Tor, Europa-Center, am ZOB und am Flughafen Tegel. Hier erhält man Auskunft auf alle Fragen zu Berlin und den Aufenthalt in der Stadt, kann sich mit kostenlosen Flyern und kostenpflichtigen Broschüren eindecken, die Welcome Card sowie Tickets für Stadtrundfahrten und Veranstaltungen kaufen – am Veranstaltungstag gibt es für einige Events Last-Minute-Preise.
(Hotel-)Buchungen und Informationen vorab: visitBerlin Service Center, Tel. 030/25 00 25, information@visitberlin.de, www.visitberlin.de

City Tax Berlin

Privatreisende müssen für jede Übernachtung eine City Tax in Höhe von fünf Prozent des Zimmertarifs entrichten.

Einkaufen

Berlin ist ein Shopping-Paradies. Besonders in Sachen Mode und Design bietet die Stadt eine bunte und originelle Vielfalt. Kreationen junger Berliner Designer finden sich vor allem in Mitte (rund um den Hackeschen Markt, Alte Schönhauser Allee), in Prenzlauer Berg (Schönhauser Allee, Oderberger Straße, Kastanienallee), in Kreuzberg (Bergmannstraße), in Schöneberg (Goltzstraße). Luxuslabels bevorzugen den Kurfürstendamm und die Friedrichstraße. Beliebte Shopping

Das »Alexa« am Alexanderplatz gehört zu den meist besuchten Shopping Malls der Haupstadt.

Malls sind das Alexa nahe Alexanderplatz, die Potsdamer Platz Arkaden, der elegante »Boulevard Berlin« in der Steglitzer Schlossstraße und die riesige »Mall of Berlin« am Leipziger Platz.

Fundbüro

Zentrales Fundbüro Berlin: Platz der Luftbrücke 6, 12101 Berlin-Tempelhof, Tel. 030/902 77 31 01
Mo, Di, Fr 9–14, Do 13–18,
Mittwoch nur telefonisch 9–14 Uhr
BVG-Kundendienst und Fundbüro:
Tel. 030/194 49
Deutsche Bahn AG Fundservice: Tel. 0900/199 05 99 oder 0180/699 66 33

Klima

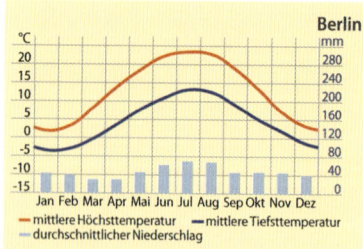

Nachtleben

Wohin am Abend? Das Berliner Nachtleben ist legendär. Manche Partytouristen kommen nur deshalb nach Berlin: abends ankommen; die Nacht durch die Clubs der Stadt ziehen, durchmachen bis zum Mittag, frühstücken und wieder ab in den Flieger nach Hause. Die Szene hat ihre eigenen Gesetze, die kaum zu durch-

Bitte recht freundlich: It's Party Time

schauen sind. Eine Orientierung in der Berliner Clubszene bietet das Webportal www.clubmatcher.de. Der Nutzer ordnet sich selbst einem von acht Partytypen zu und erhält dann eine Liste von Clubs, die diesem Profil entsprechen. Andere Webseiten sind:
www.clubcommission.de,
www.gaesteliste030.de,
www.partyzone-berlin.de

Notfallnummern

Polizei 110
Feuerwehr/Notarzt 112
ADAC (Pannenhilfe)
01802/22 22 22
Ärztlicher Bereitschaftsdienst
030/31 00 222/ www.kvberlin.de,
0800 277 46 33/www.aprimed.de
Privatärztlicher Notdienst
0800 89 79 69 5, www.arztbesuche.de
Zahnärztlicher Notdienst
030/89 00 43 33

MIT »365/24« WIRBT BERLIN FÜR EIN VOLLES PROGRAMM RUND UM DIE UHR UND AN ALLEN TAGEN IM JAHR.

JANUAR

Anfang Januar Berlin Fashion Week – Winter
Mitte Januar Internationale Grüne Woche
Mitte Januar Six Day Berlin (Berliner Sechs-tagerennen)

FEBRUAR

Februar Internationale Filmfestspiele Berlin/Berlinale

MÄRZ

Zweite Märzwoche Internationale Tourismus-börse ITB
Zweite Monatshälfte MaerzMusik – Festival für Zeitfragen

APRIL

Ostern Festtage der Staatsoper Berlin
April achtung berlin – new berlin film award
April–Juli Berlin Biennale für zeitgenössische Kunst (nächste 2018)
April XJAZZ - Berliner Jazzfestival

MAI

Mai Theatertreffen
Mai Lange Nacht der Religionen
Mai DFB-Pokalfinale Berlin
Mai/Juni (Pfingsten) Karneval der Kulturen
Mai–September Citadel Music Festival

JUNI

Juni Theatertreffen der Jugend
Juni Lange Nacht der Wissenschaften
Juni Fête de la Musique
Juni 48 Stunden Neukölln
Juni Christopher Street Day
Juni Schwul-Lesbisches Stadtfest
Juni DMY – International Design Festival

JULI

Juli Classic Open Air am Gendarmenmarkt
Juli Berlin Fashion Week – Sommer
Juli–August »Der Hauptmann von Köpenick – Das Musical«, Open Air im Köpenicker Rathaushof

AUGUST

August Lange Nacht der Museen
August Tanz im August
August Young Euro Classic
August Internationales Berliner Bierfestival
August Jüdisches Kulturfestival
August Pop-Kultur, Konzerte und Workshops
August–September Bergmannstraßenfest

SEPTEMBER

September Musikfest Berlin
September Internationales Literaturfestival, Berlin
September IFA – Internationale Funk-ausstellung
September Berlin-Marathon
September Pyronale
September Berlin Art Week

OKTOBER

3. Oktober Fest zum Tag der Deutschen Einheit
Oktober Berlin leuchtet – Festival of Lights
Oktober EMOP Berlin – European Month of Photography (zweijährig, nächster 2018)

NOVEMBER

November JazzFest Berlin
November Jüdische Kulturtage

DEZEMBER

Dezember Weihnachtsmärkte u. a. vor dem Schloss Charlottenburg, auf dem Gendarmen-markt, an der Gedächtniskirche, in der Altstadt Spandau
31. Dezember Silvesterparty Brandenburger Tor

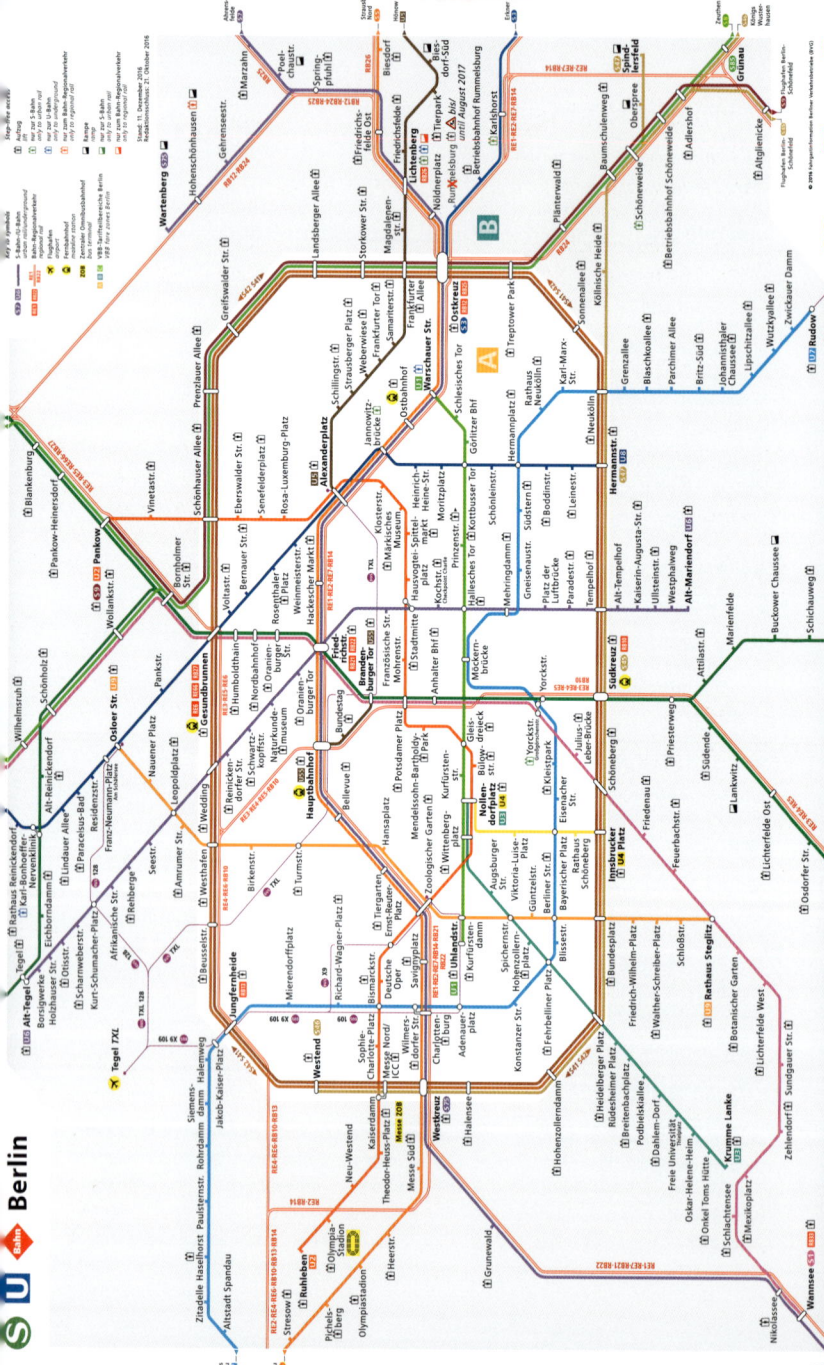

Öffentlicher Nahverkehr

Mit S-Bahn, U-Bahn, Tram (Straßen-
bahn) oder Bus erreicht man nahezu jedes Ziel, sogar in der Nacht, nur dann in
größeren Zeitabständen.
Ein Ticket gilt für alle Verkehrsmittel der
BVG und der S-Bahn sowie im Verkehrs-
verbund Berlin-Brandenburg (VBB). Es
gibt drei Tarifzonen (AB, BC, ABC), wobei
für Touristen in der Regel der Innen-
stadtbereich (AB) genügt. Ausnahmen:
Fahrten von und nach Potsdam sowie von
und zum Flughafen Schönefeld (ABC).
Ab drei Fahrten lohnt sich eine Tageskarte. Wer mit der Familie oder in kleinerer Gruppe reist, fährt günstig mit der
Kleingruppenkarte (bis max. 5 Personen).

Öffnungszeiten

Geschäfte haben in der Regel von 10–20
Uhr geöffnet mit Abweichungen nach
oben und unten je nach Branche und
auch nach Jahreszeit. Bäcker öffnen spä-
testens um 6 Uhr, einige Supermärkte
schließen erst um Mitternacht. An acht
Sonntagen im Jahr – inklusive zwei Ad-
ventssonntage – darf zwischen 13 und 18
Uhr verkauft werden. An den übrigen
Sonntagen haben reine Souvenirläden sowie Geschäfte für Reisebedarf geöffnet.

Presse

Tageszeitungen: Berliner Morgenpost,
Berliner Zeitung, die tageszeitung (taz),
Die Welt, Der Tagesspiegel, Neues
Deutschland
Boulevardzeitungen: Bild, BZ, Berliner
Kurier

Stadtmagazine: 14-tägig (im Wechsel)
mit großem Info- und umfangreichem
Programmteil: TIP und Zitty; kostenlos:
[030] mit Szene-Infos und Party-Adres-
sen; monatlich: Berlin Programm
Programmtipps im Internet:
www.berlinonline.de,
www.tip-berlin.de, www.zitty.de

Reisezeit

Berlin ist ein Ganz-Jahres-Ziel: Ist es im
Sommer zu heiß, kann man in klimati-
sierten Museen abkühlen – oder in den
Strandbars. Ist es zu kühl, regnerisch
oder Winter, bieten wieder die Museen
hervorragenden Wetterschutz. Das Glei-
che gilt für Einkaufszentren. Das Kultur-
und Erlebnisangebot fällt das ganze Jahr
über üppig aus. Aber am schönsten ist
die Stadt doch im Sommer!

Radeln am Mexikoplatz in Wannsee

Ökologisch korrekt: Sightseeing-Tour mit dem Velotaxi, hier am Bebelplatz

Stadterkundungen

Es gibt unendlich viele Arten, die Stadt zu erkunden. Man kann sich der fachkundigen Führung vieler Experten anvertrauen und dabei aus einem breiten Themenspektrum wählen: das literarische, das jüdische, das preußische Berlin; die Filmstadt, die Modestadt, die Galerienszene; die geteilte Stadt, der alte Westen, der wilde Osten …

Stadtrundfahrten individuell:
City Circle Tour und **Top Tour Sightseeing** fahren alle Top-Sehenswürdigkeiten Berlins quasi in Endlosschleife an. Man kann mit einem Ticket zwischen 10 und 17/18 Uhr an 20 Haltepunkten zu- oder aussteigen; der nächste Bus kommt ca. 15 Minuten später vorbei.

Tickets gibt es in vielen Hotels, den Berlin Tourist Infos und beim Fahrer.
www.city-circle.de
www.top-tour-sightseeing.de
Trabi Safari. Fahrgefühl wie einst im Osten: allein oder im Konvoi zur Safari aufbrechen. Start: Ballongarten am WELTBallon, Zimmer-/Ecke Wilhelmstraße, 10117 Berlin-Mitte
Tel. 030/27 59 22 73, www.trabisafari.de
eTukTuk. Umweltfreundlich durch die Stadt rollen. Start am NH-Hotel Friedrichstraße, www.etuktuk.com
Zeitreisen. Die Video-Bustour zeigt historische Filmsequenzen zu verschiedenen Themen und führt zu den originalen Schauplätzen.
Zeitreise durch Berlin: Sa 11 Uhr
Filmstadt Berlin – Das rollende Kino: jeden zweiten und vierten Sa 13.30 Uhr

Hauptstadt des Verbrechens - Die Krimitour: jeden ersten Sa 13.30 Uhr
Kulinarische Zeitreise:
Tel. 030/44 02 44 50, www.zeit-reisen.de

Schiffstouren:
Reederei Riedel. Stadtkern, Brückenfahrten u. a. Tel. 030/67 96 14 70, www.reederei-riedel.de
Reederei Winkler. Stadtkern, Brückenfahrten u. a., Tel. 030/349 95 95, www.reedereiwinkler.de
Stern und Kreisschiffahrt. Größte Flotte und umfangreiches Programm, u. a. von Treptow über Köpenick zum Müggelsee und rund um die Müggelberge; von Tegel über Wannsee bis Potsdam (ca. 7 Std.). Tel. 030/536 36 00, ww.sternundkreis.de
Weiße Flotte Potsdam. Touren ab/bis Potsdam, Hafen El Puerto an der Langen Brücke; Schlösserrundfahrt ab 10 Uhr stündlich. Tel. 0331/275 92 -10/-20/-30, www.schiffahrt-in-potsdam.de

Die Oberbaumbrücke aus der Ferne

Per Rad:
Berlin on Bike. Knaackstraße 97, Kulturbrauerei, 10435 Berlin-Prenzlauer Berg, Tel. 030/43 73 99 99, www.berlinonbike.de
Fahrradstation am Bahnhof. Friedrichstraße 95, Mitte, Eing. Dorotheenstraße 30, 10117 Berlin, Tel. 030/ 28 38 48 48, www.fahrradstation.com

Segway-Touren:
Der neue Hit in der Stadt: Die »Personal Transporter« gleiten lautlos auf den Bürgersteigen, gesteuert wird durch leichte Körperbewegung.
SEG2GO – Segway Point Berlin-Mitte. City-Quartier DomAquarée, Karl-Liebknecht-Straße 5, 10178 Berlin-Mitte, Tel. 030/75 63 95 93, www.seg2go.de
City Segway Tours. Panoramastraße 1a, 10178 Berlin-Mitte, Tel. 030/24 04 79 91, www.citysegwaytours.com

Geführte Spaziergänge:
art: Berlin. Spezialisiert auf Kunst, Design, Mode und Architektur; kulinarische Rundgänge.
Potsdamer Straße 68, 10785 Berlin-Tiergarten, Tel. 030/28 09 63 90, www.artberlin-online.de

StattReisen Berlin. Historisch, literarisch, politisch: Jedes Stadtviertel erzählt seine ganz eigene(n) Geschichte(n). Liebenwalder 35a, 13347 Berlin, Tel. 030/ 455 30 28, www.stattreisenberlin.de

Von unten und oben:
Berliner Unterwelten e.V./Berliner Unterwelten-Museum. Brunnenstraße 108a, im

U-Bhf. Gesundbrunnen, Wedding. Treffpunkt: Bad-/Ecke Hochstraße. Die Stan-
dard-Führung erkundet einen leeren U-
Bahn-Schacht mit Luftschutzbunker.
Weitere spannende Touren »unter Berlin«
im Programm. Tel. 030/49 91 05 17,
www.berliner-unterwelten.de
Air Service. Abheben mit dem Berlin
Hi-Flyer im Ballongarten am Checkpoint
Charlie und dann aus 150 Metern Höhe
auf Berlin hinunter gucken!
Ballongarten, Wilhelm-/Zimmerstraße,
10117 Berlin-Mitte, Wind-Hotline
030/226 67 88 11. Air Sevice bietet auch
Rundflüge im Helikopter oder im Was-
serflugzeug an.
www.air-service-berlin.de

Herzlich Willkommen

Taxi

Smart Phone-Besitzer rufen ihr Taxi am
bequemsten über die kostenlose App
mytaxi (www.mytaxi.net). Ebenfalls mit

kostenloser App www.taxi-in-berlin.de;
dazu alle Infos zu Tarifen, Halteplätzen,
Zentralen u. a.

Taxizentralen:
City-Funk   030/21 02 02
Taxi-Funk Berlin   0800/44 33 22
Funk Taxi Berlin   030/26 10 26
Würfelfunk   030/21 01 01
Quality Taxi   030/26 30 00
Taxi Berlin   030/20 20 20

Straßengalerie in Schöneberg

Preußens Glanz und Gloria: Schloss Charlottenburg

SpeedCab   030/41 40 40
EcoTaxi 030/2 10 10 20

Trinkgeld

Gern gesehen. In einfachen Restaurants
rundet man auf. Bei besseren sind 10 %
üblich.
Auch Taxifahrer freuen sich über eine
glatte Summe.

Welcome Card

Die Welcome Card Berlin bietet Berlin-
Besuchern viele Vorteile und sie gibt es
in verschiedenen Varianten. Basis ist ein
Ticket für den öffentlichen Nahverkehr
(AB oder ABC), gültig für 48 Stunden,
72 Stunden oder für 4, 5 oder 6 Tage.
Zur Wahl steht auch die Welcome Card

inklusive Eintritt in die Häuser der Museumsinsel. Zu allen Welcome Cards gibt
es ein Begleitheft mit Informationen
und Gutscheinen für Ermäßigungen
(25–50 %) bei Stadtrundfahrten, in
Museen, Theatern und für weitere touristische und kulturelle Attraktionen.
Erhältlich bei der Touristeninformation
sowie in Hotels und VBB-Verkaufsstellen.
Ähnliche Konditionen bietet die City-
TourCard.

W-Lan

Außer in Cafés und immer mehr Hotels
steht kostenloses W-Lan als »Public Wifi
Berlin« an etwa 100 Hotspots in der
ganzen Stadt zur Verfügung. Eine Bestä-
tigung der Nutzungsbedingungen genügt zur Nutzung.

BERLIN
für Kinder und Familien

Nicht nur Kinder haben Spaß im Zoologischen Garten.

Ein Städtetrip mit Kindern? Wird das nicht zu anstrengend? Nein, wenn so viel Abwechslung geboten wird wie in Berlin. Vom Abenteuerspielplatz bis zum Zoo, von Kindermuseen bis zu Kindertheatern gibt es eine Fülle an Attraktionen und Aktivitäten, die Kindern jeden Alters Spaß machen und keine Langeweile aufkommen lassen. Und wenn die Eltern einmal etwas alleine unternehmen möchten: Auch für Kinderbetreuung ist gesorgt.

Entdeckertouren

Im Doppeldeckerbus den Großstadtverkehr vom Oberdeck aus im Blick haben, mit der S-Bahn mal durch enge Häuserschluchten fahren, von einem Ausflugsschiff aus die imposanten Bauwerke bestaunen, sich mit einer Rikscha chauffieren lassen oder ganz individuell mit dem (Leih-)Fahrrad die Stadt erkunden: So macht die klassische Sightseeing-Tour zwischen Brandenburger Tor und Museumsinsel, Potsdamer Platz und Kurfürstendamm auch Kindern Spaß.

Hoch hinaus

Der Reichstag (s. S. 40ff.) mit seiner gläsernen Kuppel gehört zu den Top-Ten-Sehenswürdigkeiten und ist spannend auch für (Schul-)Kinder. Ein eigens für sie konzipierter Audioguide erklärt launig Politik und beschreibt die wunderbare Aussicht ringsum. Noch viel höher hinauf geht es am Potsdamer Platz mit dem schnellsten Aufzug Europas. Aus 100 Metern Höhe eröffnet sich im Panoramapunkt Berlin (s. S. 133f.) von der Aussichtsterrasse ein herrlicher Rundumblick über die ganze Stadt. Der absolut höchste Aussichtspunkt ist der Fernsehturm (s. S. 110f.). Aus 203 Metern Höhe liegt einem ganz Berlin zu Füßen und an klaren Tagen reicht die Sicht bis weit ins Umland.

Geschichte zum Anfassen

Die DDR gibt es nicht mehr. Aber wie es sich lebte in der 28 Jahre lang durch Mauer und Sperranlagen geteilten Stadt, das führt die Gedenkstätte Berliner Mauer (s. S. 124) am historischen Ort anschaulich vor Augen. Weitere Mauerstationen in der Stadt sind u. a. Checkpoint Charlie (s. S. 148) und die East Side Gallery. Im DDR-Museum (s. S. 96) kann man den Alltag des untergegangenen Staates hautnah nachempfinden.

Spaß im Museum

»MachMit!« fordert das Museum für Kinder (www.machmitmuseum.de) in einer ehemaligen Kirche in Prenzlauer Berg schon die Jüngsten auf und lädt zum Klettern und spielerischen Erkunden alltäglicher Erfahrungen ein.

Sauriersaal im Museum für Naturkunde

Auch im Labyrinth Kindermuseum (www.labyrinth-kindermuseum.de) können Kinder ab drei Jahren zu wechselnden Themen selbst entdecken und ausprobieren, was die Großen können.

Nahezu alle anderen Museen mit ihren Sammlungen zu Geschichte, Kunst, Kulturen, Technik, Natur und Kuriositäten geben auch Kindern spannende Einblicke in vergangene Zeiten, zum großen Teil mit eigenen (Audio-)Führungen. Gigantische Dinosaurier im Museum für Naturkunde, Schiffe, Eisenbahnen, Flugzeuge und Autos aus alter Zeit im Deutschen Technikmuseum (s. S. 156) faszinieren Kinder und Eltern gleichermaßen. Auch der erste Computer der Welt ist im Technikmuseum zu bestaunen. Und nochmal Computer: Eine Zeitreise zurück in die Kindheit der Eltern und in die Zukunft der virtuell-realen Spiele-Welt bietet das Computerspielemuseum. Hier darf man viele Apparate und Spiele ausprobieren.

Einsteigen, festhalten und los geht's!

Im Museum für Kommunikation erfahren die Besucher unter anderem, wie man miteinander kommunizierte, als es noch keine Smartphones und Laptops gab. Wer wissen will, was »Vom Acker bis zum Teller« mit unserem Essen passiert, besucht die interaktive Ausstellung im Culinarium auf der Domäne Dahlem (s. S. 212). Und wer erfahren will, wie Preußens Könige, Prinzen und Prinzessinnen lebten und feierten, für den ist Schloss Charlottenburg (s. S. 200) der richtige Ort.

Raus ins Grüne ...

Im Sommer ist Berlin am schönsten – weil es so viel Wasser, Parks und Wälder gibt! Und weil es Spaß macht, draußen zu toben. Größter Freiluftspiel- und -sportplatz ist das Tempelhofer Feld. Wo vor einigen Jahren noch Flugzeuge starteten und landeten, kann man heute Radfahren, Skaten, Drachen steigen lassen, Kitesurfen, Joggen, Picknicken und über die fast unendliche Weite mitten in der Stadt staunen. Eine Attraktion in Marzahn ist eine Seilbahn, die über das Gelände der Internationalen Gartenausstellung IGA (s. S. 266f.) und die »Gärten der Welt« schwebt.

Kinder lieben Tiere im Zoo. Und Berlin hat gleich zwei davon, jeweils mit Streichelzoo und Abenteuerspielplatz. Im Zoologischen Garten nahe der Gedächtniskirche (s. S. 179) hilft eine App, die auch an aktuelle Fütterungsshows erinnert, schnell den Weg zu den Lieblingstieren zu finden. Im Tierpark Friedrichs-

Spielplätze gibt es wie Sand in Berlin.

felde können Kinder zwischen drei und
sechs Jahren auf einem großen Wasserspielplatz einen »Tag am Meer« erleben,
während sich größere Kinder in einem
zauberhaften Fabelwald in überraschende Abenteuer stürzen.

...und aufs Wasser

Rund 180 Kilometer Wasserstraßen auf
Flüssen, Kanälen und Seen durchziehen
Berlin. Wem der Ausflugsdampfer zu gemütlich ist, mietet sich ein Minihaus-
boot und schippert wie Huckleberry Finn
über Spree und Havel – ein Spaß für die
ganze Familie.

Spaß auf dem Wasser hat man rund um Berlin.

Tipps für Familien mit Kindern

Freier Eintritt
In den meisten Berliner Museen haben
Kinder und Jugendliche bis 16 oder 18
Jahren freien Eintritt.
www.museumsportal-berlin.de

Welcome Card
Ein Erwachsener zahlt und bis zu drei
Kinder unter 15 Jahren fahren kostenlos in Bussen und Bahnen mit. Zusätzlich gibt es Ermäßigungen bei mehr als
160 Attraktionen. www.visitberlin.de

Familienfreundliche Hotels
Familienfreundliche Hotels bucht man
am besten über www.visitberlin.de,
Tel. 030/25 00 23 33

Stadtführungen
Stadtführungen für Familien mit Kindern kann man zu festen Terminen
oder individuell buchen unter:
www.berlin-mit-kindern.de

Kinderbetreuung
Individuelle Kinderbetreuung flexibel
und vor Ort zu buchen unter:
www.welcome-kids.de;
Tel. 030/46 99 18 02

FEZ Berlin
Spiel, Spaß und Erholung an den Wochenenden für die ganze Familie.
Sa 13–19, So 10/12–18 Uhr (Famili-
entage). Straße zum FEZ 2, 12459
Berlin-Köpenick, Tel. 030/53 07 10,
www.fez-berlin.de

Weitere Erlebnisse

LEGOLAND® Discovery Centre. Berliner Bauten und andere Überraschungen aus Legosteinen.
www.legolanddiscoverycentre.de
LOXX am ALEX – Miniatur Welten Berlin. Modellbahnlandschaft mit allen markanten Sehenswürdigkeiten Berlins.
www.loxx-berlin.de
Madame Tussauds Berlin. Von der Weltgeschichte bis zur Promiparty: Im Wachsfigurenkabinett sind mehr als 75 »Stars« vereint.
www.madame-tussauds.com
Museumsdorf Düppel. Leben wie im Mittelalter: Archäologen haben die Grundrisse der Dorfanlage ergraben, Wohnhäuser, Speicher, Handwerksstätten wurden rekonstruiert. Vorgeführt werden alte Handwerkstechniken, auf den Feldern wächst »Düppeler Roggen«, auf den Weiden grasen Schafe und Schweine.
www.stadtmuseum.de
Waldhochseilgarten Jungfernheide Parcours für Anfänger und Experten; mit Sommergarten und Café. Und in der Nähe das Strandbad Jungfernheide.
www.waldhochseilgarten-jungfernheide

MUSIK/OPER

»Echt klassisch«
 www.konzerthaus.de/junior
Junge Staatsoper
www.staatsoperberlin.de
KinderMusikTheater
deutscheoperberlin.de
Komische Oper Jung
www.komische-oper-berlin.de

Hexentheater im Kulturhaus der Zitadelle Spandau

THEATER

Grips-Theater. Das bekannteste Kinder- und Jugendtheater der Welt (s. S. 197)
Hans Wurst Nachfahren. Faszinieren durch perfektes Spiel mit Marionetten, Stabpuppen und Handpuppen. Gleditschstraße 5, 10781 Berlin-Schöneberg, Tel. 030/216 79 25,
www.hans-wurst-nachfahren.de
Märchenhütte. In den Wintermonaten wird es kuschlig und höchst vergnüglich bei Märchentheater auf dem Bunkerdach im Monbijoupark, 10119 Berlin-Mitte, Tel. 030/288 86 69 99 (Tickets),
www.maerchenhuette.de
Puppentheater Firlefanz Berlin/ Preußsches Marionettentheater. Märchen für Kinder (ab 3 Jahre), Marionettenopern für Erwachsene. Sophienstraße 10, 10178 Berlin-Mitte, Tel. 030/283 35 60,
www.puppentheater-firlefanz.de
Theater an der Parkaue. Das Junge Staatstheater Berlin bringt so manchen Schulstoff näher. Parkaue 29, 10367 Berlin, Tel. 030/557 75 20, www.parkaue.de

Allens in Butter! Alles in Ordnung

baff erstaunt sein

Bengel kleiner frecher Junge

Beöln – Ick könnt ma beöln darüber muss ich lachen!

blümerant (frz. bleu mourant) unwohl, matt, schwach: *Ick fühl ma janz blümerant.*

Bredouille (Bredullje) in Schwierigkeit/ Verlegenheit geraten: *Da sitzen wa janz schön inner Bredullje.*

Bulette/Boulette Frikadelle, Fleischklopps

Cislaweng (Schisslaweng) Wer etwas mit einem *Cislaweng* tut, macht es mit Schwung, hat alles im Griff.

Datsche (russ. Datscha) Gartenhäuschen

Destille Kneipe

Direktemang auf direktem Weg

Dresche kriegen Schläge bekommen

Dusel haben Glück haben

etepetete jemand, der sehr vornehm tut

Fatzke eitler, eingebildeter Mensch

Feez Spaß, Vergnügen, Unsinn

Flitzpiepe sonderlicher Mensch, den man nicht ernst nehmen muss

Futsch Verloren: *Det Jeld is futsch.*

Happig viel, teuer: Der Eintrittspreis ist *happig.*

Husten *Ick wer dir wat husten:* Ich denke gar nicht daran.

jehörich gehörig, stark, sehr

jewieft schlau

Jieper *Ick hab een Jieper:* Ich habe Appetit.

Jwd – janz weit draußen ganz weit weg von dem Punkt, an dem man sich gerade befindet.

kieken gucken

Kien *uff' n Kien sein:* vorsichtig sein

Kiez Name für Viertel in Berlin

Klitsche kleiner Laden oder Handwerksbetrieb

knülle stark betrunken

labberig keine feste Konsistenz

Lamäng (frz. la main /die Hand) etwas *aus der Lamäng* machen: routiniert, schnell und sicher tun.

Laubenpieper Kleingärtner

Mischpoke Verwandtschaft

Mumpitz Unsinn

Mustopp *Du kommst wohl aus'm Mustopp!:* Du merkst das reichlich spät.

pampich frech, anmaßend

peesen rennen, laufen

pladdern stark regnen

Plauze Bauch

Quasselstrippe jemand, der wie ein Wasserfall redet/quasselt

Ringelpietz mit Anfassen Tanzveranstaltung

schnieke fein, elegant

schnuppe gleichgültig. *Is mir schnuppe:* Ist mir egal.

Sechser 5-Pfennig-/Cent-Stück

Tacheles reden Klartext reden, zur Sache kommen

Töle kleiner Hund

Trampelloge Stehplatz/billiger Platz im Theater

Treter Schuhe

Tretmine Hundekot auf dem Bürgersteig

ufjetakelt auffällig gekleidet, mit viel Schmuck behangen

ufmucken widersprechen

überkandidelt übertrieben, verrückt

verduften verschwinden

verklickern einem Menschen etwas beibringen, mitteilen

verkohlen jemanden zum Spaß belügen

Register

Register

Verantwortlich: Claudia Hohdorf
Lektorat und Layout: alpha & bet
VERLAGSSERVICE, München
Repro: Repro Ludwig
Kartografie: Kartographie Huber,
Heike Block
Herstellung: Bettina Schippel
Printed in Slovenia by Florjancic

Sind Sie mit diesem Titel zufrieden? Dann würden wir uns über Ihre Weiterempfehlung freuen.

Erzählen Sie es im Freundeskreis, berichten Sie Ihrem Buchhändler, oder bewerten Sie bei Onlinekauf.

Und wenn Sie Kritik, Korrekturen, Aktualisierungen haben, freuen wir uns über Ihre Nachricht an
Bruckmann Verlag,
Postfach 40 02 09,
D-80702 München
oder per E-Mail an
lektorat@verlagshaus.de.

Unser komplettes Programm finden Sie unter

 www.bruckmann.de

Bildnachweis:
Alle Bilder des Innenteils und des Umschlags stammen von Johann Scheibner, außer:
Fotolia (www.fotolia.de): S. 106, 261 (ArTo), 113 M. (berlin2020), 88 u. (Georgiew, G.), 142 u. (Röske, T.), 114 (Spectral-Design), 138 (Violetta); Picture Alliance: S. 108 u. (Arco Images GmbH), 40 (Clarke, N.), 254 u., 54, 197, 278 u. (dpa), 59 (dpa/Heinrich TSP, K.-U.), 258 u. (dpa/Joachim, H.), 117., 137 o., 206 u., 264 u. (dpa-Zentralbild), 88 M., 144 u. (Eventpress Herrmann), 267u. (NurPhoto), 256 (POP-EYE), 271 (Westend61); Shutterstock: S. 21 Veronika Vasilyuk, S. 79 Fretschi; S. 84 elxeneize; S. 181 o. Ariy; S. 36 M. (anweber), 149 o., 115, 8, 247 (elxeneize), 95 (gary718), 61 u. (Imants O.), 113 u. (karnizz), 62 u. (linerpics), 228 (Loyo, A.), 69 (luna4), 13, 236 u. (mary 416), 18 u., 156 u., 158 u., 159 (Mortula, L.), 154 u. (Neto, C.), 151 o. (Palazzini, C.), 240 o. (tonisalado), 144 o., 151 u., 152 o. (Whyte, J.); Stiftung Topographie des Terrors: S. 146 o., 146 u.; S. 127 Nina Zimmermann. 70 (Jörg Hackemann), 33 (photou.a.), 132o. (pio3), 134M. (mato), 143 (Claudia Divizia), 149 (engbers), 170o. (Tupungato); Wikimedia Commons: 266o. (IngolfBLN), 266u. (RKG1H), 267 o. (H. Zell)

Umschlag:
Vorderseite:
Oben: Grafitti-Kunst (Shutterstock/Cortes, F.)
Mitte rechts: Bei einer »Trabi-Safari«
Unten: In der Reichstagkuppel (Shutterstock/ Zanna Karelina)
Rückseite:
Links: Illumination des Brandenburger Tors anlässlich des Festival of Lights
Rechts: Am Pariser Platz
Klappe vorne: Blick vom Fluss auf die Museumsinsel.

Die Deutsche Nationalbibliothek verzeichnet diese Publikation in der Deutschen National-bibliografie; detaillierte bibliografische Daten sind im Internet über
http://dnb.d-nb.de abrufbar.

4. überarbeitete Auflage
© 2017, 2015, 2013, 2012
Bruckmann Verlag GmbH, München

ISBN 978-3-7343-2410-9